公共管理创新研究与实践书系

社会营销
——公益组织服务项目运作机理研究

马贵侠　周荣庭　著

知识产权出版社
全国百佳图书出版单位

图书在版编目（CIP）数据

社会营销：公益组织服务项目运作机理研究/马贵侠，周荣庭著．—北京：知识产权出版社，2016.12
ISBN 978-7-5130-4703-6

Ⅰ．①社… Ⅱ．①马… ②周… Ⅲ．①慈善事业—研究 Ⅳ．①C913.7

中国版本图书馆 CIP 数据核字（2016）第 314879 号

内容提要

本书以社会营销理论作为分析框架，以公益组织服务项目的运作过程为切入点，系统分析公益组织在服务对象倡导与服务、资金来源方吸引与维护、志愿者管理方面的现状，深入解析国内公益组织服务项目运作的机理，并基于社会营销的理论视角提出优化公益组织服务项目运作机理的策略与路径，为社会营销理论的本土化提供了综合、全面的理论考察，以期推动社会营销理论的本土化发展，为我国公益组织能力建设提供理论支撑。

全书共七章，第1章为绪论，第2章为社会营销文献回顾与基础理论，第3章通过社会营销的理论视角分析公益组织服务项目运作中服务对象倡导问题，第4章通过社会营销的理论视角分析公益组织服务项目运作中资金来源方的维护问题，第5章通过社会营销的理论视角分析了公益组织服务项目运作中志愿者管理的问题，第6章论述了公益组织服务项目运用社会营销的环境优化策略，第7章为研究结论与展望。

本书可供从事公益慈善理论研究的相关学者参考，也可作为社会组织管理人员、社会组织工作者的参考用书。

责任编辑：张　冰　　　　　　责任校对：潘凤越
装帧设计：京点设计　　　　　　责任出版：孙婷婷

公共管理创新研究与实践书系

社会营销——公益组织服务项目运作机理研究
马贵侠　周荣庭　著

出版发行：	知识产权出版社有限责任公司	网　　址：	http://www.ipph.cn
社　　址：	北京市海淀区西外太平庄55号	邮　　编：	100081
责编电话：	010-82000860 转 8024	责编邮箱：	zhangbing@cnipr.com
发行电话：	010-82000860 转 8101/8102	发行传真：	010-82000893/82005070/82000270
印　　刷：	北京虎彩文化传播有限公司	经　　销：	各大网上书店、新华书店及相关专业书店
开　　本：	787mm×1092mm 1/16	印　　张：	13
版　　次：	2016年12月第1版	印　　次：	2016年12月第1次印刷
字　　数：	246千字	定　　价：	65.00元
ISBN 978-7-5130-4703-6			

出版权专有　侵权必究
如有印装质量问题，本社负责调换。

序 言

随着现代信息技术的进步,公益众筹、指尖公益、体验式公益、运动式公益等公益组织的筹款新方式层出不穷,各种快乐公益的线上线下参与方式也吸引了越来越多的企业、社会公众开展公益慈善活动,基于互联网应用或信息化服务的公益组织的项目运作与服务对象群体的需求对接也更为精准化。公益组织的项目服务运作不仅要遵循公益活动的宣传推广策略,也要探索信息社会中社会营销的体系化设计和创新性实践。社会营销在公共领域的理论探讨和实践探索虽然颇有时日,并有成果不断涌现,但结合社会营销的公益组织服务项目运作过程的研究尚不多见。《社会营销——公益组织服务项目运作机理研究》一书,既有学术视野的理论思考,又有实践层面的创新设计,也就具有较好的学术价值和实践指导意义。

我和周荣庭教授鼎力搭建的麻省理工学院和中国科学技术大学的合作团队,在探索新媒体传播与科技领域的前瞻思维之余,也关心数字鸿沟给社会带来的影响。为此,我们组建的团队亦是一支提升公益组织新媒体使用能力和素养的教师队伍。过去七年,我们的团队在"公益圈"里一直从事着普及社会化媒体的工作,马贵侠老师后来也参与到我们的"公益2.0"(www.ngo20.org)项目中来。我们团队致力于消除数字鸿沟,倡导与国际接轨的西为中用、中西合璧与持续创新,成果也逐渐显现出来。2016年8月,我和周荣庭主编的《互联网+公益——玩转公益新媒体》,将这支团队多年的公益创新实践活动的理论与实践汇编出版。"互联网+公益"的新型公益慈善形态凸显惊人的能量,公益组织已经活跃于扶贫开发、基础教育、养老服务、医疗服务、科学传播等领域,而马贵侠和周荣庭所著新书,则从社会营销的视角探索不同领域项目的系统化运作和协同性管理,也是"公益2.0"项目持续推进带来更多、更新研究领域的结果。

自20世纪70年代以来,公益组织及其运作在世界范围内已成为新兴交叉学科的研究领域之一。马贵侠和周荣庭的研究从社会营销的视角,通过深入细致的实证分析,对公益组织服务项目的运作机理进行了较为全面和深入的研究,对当前公益领域运作的有效性问题做了回应,在翔实的实证资料基础上对国内公益组织运作的新理念、新路径做出了自己的判断,展示了公益领域组织化、互联网化、社交化等创新特征。希望通过这本书,能促使社会公众对大数据时代的新公益进行深入探讨,不断创新公益运作方式,激发社会公众参与公益慈善的动力。

王瑾

美国麻省理工学院新媒体行动实验室主任

2016年9月29日于波士顿

前　言

当前，"互联网+公益"的新型公益慈善形态凸显惊人的能量，公益慈善领域的顶层制度设计鼓励公益组织通过开展良性竞争获得更多公益资源，公益组织作为中国公益慈善领域可持续发展的重要载体，其公益资源的聚合能力备受关注。近年来，国内公益组织以更具创新意义和更具专业性的服务项目运作模式不断提升社会的福利水平。然而，公益组织在服务项目的运作过程中依然存在诸如缺乏明确的使命与定位、项目设计与管理缺乏规范性与专业性、科学的项目管理理念欠缺等问题，因此其服务项目运作的专业化改造势在必行。本书的主旨在于探讨国外社会营销理论在多大程度上契合国内公益组织服务项目运作的现实与发展趋势，社会营销理论如何应用于公益组织服务项目运作才能够提升公益组织的项目运作规范化、专业化水平，以回应公益组织项目运作专业化改造的问题。

本书以社会营销理论作为分析框架，以公益组织服务项目的运作过程为切入点，系统地分析公益组织在服务对象倡导与服务、资金来源方吸引与维护、志愿者管理等方面的现状，深入解析国内公益组织服务项目运作的机理，并基于社会营销的理论视角提出优化公益组织服务项目运作机理的策略与路径。在具体研究过程中，基于混合研究方法论，综合运用文献研究法、深度访谈法、问卷调查法、案例分析法、德尔菲法等资料收集方法与定性分析和定量分析相结合的资料分析方法，共收集和分析了327份调查问卷和30份访谈资料。

经研究发现，在服务项目的运作过程中，一些公益组织在服务对象倡导与服务、资金来源方吸引与维护、志愿者管理等方面已经或多或少地运用了社会营销的理念与策略，其具体表现为在服务对象倡导与服务开展过程中，公益组织初步融入了服务产品设计、服务价格设置、服务促销等社会营销核心策略的要素；在资金来源方吸引与维护过程中，公益组织初步融入了公益产品设计与提供、促销渠道选择、捐赠地点设置、成本控制等社会营销要素；在志愿者管理方面，公益组织初步融入了公益产品设计与提供、招募渠道融合等社会营销要素。同时，在服务项目运作过程中，公益组织还存在一些亟待解决的问题，主要表现为在服务对象需求评估、服务对象倡导等环节，公益组织在项目目标和具体服务产品的设计、项目宣传和推广的信息以及渠道选择、服务对象的成本设计、服务地点选择方面尚有诸多不足；在资金来源方维护方面，普遍缺乏资金来源方的精准定位，缺乏核心资金来源方的维护；在志愿者管理中，仍存在志愿者被动化需求仍占主导，志愿者培训与督导缺乏系统性与规范性、志愿者服务成本缺乏管理等。

针对以上问题，本书运用德尔菲法和熵权法，提炼出契合本土公益组织服务项目运作的新的"6P"策略，并提出了社会营销视角下公益组织服务项目运作的新机理。在服务对象倡导与服务过程中，公益组织以"需求为本"的项目运作理念，着眼于服务对象的多层次改变，综合运用人员（People）、产品（Product）、价格（Price）、地点（Place）、促销（Promotion）、绩效（Performance）这一新的"6P"策略优化公益组织服务对象倡导的运作机理，以促成服务对象的改变，提升服务对象的社会福利水平。在资金来源方吸引与维护过程中，公益组织应综合运用政治（Politics）、产品（Product）、价格（Price）、公共关系（Public relationship）、流程（Process）、绩效（Performance）这一新的"6P"策略优化公益筹资的运作机理，以促成资金来源方的改变，使其秉承公益理念持续支持公益组织的发展，使公益组织具有持续稳定的资金来源。在志愿者管理过程中，公益组织应综合运用人员（People）、产品（Product）、价格（Price）、地点（Place）、促销（Promotion）、流程（Process）这一新的"6P"策略从志愿者招募、培训、评估与督导、激励与维护这些环节着手，优化志愿者管理的运作机理，以促使志愿者开展持续性志愿服务，为公益组织提供有效的人力资源支持。与此同时，各级政府部门还应当尽快完善推动公益组织健康发展的法律法规，不断扩展政策合力，切实促进公益组织服务项目运作能力的持续提升。

鉴于公益组织研究已经成为国内公益研究领域的焦点之一，本书具有较强的理论、实务与政策参考价值，对于丰富国内公益领域的本土化理论体系，对于指引公益组织行为的规范化、专业化发展，对于政府优化公益组织发展的顶层制度设计，对于社会公益生态链的营造均具有一定的参考价值。

目　录

序　言
前　言

第1章　绪论 009

1.1 研究缘起 010
1.2 核心概念界定 013
1.2.1 公益组织 013
1.2.2 公益组织服务项目 014
1.3 研究设计 016
1.3.1 研究框架 016
1.3.2 具体研究方法 020
1.4 研究价值 029
1.4.1 理论与政策价值 029
1.4.2 公益实践价值 029
1.5 内容简介 030

本章小结 032

第2章　社会营销文献回顾与基础理论 033

2.1 社会营销概念辨析 034
2.1.1 社会营销 034
2.1.2 公益营销 036
2.1.3 市场营销 037
2.1.4 社会化媒体营销 037
2.2 文献回顾 038
2.2.1 国外社会营销研究综述 039
2.2.2 国内社会营销研究综述 048
2.2.3 国内外社会营销及相关研究总结 053

2.3 社会营销的支撑理论 054
2.3.1 市场营销理论 054
2.3.2 创新扩散理论 055
2.3.3 社会生态理论 056
2.4 社会营销核心理论分析 057
2.4.1 社会营销核心理念 057
2.4.2 社会营销流程 058
本章小结 063

第 3 章 社会营销视角下公益组织服务项目的服务对象倡导运作机理 065
3.1 公益组织服务项目运作中服务对象倡导现状 067
3.1.1 服务项目设计依据分析 067
3.1.2 服务对象倡导策略分析 070
3.2 服务对象倡导的问题分析 088
3.3 社会营销视角下服务对象倡导的运作机理优化 089
3.3.1 人员——保障服务项目有效运行 091
3.3.2 产品——增加服务项目的实际效用 093
3.3.3 价格——合理降低服务对象成本 094
3.3.4 地点——提升服务项目的可接近性 095
3.3.5 促销——拓展服务项目推广路径 096
3.3.6 绩效——有效回应服务对象需求 096
本章小结 097

第 4 章 社会营销视角下公益组织服务项目的资金来源方维护运作机理 099
4.1 公益组织服务项目的资金来源方维护现状分析 101
4.1.1 公益产品设计日益契合资金来源方需求 102
4.1.2 新媒体成为资金来源方倡导的主要渠道之一 108
4.1.3 网络成为资金来源方的主要捐赠地点 112
4.1.4 多途径降低资金来源方的成本 114

4.2 公益组织服务项目的资金来源方维护问题分析 115
4.2.1 普遍缺乏资金来源方的精准定位 115
4.2.2 缺乏核心资金来源方维护 116
4.3 社会营销视角下资金来源方维护的运作机理优化 118
4.3.1 政治——使筹资合法合规 119
4.3.2 产品——更加契合资金来源方需求 121
4.3.3 价格——合理降低资金来源方成本 122
4.3.4 公共关系——确定筹资的合作伙伴 123
4.3.5 流程——使筹资程序更为科学化 125
4.3.6 绩效——不断扩大各方筹资收益 126
本章小结 127

第5章 社会营销视角下公益组织服务项目的志愿者管理运作机理 129
5.1 公益组织服务项目的志愿者管理现状 131
5.1.1 公益产品设计与供给日益契合志愿者需求 131
5.1.2 逐步融合线上与线下志愿者招募渠道 137
5.2 公益组织服务项目的志愿者管理问题分析 140
5.2.1 志愿者被动化需求仍占主导 141
5.2.2 志愿者培训与评估缺乏规范 142
5.3 社会营销视角下志愿者管理的运作机理优化 143
5.3.1 产品——更加契合志愿者需求 144
5.3.2 人员——使志愿者管理更专业 145
5.3.3 地点——灵活设置志愿服务的地点 146
5.3.4 流程——使志愿者管理环节更为科学化 147
5.3.5 价格——合理降低志愿者的服务成本 148
5.3.6 促销——增强志愿者招募的宣传力度 149
本章小结 150

第6章 社会营销视角下公益组织服务项目运作设计与环境优化 151
6.1 社会营销视角下公益组织服务项目运作设计 152

6.2 公益组织社会营销的宏观优势环境分析 ... 155
  6.2.1 政策创新为公益组织拓展生存空间 ... 155
  6.2.2 "互联网+"助力公益组织筹资能力 ... 158
  6.2.3 全民公益文化凸显雏形，推动公益组织发展 ... 160
  6.2.4 公益共同体格局助力公益组织成长 ... 161
6.3 公益组织社会营销的障碍性因素分析 ... 162
  6.3.1 政策体系不健全 ... 162
  6.3.2 扶持培育政策可操作性低 ... 163
  6.3.3 公益行业人才整体匮乏 ... 164
  6.3.4 公益支持组织自身能力孱弱 ... 165
6.4 公益组织社会营销环境的优化策略 ... 166
  6.4.1 持续完善公益组织登记备案管理制度 ... 166
  6.4.2 逐步建立公益组织规范管理体系 ... 167
  6.4.3 发挥政策合力，支持公益组织发展 ... 168
  6.4.4 重构适应公益组织发展的法规体系 ... 169
  6.4.5 健全公益行业人才队伍培养体系 ... 169
本章小结 ... 170

第7章 研究结论与展望 ... 171
7.1 研究结论 ... 172
7.2 研究局限 ... 175
7.3 研究展望 ... 176

参 考 文 献 ... 178

附录1 公益组织服务项目运作情况访谈提纲 ... 191

附录2 "公益组织社会服务情况研究"调查问卷 ... 195

附录3 被访公益组织基本信息 ... 202

后 记 ... 204

第1章

绪论

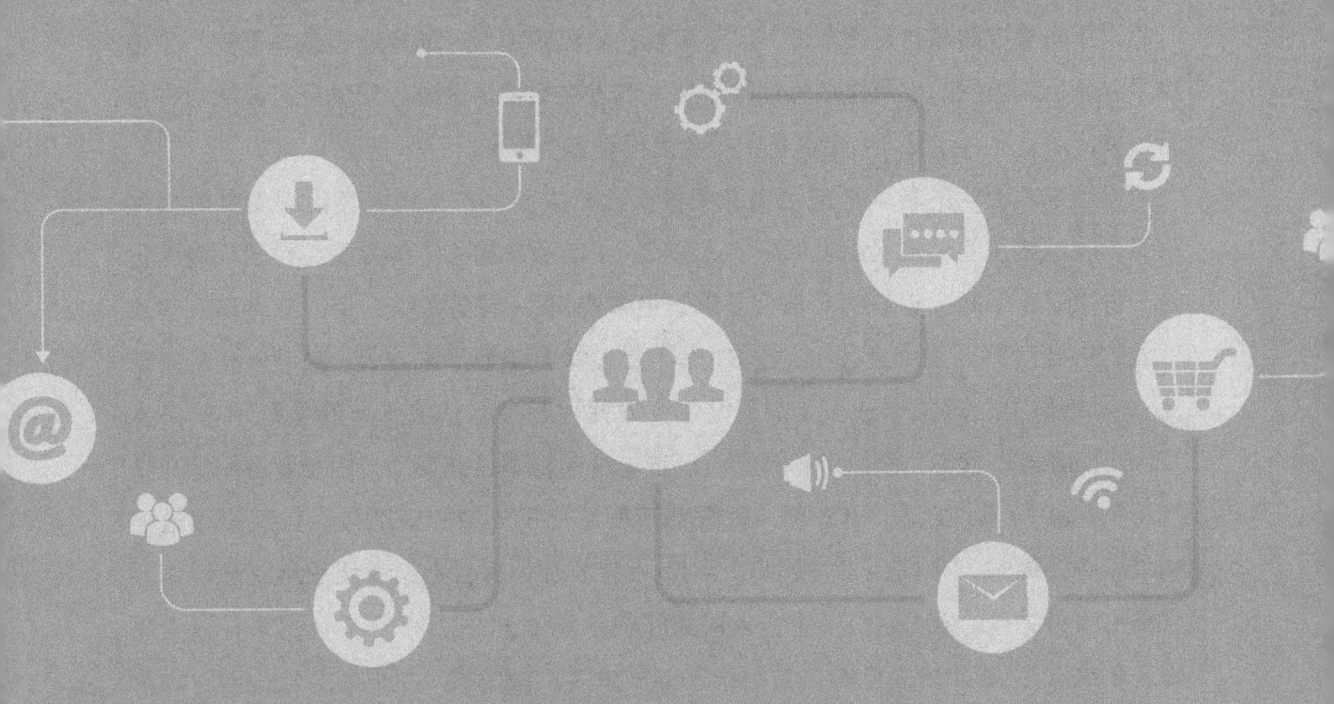

第1章 绪论

1.1 研究缘起

从党的"十七大"报告提出"重视社会组织建设与管理"到党的"十八大"报告再次强调"加快形成政社分开、权责明确、依法自治的现代社会组织体制",我国的社会组织发展迎来了新一轮迅猛发展的契机。据民政部的初步统计,截至2016年第1季度,全国范围内社会团体达到32.9万个,基金会4841个,民办非企业单位33.1万个[1]。服务范围涵盖医疗、卫生、教育、环境、扶贫帮困等众领域。王名(2014)指出,当前我国社会组织发展将逐步从数量发展转向质量发展,现代化社会组织结构的改革转型在我国已成为定势。这也就意味着我国社会组织发展已经逐步脱离了起步阶段,正向着成熟和稳定不断发展。[2] 随着社会组织发展不断走向成熟与稳健,公益组织作为社会组织的发展重点也迎来了更大的发展机遇。公益组织的服务领域也在不断拓展,涉及扶贫开发、社会服务、社会治理等多个层面。

近年来,国家的各个部门也相继密集出台各类鼓励与支持公益组织发展的相关政策,以系统改善公益组织发展环境,如2014年颁布的《中华人民共和国环境保护法》首次认定了社会组织的环保公益诉讼主体资格,《国务院关于促进慈善事业健康发展的指导意见》(国发〔2014〕61号)提出探索新型捐赠方式,鼓励设立慈善信托。《国务院办公厅关于进一步动员社会各方面力量参与扶贫开发的意见》(国办发〔2014〕58号)指出,积极引导社会组织参与扶贫,建设充满活力的社会组织参与扶贫机制。2014年11月,财政部、民政部下发《关于支持和规范社会组织承接政府购买服务的通知》(财综〔2014〕87号),指出要加大对公益慈善组织承接政府购买服务的支持力度。2016年,《中华人民共和国慈善法》(主席令第四十三号,以下简称《慈善法》)的出台为中国公益组织开辟了更为广阔的发展空间。与此同时,国家正在有序形成社会组织的综合监管体系,在确保社会组织规模扩张的同时落实监管到位[3]。各级地方政府也在国家政策的倡导下,采取了各具特色的推动与规范公益慈善组织的做法。这些政策的出台与实施从客观上促进了公益组织在扶贫开发、社会服务、社会治理、行业自律等方面的发展，也使得公益组织在国家治理体系中的作用日益凸显。

随着社会财富的不断积累和增长以及社会整体公益慈善文化的兴起，越来越多的财富将转向公益领域。民政部《2016年1季度全国社会服务统计季报》显示，针对弱势群体的社会捐赠总额达4.2亿元，受益人次为171.6万人次[1]。《2015年中国公益众筹发展报告》指出，2015年，近700个公益团队或个人，采用公益众筹渠道为公益项目开展筹款。2015年，总计共有873个公益项目众筹成功，筹资额达3432.7万元，获得约60万人次支持，较2014年项目数量增长192%，筹资额增长170%，支持人次增长68%；平均单笔支持金额约57元，较2014年上升了61%①。国内志愿服务也获得较快发展，2015年全国（大陆地区）共有登记注册志愿者1亿人，占人口总数的7.27%；实际参与志愿服务的活跃志愿者总量为9487.5万人，2015年志愿者捐赠率为6.9%，捐赠志愿服务时间为15.59亿小时，全国志愿者捐赠价值为600亿元。由此可见，社会的公益慈善文化已然兴起，这为国内公益组织的持续发展提供了莫大的促进力。

在政府不断优化公益组织的顶层制度设计、社会公益支持力量日益壮大的同时，互联网的迅速崛起为全民参与公益提供了可能，尤以微博、微信、社交网站、视频分享网站、电子商务平台等为代表的新媒体为国内公益事业的发展注入了新能量。例如，2014年火热的"冰桶挑战"这一公益筹款活动就借助新媒体迅速扩展到世界各地，并成功获得高额的公益捐赠。此外，各类公益组织发起的各种运动式公益、体验式公益也掀起了一轮又一轮公众参与公益的热潮，中国公益的发展日益呈现组织化、精细化、网络化、社交化、快乐式等创新特征，展现了公益的新特征、新能量、新希望。随着大数据时代的到来，公益慈善行业也将迎来精细化发展的新趋势，政府、公益组织自身及公益捐赠者也开始将目光转向公益服务项目所带来的绩效和社会影响力，例如，关注项目目标是否达成、社会问题是否解决、服务对象获得收益如何等问题，这使得寻找能够指引国内公益实务领域健康发展的理论成为公益理论界的要务。

而在当下，在展望公益组织光明未来的同时，时刻不能忘记国内公益组织公信力面临的危机[5]。从2011年"红会郭美美炫富事件"开始，中国红十字会作为老牌官

---

① 参见互联网金融创新及监管四川省协同创新中心和众筹网合作完成的《2015年中国公益众筹发展报告》，http://www.ngocn.net/news/2016-04-15-dda0245735ff5d76.html.

方慈善组织不断被曝出内部治理问题,严重影响了公益慈善领域的公信力。民间公益组织也遭遇着类似公信力危机事件,如壹基金风波、嫣然基金风波、格桑花信誉危机等。2015年,"毕节留守儿童自杀事件""助学达人侵害女童事件"等引发了我们对公益服务的有效性及公益行业规范性的深刻讨论与反思。随着类似公益组织危机事件不断出现在公众视野中,公众对公益组织的负面感受愈演愈烈,以致部分公众直接将公益慈善组织与贪污腐败、滥用公益捐赠划上等号,实在令人惋惜。

由于中西方在公益慈善背景、理念、发展思路上存在较大差异,国内公益组织在模仿西方各种非营利组织管理经验时总是会遇到或多或少的问题,如志愿者招募困难、资金渠道狭窄、项目发展有形无实、社会影响力弱等。其核心问题是我国公益组织缺乏有效的内部治理基础,就服务项目而言,目前我国公益组织在项目运作中仍存在以下突出问题。

首先,公益组织缺乏明确的使命与定位。目前,我国公益组织种类繁多,服务范围非常广泛,例如有综合类公益组织、环境保护类公益组织、扶贫助学类公益组织、关注特殊群体公益组织等。然而,由于公益组织在其自身定位上存在一些模糊之处,还有一些公益组织对多个领域都有所涉及,导致组织自身及外界对其服务范围理解模糊。与此同时,公益资源缺乏几乎成为大多数公益组织的共性难题,客观上导致一些公益组织为了自身生存而盲目向多方筹措资源,又为了迎合部分资金来源方的需求而逐渐背离了公益组织的发展使命。

其次,公益组织的服务项目设计与管理缺乏规范性与有效性。公益项目是公益组织与服务对象、政府、企业、社会公众等联系的重要纽带,项目是公益组织与外界直接对接的一个具体事项。在项目运作中,外界可以真正感受到公益组织与他们进行亲密接触,能够切实感受到公益组织服务的有效性。但是,就国内公益服务领域的发展现实来看,公益组织在项目运作中存在诸如服务对象需求回应度低、资源整合力弱、社会影响力低等问题,严重影响了公益组织的公信力[6]。

再次,当前公益组织的项目运作方式存在诸多争论,亟须澄清与解决。就目前公益组织的运作方式而言,公益界亟须探讨和解决什么样的服务项目运作方式才能实现公益服务的专业、高效、可持续发展。2014年,由徐永光先生提出"公益市场化"的公益运作方式引发了实务界和理论界的大讨论。中国扶贫基金会执行会长何道峰也提出要关注大公益的运作模式,在社会的公共治理中引入市场机制的制度性安排,用公益市场化开辟中国社会变革新道路[7]。公益市场化对于公益组织服务项目运作而言,究竟如何去实现才会契合现代公益的运作理念,也需要进一步探讨和凝练。

因此，清晰的组织使命定位、较强的筹资能力、规范的项目运作成为公益组织践行公益价值理念、有效回应社会问题与社会需求的关键。而运用何种理论框架去深度解读国内公益组织服务项目运作的成效、问题与困境，洞悉项目运作中公益组织与服务对象、资金来源方（个体捐赠者、公益基金会、企业等）政府、志愿者等利益相关者的互动关系，继而为公益组织项目运作提供理论支持，提升公益组织项目运作的有效性与精准性，增强公益组织的生命力，应成为公益研究领域的要务。

社会营销（social marketing）源于20世纪70年代的美国，由现代营销学大师菲利普·科特勒（Philip Kotler）和扎尔特曼（Gerald Zaltman）于1971年首次发文提出该概念，主张将现代营销学部分理论方法运用到处理社会问题中。在《社会营销——有计划的变革》（Social Marketing: An Approach to Planned Social Change）一文中，两人将市场营销与社会营销概念进行了对比，对相关社会营销理念文献进行了分析，充分论述了实现社会营销的方法及路径，为社会营销发展奠定了理论基础[8]。从1971年至今，国外社会营销研究发展及运用已经颇具规模，在理论研究与实践应用层面取得了丰硕的成果。

社会营销的理念核心是改变目标受众的行为，在某种程度上是一种以有效处理人际关系为基础的理论范式。该理论聚焦于发挥目标受众自身的主观能动性，通过社会营销的原理和技巧来推动目标受众进行自我改变，并最终实现社会和谐美好发展的愿景。在美国，该理论已经广泛应用于诸如消除贫困、儿童保护、疾病预防等公益服务领域。国内公益研究应关注的焦点在于该理论在多大程度上契合我国公益服务领域发展的特征，如何将该理论运用于指导我国公益组织的项目运作，以期为公益服务领域提供契合国内公益慈善发展实际的本土化理论支持。

1.2 核心概念界定

1.2.1 公益组织

"公益"就其本质而言，具有民间性、非政府性、非营利性，不以谋取政治利益或赚取利润满足私人利益为目标。公益的受益对象是大多数或不特定的社会成员。由此，"公益"是公民出于对自身、社会、人类环境及长远利益的关切，继而自觉承担社会责任，以非政府、非营利、志愿性的方式，通过个体化、组织化或网络化的途径，主动去了解社会需求与社会问题，并参与社会需求的满足及社会问题的解决，以维护社会共同利益为目标的社会行为。

早期公益组织概念的探讨出现在西方，萨拉蒙（Salamon，1995）根据组织服务对象（会员或公众）、服务类别（提供具体服务或为其他服务提供者提供资金）、服务性质（世俗的或者宗教的）三个维度将非营利组织分为四种类别，即筹款机构（funding agencies）、为会员服务的组织、公益组织和宗教组织。其中，他较为关注公益组织，并将其称为"公益服务组织"，其组织目标为直接提供服务，提升社区福利水平或服务于广泛的公共或教育目标。由此可以看出，在国外的相关研究中，公益组织包含于非营利组织之中，是非营利组织的一个重要组成部门[9]。

国内，公益组织是现代社会话语体系中出现的组织名称，是社会组织的一种。学者王名（2013）提出"公益服务组织"的概念，指在环境保护、扶贫开发、初级卫生、基础教育、社区服务、慈善救助等领域提供各种公益服务，以及与公益服务相关的资源动员和机构能力建设等活动的公益服务型社会组织[10]。学者朱健刚（2012）将公益组织界定为专业性的职业化的非营利组织，包括直接从事公益的专业性的公益组织，也包含各类支持型的公益组织，如基金会、能力建设机构等[11]。从以上两位学者对于公益组织的界定可以看出，国内的公益组织主要指直接从事公益服务的社会组织以及为公益服务型组织提供各种资源支持的社会组织，具有公益性、志愿性、非营利性、资源共享性的特征。总体而言，国内社会组织的类型包括：在各级民政部门登记注册的社会团体、民办非企业（社会服务机构）①、基金会。本研究也沿用关于"公益组织"的这一概念界定，并在实际研究操作中，将公益组织范围限定在非官方背景的"草根公益组织"。定义为此范围的原因在于，具有官方背景的公益慈善组织在项目运作中无论是服务资源筹集还是其他方面的动员能力都与"纯草根"背景的公益组织相比具有诸多优势。本书着力点在于公益组织项目运作中的能力建设，这对于国内非官方背景公益组织服务项目的规范化、专业化具有更为重要的意义。

1.2.2 公益组织服务项目

项目（program）是指在一定时间内为了达成某一个或几个特定目标而整合到一起的资源组合，是为了获得特定成果而开展的一系列相关活动。[12] 项目的特征包括明

---

① 《慈善法》中将慈善组织的存在形式表述为社会团体、基金会、社会服务机构。由此，1996年沿用至今的"民办非企业"更改为"社会服务机构"，以展示这些社会组织提供社会服务、从事公益事业的特征。

确而具体的目标、较明显的时间特征、社会性的集体活动、各种资源的动员和组合、非重复性和具有具体实施的需要。

在社会服务领域，项目化运作的发展是伴随我国财税制度"项目制"改革同步进行的。改革开放之后，随着市场化水平的提升，原有的财税体制已经不能完全适应经济社会发展需要，在此背景下，"项目制"应运而生，并在政府与社会之间搭建了有效的桥梁。渠敬东（2012）认为"项目制"是新双轨体制的一部分增量，是通过国家财政的专项转移支付，突破传统单位制下"科层制"束缚以及减少市场化所引起的社会分化的有效手段，并在民生工程及公共服务领域加大投入的一种方式[13]。"项目制"作为国家推进社会治理的新型制度在各级政府得到了广泛应用，项目在此背景下被不断引入社会发展领域，并得到了广泛的认同。

在政府购买社会服务以及国内"全民公益"兴起的背景下，"项目制"成为社会服务有效开展的方式，运用项目方法开展服务变得更为普遍[14]。有学者将公益慈善项目界定为，在一定的时间内，在一定的资金和资源下，具有完成明确目标的公益慈善活动。项目服务范围涵盖到扶贫济困、扶老、残障服务、助学等，已经越来越多元化和精细化[15]。

如果按照公益项目资金来源区分，可主要分为政府、企业、基金会、个人四类公益项目资金来源。政府资金来源方面，政府通过各种购买服务的方式，将公共服务以项目化的方式委托给公益组织，来达到既推进公共服务又培育孵化支持公益组织发展的目标。陈家健（2013）认为项目化运作是政府调配资源的一种有效方式[16]。企业资金来源方面，为公益项目提供主要资金来源的企业主要可以分为国有企业、外资企业以及一些大型私企。一般而言，企业通常会通过直接向服务对象捐赠现金、进行产品义卖、拿出部分利润捐赠、为公益活动提供场地支持或者捐赠给公益组织用于支持其公益项目的运作等方式来履行企业社会责任。基金会来源方面，由于基金会本身也属于公益组织的一个重要组成部分，很多基金会属于运作型基金会，即一方面为公益事业筹款用于支持其他公益组织的服务项目，另一方面基金会自身也会开展公益项目。例如，壹基金、南都基金会等大型公益基金会通过公开发布公益项目或接受其他公益组织的项目申请等方式运作公益项目。同时，南都基金会自身也开展"银杏伙伴成长计划"等公益项目。个人来源方面，这类公益项目的资金来源方式有别于前两种政府和企业的资金来源方式，主要依靠向社会公众募捐来获得公益项目的所需资金，例如"免费午餐计划""冰桶挑战""一个鸡蛋的暴走"等公益项目，就是通过这种方式吸纳个人捐赠来支持公益项目的运作。

本书将公益组织服务项目界定为，以公益组织为项目运作主体的服务项目，项目自身具有非营利性、志愿性等特征。就项目运作过程而言，Peter M.Kettner, Robert M.Moroney, Lawrence L.Martin（2013）认为服务项目设计与管理的逻辑模式包括：首先，确认项目所需的资源；其次，寻找相符的资源与需求；再次，启动服务流程、完成服务流程；最后，运用多种方法测量结果。他们将逻辑模式具体表述为输入（资源及原料）、过程（以输入的原料来达成目标的各种活动和行动）、输出（所提供的服务以及所完成服务的测量）、成果（接受服务之后所呈现的益处）、效应（测量在组织、社区或体制中，因提供服务所发生的改变）。[17] 服务对象在服务项目开展过程中，能够产生正向的改变，从更广泛的意义上服务项目还能够缩小社会问题或回应社会需求。

1.3 研究设计

当前公益领域的研究最重要的问题是要以国内公益组织发展的现状为立足点，找出影响国内公益组织发展的关键问题，并探寻指引公益组织发展的本土化理论，为中国公益发展提供更为有效的理论支持，以此来推动国内公益慈善领域的健康发展。

1.3.1 研究框架

本书的主旨为探讨国外社会营销理论在多大程度上契合国内公益组织服务项目运作的现实与发展趋势，社会营销理论如何应用于公益组织服务项目运作才能够提升公益组织服务项目运作的规范化、专业化水平，推进公益组织服务效能的提升。研究的主要问题如下：

（1）研讨国外社会营销理论与国内公益组织发展现实的契合性问题。

（2）运用社会营销的理论框架系统分析国内公益组织服务项目运作的既有成效与困境，探寻当前公益组织服务项目的运作机理。

（3）基于社会营销的理论视角，深入探究优化公益组织服务项目运作机理的策略与路径。

1.3.1.1 研究内容

围绕该研究主题，本书基于社会营销的理论框架，以国内公益组织已经或正在开展的服务项目为切入点,深入探究公益组织服务项目实然和应然的运作机理,并以此推动社会营销理论的本土化,搭建契合国内公益服务发展特色的社会营销实务理论框架,为后续相关公益领域研究提供可行的参考与借鉴。具体研究内容如下。

1. 社会营销的理论框架梳理与重构

源于西方的社会营销理论框架在国外公益组织服务项目运作中已经屡屡证明其有效性,但在本土公益组织发展中还需要不断积累经验。因此,在开展研究前期还需进行大量国内外文献梳理等基础工作,具体包括系统梳理国内外社会营销理论的发展沿革,厘清社会营销、公益组织、公益项目等相关概念的核心要素与特征,解析社会营销理论及其支撑性理论在国内外发展过程中的应用与发展趋势。在此基础上,搭建研究的理论框架,将研究中涉及的公益组织、公益项目与社会营销的核心概念进行操作化[①],形成半结构式访谈提纲、问卷这两大研究工具。

2. 国内公益组织服务项目运作现状研究

本书立足社会营销理论框架,运用适当的研究工具,通过研究国内公益组织服务项目的运作现状,深入分析国内公益组织服务项目运作的机理,并基于社会营销的理论视角提出优化公益组织服务项目运作机理的策略与路径。具体包括服务项目设计过程研究;服务项目运作过程中,围绕项目目标、筹资(资金、专兼职工作者、志愿者资源)、服务产品、服务成本、服务地点、服务绩效等项目要素,公益组织如何与服务对象、资金来源方(个体、企业、政府、基金会)、志愿者三大利益相关者进行互动,其中存在哪些方面的问题与困境,并就产生这些问题背后的原因进行解析,最终凝练出服务项目运作逻辑中公益组织与服务对象、资金来源方、志愿者有效互动的核心要素。

3. 社会营销视角下公益组织服务项目运作机理优化研究

基于服务项目运作中公益组织与利益相关者有效互动的关键要素分析,探究从项目设计到整合服务资源、确定服务对象,到项目服务开展直至项目目标实现这一个过程中,公益组织应该如何运用社会营销理论运作整个服务项目,以及在这个过程中,如何管理组织与服务对象、资金来源方、志愿者之间的关系,以提升其服务项目运作的能力,增强公益服务效能。在此基础上,尝试建构出社会营销视角下公益组织服务项目运作的理论框架,并立足国内既有公益组织服务项目运作的政策、法律、社会环境,从公益组织自身发展、公益环境营造两大方面入手来优化公益组织服务项目运作环境,为公益组织运用社会营销促进能力建设提供支持。

---

① 操作化就是要把抽象的概念转化为可观察的具体指标的过程。

1.3.1.2 研究思路

本书基于国内外社会营销及其相关理论的梳理，搭建社会营销理论框架；设计访谈提纲、问卷两个研究工具；在具体研究阶段，基于混合方法论并运用研究工具采用网络问卷、深度访谈、德尔菲法等系统收集研究资料；运用定性分析和定量分析相结合的资料分析方法进行资料处理；根据研究资料，运用熵权法建构出适合本土公益发展特色的公益组织服务项目的社会营销"6P"模型，提出社会营销视角下公益组织服务项目新运作机理（见图1.1）。

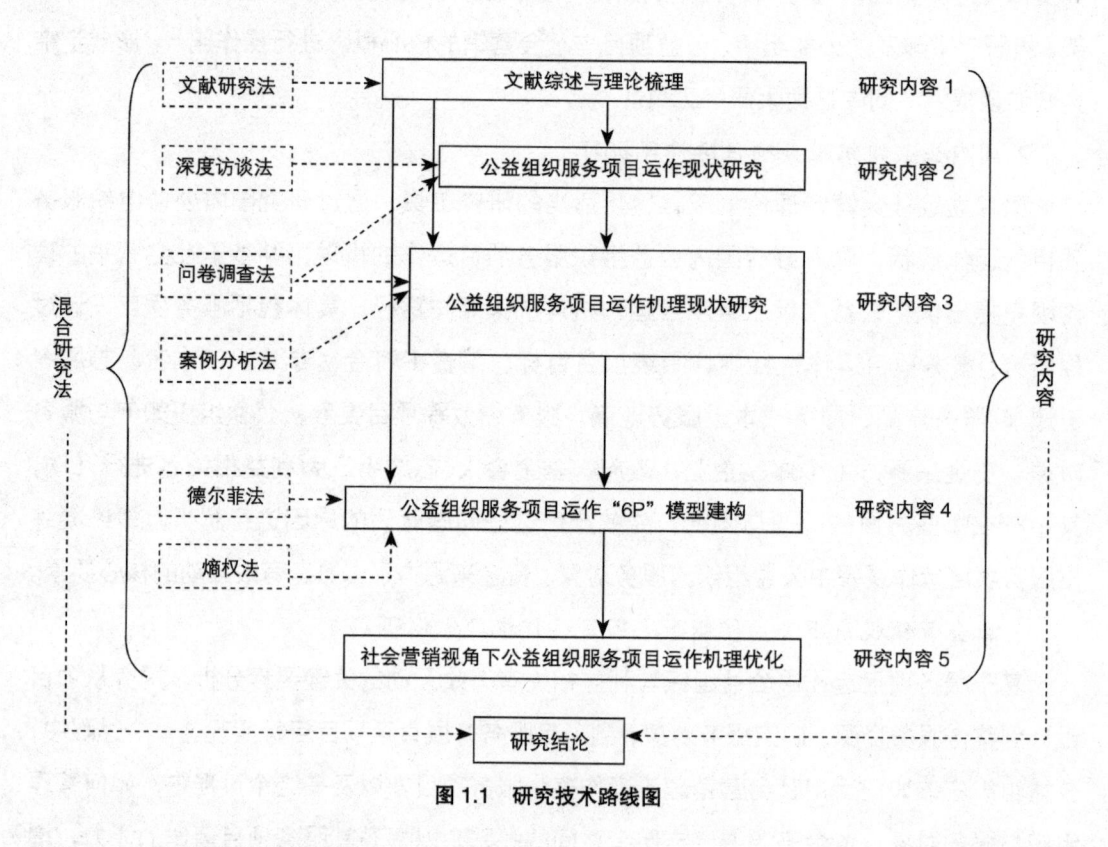

图1.1 研究技术路线图

1. 理论框架梳理与重构

本书以国内外社会营销文献综述及相关理论梳理为基础，廓清社会营销的概念、社会营销的发展阶段、社会营销理论的核心内容等。同时，充分融合非营利组织管理、中国社会组织发展、新媒体传播等相关理论研究成果，厘清公益组织、公益组织服务项目的相关概念，明确国内公益组织发展的整体状况与突出困境，了解国内公益组织传播的新渠道与新方式，并在此基础上梳理出契合本研究主题的社会营销理论框架。

2. 设计研究工具

立足混合研究方法论，融合定性研究和定量研究相结合的具体研究方法，制定研究工具。依据本研究的理论框架，对公益组织服务项目运作以及公益组织与利益相关者之间的互动关系进行概念操作化，设计出本研究的半结构式访谈提纲与问卷。[18]

在访谈提纲的设计方面，基于社会营销的理论框架，围绕社会营销策略的十个要素，即产品（Product）、价格（Price）、地点（Place）、促销（Promotion）、公共关系（Public relationship）、政治（Politics）、人员（People）、流程（Process）、项目（Program）、绩效（Performance），以公益组织正在或已经开展过的项目（Program）这一要素为切入点，将公益组织服务项目分为项目设计与项目管理两大部分，将项目设计部分操作化为公益组织如何从服务项目的公益产品（Product）、社会价格（Price）、服务地点（Place）、促销（Promotion）这四大要素回应服务对象需求，如何关注国家及地方性的相关政策（Politics），遵循何种项目设计流程（Process）来设计服务项目。将项目管理环节操作化为公益组织在项目运作过程中如何从公益产品（Product）、社会价格（Price）、地点选择（Place）、促销（Promotion）、政治（Politics）、人员（People）这六大要素着手来募集公益资源，如何管理与其他利益相关者（Public relationship）的互动关系，如何保障与衡量项目的绩效（Performance）。具体将访谈提纲（见附录1）分为三部分，访谈提纲涵盖公益组织服务运作情况、公益服务相关群体概况、公益服务过程中的困难与发展建议。

在深度访谈的基础上，为了论证更大范围内公益组织项目运作的状况，本研究还设计了《"公益组织社会服务情况研究"调查问卷》（见附录2），来进一步研究国内公益组织服务项目的运作情况。该问卷主要包括两大部分：第一部分为公益组织的基本信息，涵盖公益组织的注册类型、注册方式、实际服务时间、组织服务领域等；第二部分为公益组织服务项目的运作情况，涵盖服务项目的设计依据、目标服务对象确定、项目目标设计、筹资方式与渠道、志愿者管理等。

3. 公益组织服务项目运作机理研究

运用本研究的研究工具，基于社会营销的分析视角，系统收集与分析国内公益组织服务项目运作的现状，厘清服务项目运作中公益组织与利益相关者的互动关系，廓清影响公益组织服务项目运作的关键要素，并结合社会营销的理论框架，凝练出公益组织服务项目社会营销的运作机理，在此基础上，探寻优化公益组织服务项目运作机理的策略与实践路径。

1.3.2 具体研究方法

研究方法是揭示物质内在属性的工具和手段。目前,对研究方法的分类维度比较多,但是大体上我们可以归纳为三类,即质性研究方法、量化研究方法以及混合研究方法。其中质性研究方法在社会科学领域主要用于经验性理解归纳,适合探索性研究,在人类学中适用较广;量化研究方法偏重实践模式,如运用研究性大数据分析来展现一些事物的问题,同时建构一定的分析模型用于普适性推广;混合研究法是近年来于定性研究和定量研究争论中产生的一种方法,大体上可理解为定性研究与定量研究二者的混合使用。在混合研究方法中,由于思维范式的不同,又可以进行不同层次的混合,如 Creswell(1995)就曾经提出混合研究方法有四种层次的混合,分别是顺序研究、平行研究、平衡研究以及主-次设计[19]。其中顺序研究指的是研究选择方法中定量和定性方法是依次进行的,定量在先定性在后或者定性在先定量在后;平行研究则指的是定性研究和定量研究同时进行;平衡研究指的则是大致平等使用两种研究路径来解释某种现象;主-次研究则对范式有一定区分,在研究中会有一方形成主导,另一方则辅助进行研究[20]。基于此,本研究中将采用混合研究法中的顺序研究来解析社会营销视角下公益组织服务项目的运作机理。

1.3.2.1 资料收集程序与方法

在运用社会营销理论框架对公益组织服务项目运作机理进行考量的过程中,首先,运用文献研究法梳理国内外社会营销的相关研究成果。其次,运用深度访谈法,深度解读国内公益组织服务项目运作的逻辑,洞悉项目运作中公益组织与利益相关者之间的互动机理,进而运用问卷调查法分析公益组织服务项目运作的方式以及在此过程中利益相关者之间的互动关系。最后,用定性资料和定量资料相互印证、相互补充的方式丰富本研究的资料,保障了本研究的顺利实施。

1. 文献研究法

公益组织的服务项目运作牵涉很多方面,其项目设计与执行过程中涉及与社会组织管理相关的政策与法律,同时在研究领域涵盖社会学、社会工作学、管理学、公共管理学、政治学、新闻传播学等。目前,由于我国有关社会营销的一些公益服务项目运作尚未形成体系,在文献梳理过程中,还要不断结合西方现有的一些研究成果来推演国内公益组织服务项目的应用方式。因此，文献研究法（literature research method）是本研究的一个重点方法，首先通过对国内外相关研究成果、政策制度的梳理，厘清相关概念及研究边界。同时，基于大量文献梳理，了解并掌握最新国内外公益组织项目发展趋势，为顺利开展研究奠定了基础。对于国外文献的检索，作者通过"social marketing"和"nonprofit"以及"NGO"和"social marketing"这两对关键词进行搜索，主要搜索数据库是 Sage 和 Web of Science。国内文献的检索，作者通过"社会营销"、"社会组织"与"社会营销"、"慈善组织"与"社会营销"、"非营利组织"与"社会营销"这几组关键词进行搜索，主要搜索数据库是中国知网、万方数据库、读秀。同时，还注意收集各类电子文献，如国内中国公益2.0网站、公益2.0地图、新浪公益、百度公益、腾讯公益、中国民间公益组织透明度GTI等网站推广的公益项目案例。此外，还通过美国亚马逊网站、国内亚马逊网站搜索社会营销相关的纸质文献。

2. 深度访谈法

"访谈"是在研究过程中为了更为深入、全面地获取第一手资料而开展的一种研究性交谈。[21]其具体操作方式是，研究者根据研究计划制定出结构式或半结构式访谈提纲，并以此访谈提纲为工具与受访者进行一定的互动。在本质上由研究者根据研究计划和访谈提纲确定双方对话的方向，并在访谈过程中针对受访者提出的与本研究主题密切相关的特殊议题进一步追问，以获取研究计划相关的更为深入、详尽的第一手资料。[22]基于社会营销的分析框架，为深入探究公益组织服务项目运作的成效、困境、运作机理，以及在项目运作过程中公益组织与服务对象、资金来源方、志愿者三大核心利益相关者的互动关系，本研究采用了深度访谈法（depth interviews）。

为保障访谈是在特定主题下开展，作者设计了深度访谈的半结构式提纲，以使访谈能够围绕本研究的研究内容开展。访谈分为两个阶段：第一阶段为2014年7月至2014年9月，第二阶段为2015年8月至2015年10月。在第二阶段，一方面在资料整理和写作的过程中就第一阶段访谈时不清晰、不明确的问题与被访者进行进一步探讨；另一方面就项目所涉及的服务领域进行适度扩展，以保障所访谈公益组织的覆盖面。本研究共开展了面向30家公益组织负责人或项目主管的深度访谈。

在访谈实施过程中，公益组织的选择主要考虑以下四个基本原则：

一是公益组织自身的生命周期。本研究中选择的公益组织均已至少发展三年以上，度过基本生存期，具有一定的公益项目运作经验，且已经在区域范围内具有一定社会影响力。[①]

二是公益组织项目运作的典型性。接受访谈的公益组织及其具体接受访谈的公益项目案例是具有一定典型性的,或者是组织负责人认为项目设计与执行较为完整的项目。

三是组织类型与服务项目的覆盖面,接受访谈的组织基本覆盖到各类公益组织如基金会、民办非企业(社会服务机构)、社会团体,其服务项目涉及助学、养老、扶贫等多个方面。

四是方便接触。在实际访谈过程中,作者根据实际资源的有效性,通过中国公益2.0项目组、公益研究学者、公益组织负责人推荐与公益组织取得联系,这样可以在一定程度上保障获取资料的真实性(见附录3)。

为充分获取公益组织服务项目的运作理念、运作方式与策略选择,本研究将公益组织中具体的访谈对象设定为公益组织的负责人或者项目主管,选择他们的原因在于这些公益从业者在自身组织中工作时间较长,并且对组织自身的使命和定位、项目设计和运作经验以及与关键利益相关者的关系建立和维护具有更为稳定与成熟的公益服务运作理念,也能够就本研究主题展开更为深入的探讨。为保障访谈的效果,半结构式的访谈一般会持续20分钟到2小时。在访谈开始之前,作者先向受访者介绍本研究的意义,并保证研究的保密性,所有的数据只用于学术目的,这样可以使受访者在一个轻松的氛围里面分享自己的观点。访谈过程中,全程录音。除了音频数据,作者也将对访谈的重要内容做即时笔记,一方面加深对访谈内容的理解,另一方面在分析数据的过程中,可以用笔记与音频数据做对比,保证数据的完整性。

3. 问卷法

问卷法(questionnaire survey)是运用统一的有问有答的资料收集工具向被调查者了解情况与意见的一种方法。统一的有问有答的资料收集工具,就是问卷。[23]随着互联网技术的发展,网络调查法已作为一种新的资料收集方式而出现。网络调查法也称为在线调查,是当前研究工作中日益广泛使用的一种调查方法,主要指的是研究者利用互联网渠道向特定调查对象发送调查问卷,同时也通过互联网渠道将被调查者填答好的问卷收回的调查方法,常用的网络调查平台如问道网、问卷星等[24]。本研究采用统一的问卷对不同地域、不同组织类型、不同服务领域的公益组织负责人或项目主

[①] 赵晓芳认为社会组织存在一个从产生、成长、成熟到衰退甚至死亡或者蜕变与新生的生命周期,在生命周期不同阶段面临不同挑战。按照生命周期模型,度过基本生存期的公益组织在成长阶段主要应该提升市场竞争力,获得公益组织的永续经营(参见詹成付,廖鸿主编.2015年中国社会组织理论研究文集[M].北京:中国社会出版社,2015:338-367)。

第 1 章 绪论

管展开调查（见附录 3），可以反映出更大范围内的公益组织服务项目运作的现状。本研究中在线问卷的主要操作方式为将调查问卷放在特定的网页上，运用多种途径针对本研究的调查对象进行问卷推广。

在线问卷推广方式如下：

（1）利用公益慈善论坛平台，包括微信平台（订阅用户 10 万以上）和新浪微博（关注人数为 15 万以上）。由于公益慈善论坛是一个相对独立的公益服务领域交流平台，因此确保了其订阅用户或关注的公益人无显著偏好性。

（2）接触参加 2014 年 9 月第三届深圳公益慈善交流会的公益组织，作者利用参加该交流会的契机邀请公益组织填写问卷，以确保能够接触到线下活动的公益组织。

（3）利用公益组织 QQ 群，主要是为了弥补调研中可能会缺失对区域性不明确和服务领域无法控制的公益组织。在区域性覆盖方面，分别选择了华北、华东、华南、西南地区的公益组织 QQ 群推广问卷。在服务领域方面，选择了助残公益群、教育公益群、灾害救援群、社区发展、法律援助、性别平等、疾病救助等群组。

（4）电子邮件定向邀请，邮件发放的对象主要是在各地相对比较稳定的公益组织从业者。问卷调查时间为 2014 年 9 月 1 日至 2014 年 11 月 1 日，共获取有效问卷 327 份。

回收问卷所覆盖的公益组织注册类型为：民办非企业 134 家，占 41.0%；社会团体 122 家，占 37.3%；基金会 34 家，占 10.4%，其中非公募基金会 18 家，公募基金会 16 家。此外，还有其他类包括未注册或者挂靠属性的公益组织共 37 家，占 11.3%。以社会团体及民办非企业单位为注册类型的公益组织一共占参与调查组织的 78.3%。由此可以看出，本研究所覆盖的公益组织主要是面向有需要的特殊群体从事直接公益服务的组织，因而这些组织的服务项目运作在服务对象需求分析、项目设计、资金筹集、志愿者招募等流程和环节上较为完整，契合本研究关注公益组织服务项目运作机理的研究目标。

从参与调查的公益组织服务运作时间[①]分布情况来看，服务运作 3～5 年的公益组织 74 家，占 22.6%；服务运作 5～10 年的公益组织 95 家，占 29.1%；服务运作 10 年以上的公益组织 51 家，占 15.6%。一般来说，如果一个公益组织正常运作 3 年以上，我们可以认为其已经度过了一个组织建立初期的磨合阶段，进入了相对稳定的发展阶段，在服务项目的运作上也具备了一定的项目运作经验，对优化项目运作也具有了一定的思考，这些公益组织在国内公益实务领域具有一定的代表性。

---

① 在此，"服务运作时间"以公益组织实际从事服务开始的时间为衡量标准，不以这些组织在民政或工商注册的时间作为组织成立的衡量标准。

项目所涉及的公益组织主要服务领域分布如下：为儿童青少年服务的公益组织占37%，为教育助学服务的公益组织占31.2%，综合志愿服务的公益组织占30.9%，为老服务的公益组织占22.6%，为残障人士服务的公益组织占19.9%，公益行业支持占17.7%[①]。从公益组织的服务领域分布来看，问卷所覆盖的公益组织也较为全面，基本反映出国内从事直接服务的公益组织主要涉及的服务领域。

4. 案例分析法

案例分析法（case analysis method）又称为个案分析法，指的是将实际运作中可借鉴或参考的具有一定经验价值的案例进行提取并采用的一种方式。在资料收集方法上较为多元化，包括历史数据、档案资料、访谈、观察等，并运用一定的分析技术对一个事件进行分析进而得出带有普遍性结论的一种研究方法。在案例研究的过程中，对多个案例进行深入、系统的分析与比较能使案例研究的结果更为全面、更具说服力，能提升案例研究的有效性。[25]

为了更为系统、深入地研究国内公益组织运用社会营销理念、方法及技巧的实际情况，本研究基于对公益组织负责人的深度访谈资料，开展了21个实证案例研究。21个有代表性的案例分别来自安徽、云南、江西、北京、甘肃等地区，涵盖大多数公益组织活跃的地区；另外，案例涉及不同的公益领域，包括儿童青少年服务、养老服务、疾病救助、扶贫帮困、环境保护等方面。因此，本研究所选取的案例可以充分保证数据的可靠性，最小化定性数据的主观性。每个案例分析的研究遵循一定的程序：首先，确定进行案例分析的公益组织；其次，对该公益组织的资料、文件进行研究，掌握公益组织的基本情况和工作范围；最后，邀请该组织的主要负责人开展半结构式访谈，以此整理出21个公益组织服务项目运作的完整案例。

5. 德尔菲法

德尔菲法（delphi method）又称为专家小组法或专家意见征询法。在具体操作过程中，是以匿名的方式，逐轮征求特定的专家各自的预测意见，最后由研究者或主持者进行综合分析，确定调查结果的一种方法。[26]在具体操作过程中，作者就公益组织服务项目（Program）运作中社会营销的九个要素，即产品（Product）、价格（Price）、地点（Place）、促销（Promotion）、公共关系（Public relationship）、政治（Politics）、人员（People）、流程（Process）、绩效（Performance），对公益组织与服务对象、资金来源方、志愿者这三大利益相关者进行互动时应侧重的要素进行重要性排序，共

---

① 在服务领域的分布上，主要服务领域为2个及以上的公益组织占据比例较大，数据总体个案百分比为244.0%，这里的公益组织服务领域百分比为个案百分比。

收回有效征询表 16 份,以了解各领域专家对这 9 个项目运作要素的意见。在相关专家的选择上,涵盖了资深的公益组织项目负责人 5 人(占专家总人数的 32%),公益支持组织负责人 3 人(占专家总人数的 18%),公益研究领域学者 4 人(占专家总人数的 25%),民政部门社会组织管理工作人员 4 人(占专家总人数的 25%)。为了保证数据的可信性,所有的受访者都有超过三年的公益组织工作经验或公益领域研究积累,以使各领域专家评估能够全面反映公益组织服务项目运作的现实与趋势。在具体操作中,调查对象根据自身在公益领域的工作经验或研究积累,对公益组织的社会营销要素的重要程度进行评价,采用 9 分制里克特量表的形式进行测量(9 分表示受访者认为该要素非常不重要,1 分表示受访者认为该要素非常重要)。

1.3.2.2 资料分析方法

1. 访谈资料分析

访谈资料分析方法本质上是内容分析法。内容分析法分为语用内容分析、语义内容分析、符号内容分析。语义内容分析是按照符号的内涵,对其进行归类。本研究采用的是语义内容分析类别。[27] 内容分析法有定性的分析和定量的分析,本研究访谈资料的分析综合采用了定性和定量相结合的内容分析方法。

在定性内容分析阶段,按以下步骤开展工作:第一步,将访谈资料整理成文字,并根据组织类型、服务项目领域将资料进行归类。第二步,将访谈资料进行进一步的梳理,针对不确定的内容再次对被访者进行回访,以提高文字资料的可靠性。第三步,作者仔细研读访谈资料和相关项目辅助资料,寻找对访谈资料的深度理解。第四步,根据内容分析方法,对访谈数据进行开放式编码,以尽可能地排除研究者个人的偏见或者学术界抑或实务界的定见,将所有的材料按其本身所呈现的属性分类[28]。

就具体的编码过程而言,系统的内容分析和定性因果分析被应用在本研究的定性数据的分析中。首先,将案例的受访者进行编码,完整地还原他们的访谈数据。第二步,根据访谈数据出现的频次进行编码,对于出现次数较多的关键词如工作流程、宣传渠道等进行编码。第三步,对于编码的数据进行分析和归类,将相似的关键词归为一个大类。根据上述社会营销策略要素,编码最后被归为社会营销理论中的要素,即产品(Product)、价格(Price)、地点(Place)、促销(Promotion)、公共关系(Public relationship)、政治(Politics)、人员(People)、流程(Process)、绩效(Performance),以保障资料分析的完整性。

通过内容分析，系统了解国内公益组织服务项目设计与管理的方式，明确公益组织与服务对象、资金来源方、志愿者三者之间的互动关系，洞悉当前国内公益组织服务项目的运作机理，并提出相应的优化策略与路径。

2. 问卷资料分析

统计分析法是社会科学研究中较为常用的分析方法，其能够有效地通过统计学原理基于一定样本量对全体特征进行描述说明，且在大数据时代已经得到普遍认同。高级统计方法中的回归分析、因子分析、聚类分析还能在一定程度上对现有的经验问题进行总结拓展，为分析社会现象提供优质视角。本研究在保证有效的调查样本总量的基础上，对资料进行编码整理与数据分析。全部数据经作者仔细审查后进行编码，然后再进行数据整理，并用SPSS22.0统计软件对所得数据进行统计分析，运用描述性分析、交叉分析等手段对问卷回收信息进行统计分析并深度挖掘。通过问卷数据分析，系统了解公益组织服务项目运作的现状，论证深度访谈获得的公益组织服务项目运作的普遍性问题，以保障本研究结论具有一定的推及性。

3. 熵权法

本研究将通过德尔菲法收集的公益组织服务项目要素表采用熵权优化模型对不同对象（服务对象、资金来源方、志愿者）的公益组织运用社会营销的要素及其重要性进行了评估。为了使社会营销要素的评估更为科学、客观，尽量避免专家的主观性影响，本研究将熵权的算法与双基点法（Technique for Order Preference by Similarity to an Ideal Solution, TOPSIS法）优化算法整合，形成了多指标决策的熵权优化模型（Shuiabi et al. 2005）[29]。

熵是热力学的概念，后被引入管理科学、经济学以及工程技术领域。熵作为一种不确定性的度量，可以用来度量数据所提供的有效信息量。在有 n 个结果，每个结果的概率为 p_i 的情况下（$p_i \geq 0$ 同时 $\sum p_i = 1$），对于 $p=(p_1, p_2, \cdots, p_n)$ 的概率分布，熵被定义为 $\omega = -k\sum p_i \ln p_i$，其中 k 是一个正常数。

本研究使用的熵权优化模型具体如下：

（1）建立社会营销要素评价体系，评估不同对象的 m 个社会营销要素。对于第 j 个对象在第 i 项社会营销要素上的评分表示为 x_{ij}，x_{ij} 越大，则该对象在第 i 项要素上的重要程度越高。因此，不同对象的社会营销要素评价体系的特征值矩阵表示为

$$X = (x_{ij})_{m \times n} \tag{1}$$

（2）对特征值进行标准化处理，消除指标间由于量纲不同而带来的差异。y_{ij} 表示

第 j 个对象在第 i 个社会营销要素经过标准化处理的特征值,即

$$y_{ij} = \frac{x_{ij} - \min x_{ij}}{\max x_{ij} - \min x_{ij}}, j \in [1, n] \tag{2}$$

(3)根据标准化的特征值矩阵确定各指标的熵权。首先,计算每个指标的熵,即

$$H_i = -k \sum_{j=1}^{n} f_{ij} \ln f_{ij} \tag{3}$$

其中

$$f_{ij} = \frac{y_{ij}}{\sum_{j=1}^{n} y_{ij}}, k = \frac{1}{\ln n}$$

当 $f_{ij} = 0$,则 $f_{ij} \ln f_{ij} = 0$。

其次,根据熵权的公式,每个熵的权重(即熵权)表示为

$$\omega_i = \frac{1 - H_i}{m - \sum_{i=1}^{m} H_{ij}} \tag{4}$$

(4)用 TOPSIS 法计算社会营销要素的重要程度。采用 TOPSIS 法求解多指标决策问题时,首先要确定一个理想解和一个反理想解;其次在目标空间中,度量目标值距离理想解与反理想解的程度,然后找出与理想解最近同时与反理想解最远的值,作为最优解;最后根据不同的值到理想解与反理想解的距离来进行优劣的排序。距离理想解越近,同时距离反理想解越远的值,排序越高。根据社会营销要素的标准化特征值,定义社会营销要素的理想解和反理想解。

理想解:$y_i^+ = \max(y_{i1}, y_{i2}, \Lambda, y_{in})$,$P^+ = (y_1^+, y_2^+, \Lambda, y_m^+)^T$ (5)

反理想解:$y_i^- = \min(y_{i1}, y_{i2}, \Lambda, y_{in})$,$P^- = (y_1^-, y_2^-, \Lambda, y_m^-)^T$ (6)

计算不同对象的社会营销要素到理想解和反理想解的距离,利用加权的欧式距离计算,设理想解 P^+ 和反理想解 P^- 的距离分别为 d^+ 和 d^-,则有

$$d_j^+ = [\sum_{i=1}^{m} \omega_i (y_{ij} - y_j^+)^2]^{1/2} \tag{7}$$

$$d_j^- = [\sum_{i=1}^{m} \omega_i (y_{ij} - y_j^-)^2]^{1/2} \tag{8}$$

(5)对社会营销要素的重要程度排序。利用 TOPSIS 法计算出来的距离[见式(7)和式(8)],计算各个对象的优属度 u_j。根据优属度最小原则,对社会营销的各要素进行排序,u_j 越小,则该要素的排序越高,在服务项目运作中的重要性越高,即

$$u_j = \frac{1}{1+d_j^+(j)/d_j^-(j)} = \frac{d_j^-(j)}{d_j^+(j)+d_j^-(j)} \qquad (9)$$

1.3.2.3 研究资料的信度和效度

本研究选择混合研究法来提高资料的信度与效度。[30] 在保障信度方面，具体通过定性资料和定量资料进行比较分析，发现在支持本研究的一些判断方面具有较高的一致性。同时，为了提高访谈资料和问卷资料的信度，在深度访谈和问卷调查之前，都进行了试调查，并根据试调查中的发现，对研究工具进行反复修正，以保障研究工具的信度。就被访者对研究者的信任程度问题，由于访谈对象是基于"熟人"关系介绍，所以更容易获得被访者的信任，这在一定程度上保障了资料获取的真实性。

本研究保障资料效度的措施有：首先，在研究工具设计环节，邀请公益实务界、公益理论界的学者参加研究工具的讨论，反复修改访谈提纲和问卷，以保障研究工具能够全面反映研究问题，保障资料的内在效度。其次，在访谈中遇到被访者回答含义模糊不清的时候或者前后有矛盾的时候，亦或不合乎逻辑的时候，研究者采用追问的方式，力求得到明确的回答，以保障资料的表面效度。

建构效度反映出研究发现是否能够有效回应研究设计的问题。本研究的资料支持了研究设计中公益组织运用社会营销的理念与策略有助于提升服务项目运作有效性的研究观点。具体到用社会营销理论框架分析国内公益组织服务项目设计与管理运作机理，以及公益组织与核心利益相关者的互动关系时，资料在支持公益组织运用社会营销进行服务对象需求调研、项目综合环境分析、服务项目方案设计时在正面影响方面具有建构效度；资料在支持公益组织运用社会营销进行服务对象倡导、筹资管理、志愿者管理以及项目整体运作中在正面影响方面具有建构效度。

外在效度指的是研究结果在一定程度上能够被推论。在外在效度上，尽管本研究的调查对象相比国内庞大的公益组织群体而言是较少的，但是在访谈到的公益组织特征上，本研究力求涵盖各类公益组织类型、各类主要的服务领域、各类不同的资金来源方。在在线问卷发放过程中，本研究在问卷的推广环节也尽量考虑到公益组织的不同类型、不同服务领域与服务地域，以确保填答问卷的公益组织具有研究范围内的一定覆盖面，以保障研究结果在一定程度上能够被推论。因此，本研究的结论对公益组织能力建设和相关政策制定具有一定的参考价值。

1.4 研究价值

整体而言，外部环境中的政策支持与快速的信息化发展均已经为公益组织发展提供了良好的环境。由此，着力于国内公益组织内部治理、项目运作、筹资管理等相关自身能力建设的相关理论研究已经具备公益实务界发展的现实基础。因此，系统研究西方的社会营销理论，将其恰当运用于分析国内公益组织服务项目运作的实际，并以此探讨社会营销理论的本土化，具有重要的理论和实践价值。

1.4.1 理论与政策价值

1. 探索社会营销理论的本土化

本研究充分借鉴、融合国内外非营利组织管理的相关理论，系统梳理国外前沿的社会营销基础理论及相关支撑理论，廓清社会营销的概念与内涵、社会营销的运作流程与运作方式等，并将其操作化为研究国内公益组织服务项目运作的研究工具，尝试以社会营销为分析框架探究公益组织服务项目的应然与实然的运作机理，为社会营销理论的本土化提供一个综合全面的理论考察，以期推动社会营销理论的本土化发展，为我国公益组织能力建设提供理论支撑。

2. 推动公益政策转型

公益组织的研究是当前公益研究的重点。而公益研究的重点是能够产出指导中国公益慈善事业的有效知识，并通过这种知识来推动公益慈善政策改革。本研究基于西方社会营销理论着力于国内公益组织能力建设研究，其研究结果将有助于政府从培育公益组织能力的角度提供更具操作性和前瞻性的政策支持，提升公益政策的有效性与精准度。

1.4.2 公益实践价值

1. 有助于公益组织建构社会营销观

研究以实用主义范式为指导，在具体研究过程中，需要采集大量相关数据及访谈资料。因此，研究自身就是一种传播社会营销理念的工具。通过与大量公益组织接触，在调查研究、访谈研究的过程中互相建构有关社会营销的理论理解，于研究者和被调查者来说都是一种良性的动态建构过程。因此，在研究过程中，一方面研究者可以解读公益组织运用社会营销理念与方法的尝试；另一方面被调查者（公益组织）自身通过对项目运作理念和过程的再思考，在潜移默化当中也会增强自身能力建设，将社会营销观内化于己身并在今后执行项目过程中，自觉或不自觉地运用该理论范式，取得较好的社会营销效果。

2. 促进公益组织发展转型

本研究基于社会营销理论视角，系统总结、提炼国内公益组织服务项目运作的成功经验、运作理念，并有针对性地提供优化公益组织服务项目运作机理的策略与路径。从国内公益圈发展的现实来看，公益组织在组织使命定位、服务对象倡导、资源募集与维护等方面面临诸多困惑，本研究的成果对于处于初创期和成长初期的公益组织，对于处于迷茫和转型期的公益组织在运作理念转型上将提供一定的经验支持，这将有助于提升国内公益组织的实务管理技术。

1.5　内容简介

本研究围绕社会营销的理论框架，以公益组织服务项目运作中公益组织与服务对象、资金来源方（政府、企业、基金会、个体）、志愿者的互动关系为主线，深入探究国内公益组织服务项目的运作机理，本书内容简介如下：

第1章是绪论部分，首先介绍了国内公益组织及其服务项目发展的现阶段特征与突出的问题；然后辨析了本研究的"公益组织"与"公益组织服务项目"两大核心概念；进而详细阐述了本研究的研究内容、研究思路、研究方法，重点论述了本研究的资料收集方法与收集程序，定性资料与定量资料的处理方法，论述了研究的信度和效度问题；并从公益理论本土化和公益实践发展两个方面论述了本研究的意义和价值。

第2章是社会营销的基础理论。这一章进一步梳理与辨析社会营销理论的核心概念演变、理论发展的阶段脉络、国内外相关研究进展，详细阐述了社会营销理论的核心内容，并阐述了与社会营销理论相关的基础理论，从概念源头、理论框架上厘定社会营销理论与公益组织服务项目运作二者之间的内在联系，认为西方社会营销理论对于国内公益组织的发展，以及服务项目的规范化、专业化运作具有很大的借鉴意义和理论价值。

第3章通过社会营销的理论视角分析公益组织服务项目运作中服务对象倡导问题。首先，系统梳理了公益组织在服务项目运作中服务对象倡导的现状，分析了公益组织在服务对象需求评估、服务开展等过程中，运用社会营销的理念与策略，在公益产品设计、服务价格设定、服务促销方面的既有成效。其次，深入分析了在项目设计与管理中针对服务对象倡导中在产品设计、项目宣传推广与渠道选择、服务地点设置等方面存在的问题。最后，从产品（Product）、价格（Price）、人员（People）、地点（Place）、绩效（Performance）、促销（Promotion）这一新的服务对象倡导的"6P"社会营销策略，提出了优化服务项目运作机理的具体建议，以提升公益组织面向服务对象的倡导能力。

第4章通过社会营销的理论视角分析公益组织服务项目运作中资金来源方的维护问题。首先，分析了公益组织服务项目的资金来源方维护现状，分析了公益组织面向资金来源方在公益产品设计、促销的媒介渠道选择、筹资地点选择、资金来源方的成本设定等方面的既有成效。其次，剖析了公益组织在筹资过程中，在资金来源方的吸引与维护方面存在的突出问题。最后，从政治（Politics）、产品（Product）、绩效（Performance）、价格（Price）、公共关系（Public relationship）、流程（Process）这一新的资金来源方维护的"6P"社会营销策略，提出了优化服务项目运作机理的具体建议，以做好资金来源方的维护，提升公益组织的筹资能力，促进公益组织的资金增长。

第5章通过社会营销的理论视角分析了公益组织服务项目运作中志愿者管理的问题。首先，分析了公益组织服务项目的志愿者管理现状，分析了公益组织在志愿者招募、培训、评估与督导、激励等环节中，面向志愿者在公益产品设计、志愿者成本设定、招募信息与渠道选择等方面的既有成效。其次，深入分析了公益组织在志愿者招募、培训、评估与督导等环节存在的重点问题。最后，从人员（People）、产品（Product）、价格（Price）、地点（Place）、促销（Promotion）、流程（Process）这一新的志愿者管理的"6P"社会营销策略，提出了优化服务项目运作机理的具体建议，以提升公益组织的志愿者管理能力。

第6章论述了公益组织服务项目运用社会营销的环境优化策略。首先，在第4章和第5章的基础上提出了基于社会营销理论视角的公益组织服务项目运作机理框架。其次，从政策法规、新媒体发展、公益文化塑造、公益共同体建设等方面分析了国内公益组织服务项目运用社会营销的既有优势环境。再次，从法规体系、培育扶持政策、公益行业人才培养、公益支持组织发展等方面提出了公益组织运用社会营销策略进行服务项目运作存在的环境障碍。最后，从完善登记备案管理制度、规范管理体系、发挥政策合力、重构法规体系、公益行业人才队伍培养等方面提出了公益组织环境优化的对策与建议。

第 7 章为研究结论与展望。首先，提出了本研究的主要研究发现，认为国内公益组织在服务项目运作中已经初步运用了社会营销的理念与策略，并进一步运用社会营销的理论框架提出了公益组织服务项目运作机理优化的"6P"模型。其次，分析了本研究在研究方法、研究结论和研究分析上的局限与不足。最后，从社会营销理论的本土化、应用社会营销的文化背景、应用社会营销的政策法规支持体系、探索性研究及推广的可能性等方面为后续研究提供了一些思路和建议。

本章小结

当前，在政府、学界、社会、公众等多方参与的影响下，我国公益组织又经历了另一轮新发展，整体呈现出草根化、微观化、网络化等多项特征。与此同时，国内公益组织自身的能力尚显不足。就服务项目而言，目前我国公益组织在项目运作中依旧存在着诸多问题，如公益组织缺乏明确的使命与定位，服务项目设计与管理缺乏规范性与有效性等。公益界的现实问题亟须学术界在中西方对话中探寻能够指引公益实务发展的理论体系。

源起于西方的社会营销理论已经在应对社会问题领域发挥了极为重要的作用，凸显出理论指导公益实践的学术研究价值。但是，国内鲜有研究对社会营销理论进行本土化，也极少研究聚焦社会营销的理论框架解析公益组织的项目运作。本研究的主旨在于基于社会营销的理论框架，以国内公益组织已经或正在开展的公益项目为切入点，深入探究公益组织服务项目实然和应然的运作机理。并以此推动社会营销理论的本土化，搭建契合国内公益服务发展特色的社会营销实务理论框架，借此提出优化公益组织服务项目运作机理的具体路径。为达成研究目标，本研究采用混合研究方法论，运用定性研究和定量研究相结合的研究方法，具体资料收集操作中以深度访谈为主，问卷调查为辅。在资料获取阶段，综合运用了多渠道推广方式以保障较为广泛的公益组织覆盖面，共进行了 30 个深度访谈并成功提取了 21 个完整案例，成功回收了 327 份有效问卷。在资料分析方法上，综合运用内容分析方法和统计方法进行多元分析，保障本研究具有比较好的信度和效度。

鉴于公益组织研究已经成为国内公益研究领域的焦点之一，本研究具有较强的理论、实务与政策参考价值，对于丰富国内公益领域的本土化理论体系，对于指引公益组织行为的规范化、专业化发展，对于政府优化公益组织发展的顶层制度设计均具有一定的参考价值。

第 2 章

社会营销文献回顾与基础理论

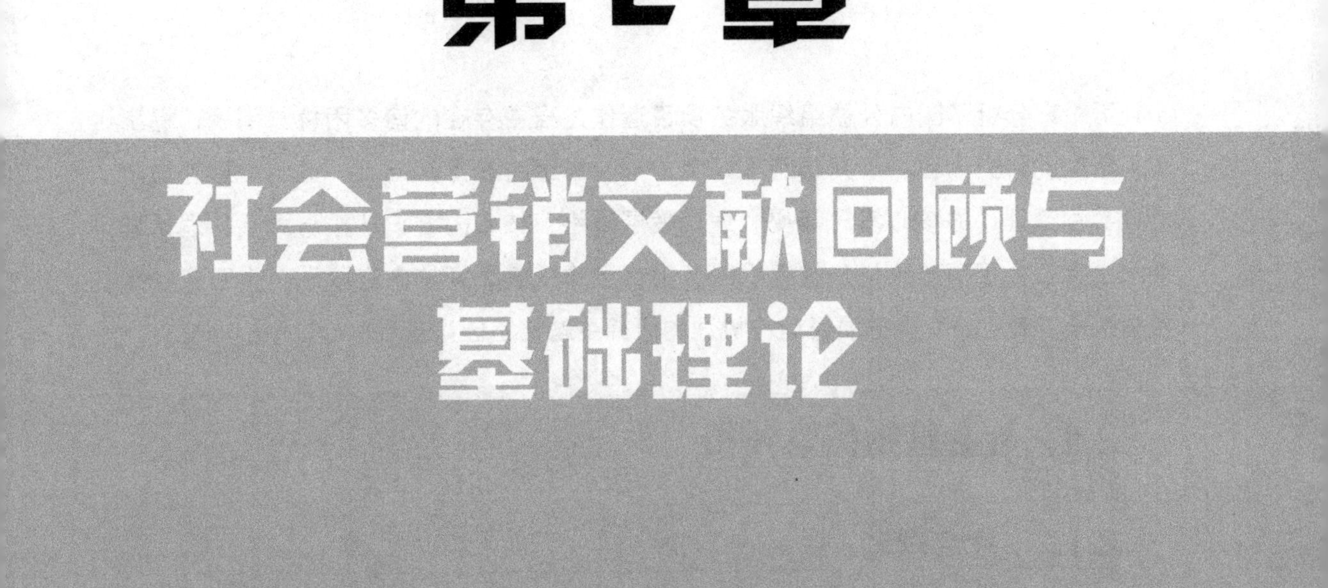

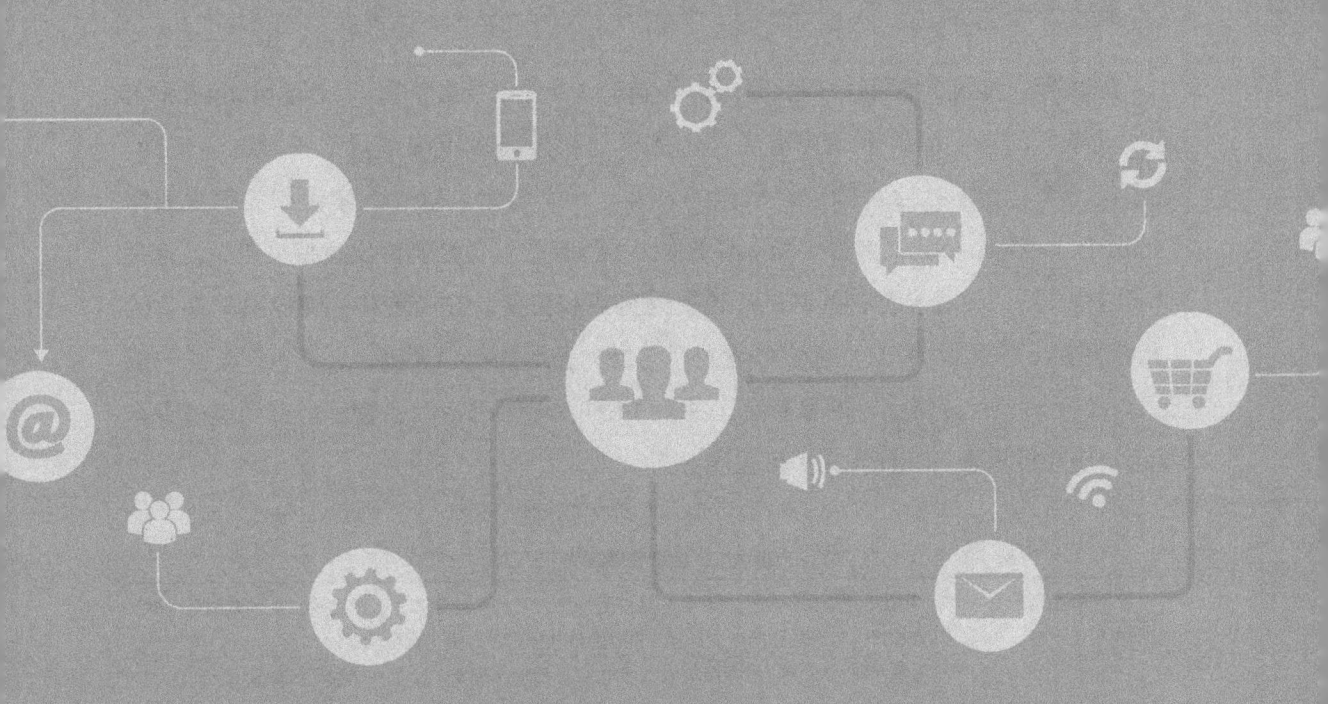

第 2 章 社会营销文献回顾与基础理论

第 1 章分析了国内公益组织服务项目运作过程中存在的诸多困境与问题，提出了本研究的研究内容、研究思路与研究方法。本章将在此基础上，进一步梳理与辨析社会营销理论的核心概念演变、理论发展脉络、核心内容，从概念源头、理论框架上厘定社会营销理论与公益组织服务项目运作二者之间的内在联系，为回应社会营销视角下公益组织服务项目运作机理的研究主题奠定理论基础。

2.1 社会营销概念辨析

2.1.1 社会营销

1971 年，美国市场营销学者菲利普·科特勒撰文提出社会营销（social marketing），起初该概念的提出指的是运用市场营销的原理和技巧来组织倡导某一项社会运动、观念或行为。伴随社会营销理论研究的发展，除了创始人以外的学者如安德里亚森（Alan R. Andreasen）、南希（Nancy R.Lee）等都对社会营销做出过相关定义，诸多学者的概念探讨使社会营销的基础理论更为充实和完善。在南希和科特勒共同编著的《社会营销（第五版）》中，两位作者对目前世界各地的社会营销定义进行了汇总，截至 2015 年对"社会营销"的最新定义共有 14 种，分别来自社会营销研究领域的专家学者、研究机构等，其具体定义可见表 2.1。

表 2.1 社会营销定义[31]

（1）社会营销是一种运用市场营销原则和技术来影响目标受众行为有利于社会和个人的过程。这项策略导向的学科依赖于创新、交流、传递和交换等手段，向个人、客户群、合作伙伴和社会提供积极价值。
——南希·李、迈克尔·罗斯柴尔德（Michael L. Rothschild）、比尔·史密斯（Bill Smith），2013

（2）社会营销是发展和整合市场营销理论及其手段来促进个人和社区行为改变并最终使社会变好的方式。
——国际社会营销协会（ISMA），2013

续表

（3）社会营销是商业营销的概念和工具的拓展应用，通过影响目标受众的自愿行为来改善他们所融入的生活或社会。

——艾伦·安德里亚森，2014

（4）社会营销2.0，具体是指应用营销原则和技术，利用观众的参与来传播价值理念，实现社会具体行为优化的互动系统。

——杰·伯恩哈特（Jay Bernhardt），2014

（5）社会营销只是目标为促进公众向更好发展并结合商业营销的原则和手段的一种应用。

——罗伯·多诺万（Rob Donovan），2014

（6）社会营销其实是一组关注体验的概念和原则并向社会改良提供一套系统的方法来理解修正行为的经验证据。社会营销与其说是科学，不如说是一种"技术"，能将科学与实用知识融合，同时反思性实践并关注不断提高项目运作，旨在产生改良社会的功效。

——杰夫·弗莱彻（Jeff French），2014

（7）社会营销凌驾商业营销，批判检验商业营销并学习其成功点、批判其过度的一种方式。

——杰勒德·海斯廷斯（Gerard Hastings），2011

（8）社会营销是营销原则的应用，使得市场更有效、高效、可持续发展，推进人民民生和社会福利发展。

——克雷格·列费福尔（Craig Lefebvre），2014

（9）社会营销是一个过程。其中包括：①仔细选择行为并将其细分；②辨别这些行为障碍和福利；③发展和测试不同策略来解决这些障碍和好处；④大规模实施成功的项目。

——道格·麦肯齐莫尔（Doug McKenzie-Mohr），2014

（10）社会营销是一种以减少壁垒，促进人们行为改变，提高个人和社会的生活质量为目标的方式。它使用商业营销的概念和规划流程让行为变得"有趣，容易，流行"。超越一般沟通，公共服务通告，传授人们一个360度全方位解决人们潜在的健康和服务问题的方案。

——迈克·牛顿沃克（Mike Newton-Ward），2014

（11）社会营销是一项活动和理解、创建、交流，并提供一个独特创新解决社会问题的过程。

——夏恩·朗德蒂勒（Sharyn Rundle-Thiele），2014

（12）社会营销是一种用来鼓励并为个人和社会增能，促进社会发展的商业营销活动及过程。

——格里菲斯大学社会营销系（Social Marketing@Griffith），2013

（13）社会营销是一种运用商业营销的策略、术语、技术致力于社会改良发展。它将买卖商品及提供服务的顾客价值贯穿于政府、非营利组织提供的服务当中来提高人们生活水平。它也可以被当作一种策略被运用在法律/政治教育当中。

——丽贝卡罗·素班尼特（Rebekah Russell-Bennett），2014

（14）社会营销是使用市场营销的概念和技术促进人们行为适应，提高目标受众健康或社会福祉。

——尼卓·魏因赖希（Nedra Weinreich），2014

从表2.1中的14种对社会营销的概念界定我们可以看出,不同国家、不同研究领域的学者对社会营销概念的理解还是有所区别的,但是经过总结我们可以发现,无论他们如何从自身研究的角度界定社会营销的概念,都认同社会营销运用的是商业营销的概念和手段,社会营销是改变目标受众行为的,社会营销是解决社会问题或者促进社会改良的。这一概念的创始人科特勒教授认为现在的社会营销无论如何论述与表达,但必须要包含四个具体特征:①影响行为;②拥有运用市场营销原理和技术进行一个系统的规划过程;③专注于对目标受众的理解细分;④有益于社会的良性发展。

因此,在科特勒看来,社会营销的涵义依然是使用市场营销原理和技巧来影响目标受众的行为,使他们为了个人群体或者整个社会的利益而接受、拒绝、调整或者放弃某种行为。[32]从社会营销的实施主体而言,可以是营利组织、公益组织或者政府;从社会营销的终极目的而言,无论是营利组织、公益组织或政府作为实施主体,都应当运用社会营销促使目标受众做出自愿的行为变革,最终提升社会整体福利水平。

2.1.2 公益营销

公益营销(cause-related marketing)研究起源于20世纪80年代的美国,P. Rajan Varadarajan, Anil Menon(1988)提出了公益营销较为权威的定义:公益营销是一个企业制定并实施营销活动的过程。企业以消费者采取购买行为并为企业自身带来收益为前提,对某项公益事业以一定的形式给予一定金额的赞助,最终满足企业组织与被资助方的目标。[33]科特勒在其《营销管理(第14版)》中又将企业公益营销细分为公司公益事业营销、公益事业关联营销、公司慈善事业,认为这些都是企业履行社会责任的一种方式[34]。国内学者刘勇(2010)将公益营销定义为企业将盈利目标与公益目标活动相结合,借助公益活动的宣传策划等方式来宣传企业的一种方式[35]。从某种程度上看,公益营销是企业产品销售与推广的一种方式,也是一种履行社会责任的方式,但是公益营销的最终目的是企业自身收益的实现,是企业为了自身利益而执行的一种营销行为。就公益营销的实质而言,公益营销其实是企业进行市场营销的一种方式,在这个过程中,企业、消费者和社会都可能获得一定收益,但是从作为实施方的企业而言,其主旨在于在市场营销过程中运用一些公益元素来推广产品、品牌或者树立企业履行社会责任的形象,仍然是以自身利益的实现为终极目的。

2.1.3 市场营销

市场营销（marketing）研究同样来源于美国，其在美国发展已经将近一个世纪。20世纪20年代，美国首次经历经济大萧条之后，人们开始意识到企业不能一味只顾及生产，将产品销售出去也是企业的一项重要使命，否则产品就会积压，从而最终影响经济的正常运转。起初市场营销的理念来源于对销售行业的理解，然而随着时代的变化，人们开始慢慢重新审视销售，如著名营销学大师科特勒曾经就营销和推销进行过精辟的表述。他认为推销是企业已经拥有产品，并向目标群体进行销售的方式；而营销则高于推销，企业首先要从市场中获取群众所需，并为之生产的方式称为营销。从这个概念中我们可以看到，当今的市场营销是基于一种换位思考需求之后的产物。目前，市场营销理论已经发展很多年，对市场营销的研究也日益深入。科特勒在其《营销管理（第14版）》一书中也对"市场营销"这一概念进行了最新的界定，即市场营销是一种社会过程，个人和集体伙同他人通过创造、提供、自由交换有价值产品和服务的方式以获得自己的所需或所求[36]。从企业市场营销的目的来看，其主要着眼于企业自身利润的最大化。

2.1.4 社会化媒体营销

社会化媒体营销（social media marketing，SMM）是随着信息技术迅猛发展出现的营销策略，对其定义理解可以认为是一种关系营销。社会化媒体营销实质是基于人与人之间关系塑造的一种营销方式。Gunelius（2011）认为，社会化媒体营销是指运用博客、微博、社交工具、社会化书签等社会化媒体来提升企业及其他组织的品牌、产品或者个人的认可度、知名度，从而达到直接或间接营销的目的[37]。社会化媒体营销更为强调营销者与营销目标受众的互动，重视人与人之间互动关系的营造。与传统媒体营销相比，社会化媒体营销的成本较低，且传播性强、传播速度快、覆盖面更为广泛，已逐渐成为企业营销的一种新方式。

从这几个概念之间的关系来看，市场营销是社会营销、公益营销、社会化媒体营销的最初导向，后面三者都是由市场营销的发展而进行的衍生变化。例如社会营销，其概念较为清晰，明确指出是运用市场营销的原理和手段对人们行为改变而采取的营销行动。社会营销是商品经济不断发展之后，人们从单一经济人的理念开始向认识社会人的一种理念变化，社会营销更加关注人的元素，重视人的行为理念的改变比之前单一的货品售卖更为重要。社会营销的发展源于社会问题的凸显，而其理念的发展也是通过改变人们的行为方式逐渐改变人们的思维理念，最后让社会变得更好。与此同时，我们可以看到公益营销则比较单一，其主要是市场营销简单意义上的延续发展。从其定义中我们也可以看到，公益营销只是企业在营销过程中加入了公益元素，其主要目的依然是最大限度地增加企业利润。社会化媒体营销则是市场营销的新方式，其与社会营销不同的是，社会营销直接关注人们行为的改变，针对社会问题而采取行动，旨在促进社会整体福利水平；而社会化媒体营销则是依靠营销人际关系，而保持人际关系目的则是加深商业交易来往，使商业生意更为成功地进行。从某种意义上来说，社会营销中含有社会化营销的缩影，社会营销中也有保持人际关系的部分；然而社会营销的关注点是改变目标受众的行为，以营销手段提升社会福祉，而社会化媒体营销则主要强调企业自身的利润。从运作主体上，社会营销运作主体较为多元化，涵盖政府部门、公益组织、企业、公民个体等；公益营销、市场营销、社会化媒体营销的运作主体侧重于各类企业。

2.2 文献回顾

20世纪60年代中期，美国经济经历战后繁荣后，逐渐趋于缓慢发展。此时的美国社会于外继续保持着与苏联的冷战状态；于内，资本主义环境的滞涨和结构性经济危机周而复始地发生。外围的战争格局加上内部的经济危机，使得美国社会遇到前所未有的问题，犯罪率持续上升、种族歧视危机加剧、贫富差距扩增、产品生产过剩、环境污染严重等社会问题此起彼伏。与此同时，美国社会在整体经历了战后的高速发展之后，人们的普遍素质得到提升、科技水平在进步，社会变革运动也在不断加剧。在这种大环境下，市场营销学的一些理论先驱开始反思以往的市场营销只是将产品售于大众，这对处理商品来说确实有益处。但是，在社会问题、社会矛盾、社会变革运动激增的时候，市场营销学又能为社会进步做些什么呢？在这个大背景下，市场营销学者菲利普·科特勒和杰拉德·扎尔特曼于1971年首次向人们推出了社会营销概念，撰文《社会营销——有计划的社会变革》并发表在美国《市场营销杂志》之上，从此人们找到了一个新研究方向，关于社会营销的研究开始逐渐繁荣起来。

20世纪70年代，社会营销概念及应用的具体方法被提出后，社会营销的理论与实际运用在随后的一段时间发展迅猛。从社会营销的开创性事件及出版作品中我们可以看到，20世纪80年代中期，社会营销的概念首先被世界银行、世界卫生组织和疾病防控中心所采纳，这关键的一步奠定了社会营销的前期发展基础。在这段时间中，许多社会问题研究专家、疾病防控研究专家进入社会营销研究领域，并发表了很多学术成果用以倡导社会营销理念。1989年，科特勒首次著述《社会营销——变革公共行为的方略》(Social Marketing: Strategies for Charging Public Behavior)，详细阐述了社会营销的理念、技术方法、管理过程以及其实际运用案例，为社会营销奠定了学科基础。

20世纪90年代初期，一些社会营销学术研究机构纷纷成立，例如，英国苏格兰地区的斯特拉斯克莱德大学就成立了社会营销研究中心，美国南加州大学设立了社区及家庭健康研究部门。[38] 20世纪90年代末期，社会营销的影响范围在不断扩大，其中当属艾伦·安德里亚森所著述的《社会营销——改变行为提升健康、社会发展和环境》(Social Marketing: Changing Behavior to Promote Health, Social Development, and the Environment)。这部著作对社会营销理论和实践的贡献巨大，引领了社会营销的全新发展。随后，在1999年，艾伦·安德里亚森再次在华盛顿设立了社会营销研究中心。

进入21世纪之后，社会营销已经有了将近20年的发展，已经从理论到实践层面形成了一套体系。在这个时期，社会营销发展不断国际化，例如，罗伯·多诺万（Rob Donovan）在澳大利亚墨尔本著述了《社会营销——原则和实践》(Social Marketing: Principles & Practice)，杰夫·弗莱彻（Jeff French）在伦敦成立了国际社会营销中心，2008年首届社会营销世界会议在英国布莱顿召开，社会营销的国际影响力越来越大，引起了全球关注。[39]

2010年以后，社会营销理论在经历了40多年的发展后，已经愈发成熟，有关社会营销的著作、专业杂志不断推陈出新，社会营销领域的专家、研究人员也不断增多，社会营销获得空前的大发展。

2.2.1 国外社会营销研究综述

对于国外文献的检索，作者通过"social marketing"和"nonprofit"以及"NGO"和"social marketing"这两对关键词进行搜索，鉴于国外社会营销的研究开展较早，整体研究成果较多，本研究主要搜索2005～2015年这10年的文献，主要使用的数据库是Sage、Web of Science、Proquest、Wiley等。

在Wiley数据库中，2005～2015年，以"social marketing"为关键词搜索到期刊

文章共 227 篇。以"social marketing"和"nonprofit"以及"social marketing"和"NGO"为关键词的期刊文章 0 篇。在 Sage 数据库中，2005～2015 年，以"social marketing"为关键词搜索到期刊文章 123 篇，以"social marketing"和"nonprofit"以及"social marketing"和"NGO"为关键词的期刊文章 0 篇。

社会营销理论是市场营销理论及实务发展到一定阶段的产物，主要指借鉴和运用市场营销的概念、理论和技术来促进社会行为、观念、态度的变化。总体而言，其理论核心强调以目标受众需求为导向、促进目标对象自愿变革行为，提升社会的整体福利水平。自1971年美国营销学者菲利普·科特勒首次提出社会营销概念以来，至今已经发展40多年。可以说，国外在社会营销理论与实践层面的研究相对完备，且已经形成一套完整的理论指导体系，并获得各界认可。在世界范围内，发达国家如美国、英国、加拿大等已经广泛运用社会营销理论解决社会公共事务，发展中国家如墨西哥、南非、印度、巴西、中国等也在尝试使用社会营销理念与方法来解决一些公共问题，诸如摆脱贫困、禁烟禁酒、防治艾滋病、献血者招募等。

关于社会营销研究，各国对社会营销使用或者研究颇多，作者根据现有国外社会营销相关专著、学位论文、期刊论文以及网络文献资料等发现国外社会营销研究目前主要集中在两大领域：一大领域是社会营销理论探讨及运行模式研究，另一大领域是公益项目运作中社会营销的应用研究。其中社会营销理论及运行模式研究较为宏观，研究方向主要集中在社会营销概念厘清、社会营销发展趋势预测、社会营销对社会作用评估以及社会营销理论拓展四个层面。社会营销实务策略介入项目运作研究则较为细致与深入，研究者多运用社会营销相关理论如"4P"理论（Product、Price、Place、Promotion）或者"6P"理论（Positioning、Product、Price、Place、Promotion、Partnership）等介入各种服务项目运作实践，具体涵盖公共安全、公共参与、健康保健、疾病防控、器官捐赠、血液捐赠、生育问题、社区发展、环境保护、传媒网络、公益运行、贫穷问题、志愿者管理、禁烟禁酒运动、社会企业营销、家庭暴力等各个方面。

2.2.1.1 社会营销理论及运行模式研究

1. 社会营销概念研究

早期，科特勒和莱维（Levy）在《营销观念扩大化》的学术论文中提出了扩大市场营销的含义，把市场营销的原理和技巧应用到公益组织的观点。在此基础上，1971

第2章 社会营销文献回顾与基础理论

年科特勒和扎尔特曼基于前人的一些想法，在美国《市场营销杂志》撰文发表了《社会营销——有计划的变革》，并首次提出"社会营销"（social marketing）一词，指出社会营销是"对用于影响某种社会观念的接受程度的流程进行设计、实施和控制，它包括产品规划、定价、沟通、分销和市场研究等要素"，认为社会营销的营销对象是社会观念[40]。然而，该定义的要素完全沿袭了当时市场营销概念，并未形成一个明确的定义。1989年，科特勒出版了第一本社会营销的教科书——《社会营销——变革公共行为的方略》，在这本书中，他提出了较为完整的社会营销理论框架，认为社会营销是一种用于变革公共行为的战略，具体可通过设计、实施和控制变革运动，实现促进一个或多个目标群体接受某种社会观念或实践的目的。2002年，科特勒又重新定义了社会营销的概念，认为它是指为了个人、群体或社会整体利益，采用市场营销的原理和技术，使目标群体自愿地接受、拒绝或摒弃一种行为。此外，他还提出了政府、非营利组织、基金会均是社会营销的主体。这与早期定义相比，社会营销的含义已经开始走向系统化与明确化。

虽然科特勒对社会营销的界定不断明晰，但是学术界有关社会营销的概念争论依旧十分激烈。很多学者也相继提出了有关社会营销的一些概念研究。例如，非营利组织管理大师安德里亚森在1994年就对社会营销的定义及其研究领域进行了细致的分类，指出社会营销是将商业营销的概念和工具运用于旨在影响目标群体自愿行为的计划中，其主要的目的是提高目标群体或其所处的社会整体福利。[41]1995年，他在其著作中进一步修正了这一定义，将"运用"具体化为"分析、计划、执行和评估"。从他的概念界定可以看出，社会营销的目的在于"目标群体行为的改变"，目标群体行为改变是基于"自愿的"，其最终目标是"目标群体或社会整体福利的提高"。2002年，安德里亚森又提出通过"品牌化"来推动社会营销的发展。2012年，在社会营销已经发展较为顺利后，安德里亚森对非营利营销、社会营销及市场营销进行了再次辨析，认为非营利营销/社会营销是比较复杂的一种营销活动方式，同时又对二者之间的关系进行了更深层次的讨论[42]。

以上两位学者可谓是社会营销学界影响力较大的人物，其他学者也对社会营销概念进行过探索。例如，Hardcastle（2004）认为社会营销的最终目标在于通过引发目标群体行为的改变而提升目标群体或社会的福利水平。Jennifer Allyson Dooley, Sandra C. Jones, Kendra Desmais（2009）通过对社会营销历史发展综述及其在加拿大的发展过程分析，指出目前有关社会营销的定义范围及其评价标准还存在一定不完善之处，但是社会营销的操作手段确实日臻完善，并为公众所接受[43]。Nadina

Raluca Luca，L. Suzanne Suggs（2010）对 1999～2009 年有关社会营销的论文及其相关研究进行了系统梳理，并对社会营销概念进行了较为系统的分析[44]。

2. 社会营销对社会作用的评估研究

社会营销理论在西方 40 多年的发展过程中，已经得到了政府、学界、非营利组织以及公众的理解、认可、支持。社会营销理念、策略与技巧对社会问题的解决发挥了积极的作用。例如，Darshan Desai（2009）通过分析当前市场中顾客与营销者之间互动过程中存在的问题，认为科学技术、生活方式以及不断变化的市场运作逻辑都会在一定程度上影响人们之间的关系，并提出从角色关系、管理和价值、共同创造社会及市场营销四个维度入手，运用管理学与社会营销学相结合的方法来解决问题[45]。Periklis Polyzoidis（2013）考察了社会营销在希腊的应用程度，认为社会营销的实践虽然在希腊有着一定的传统，但是社会营销理论早期在希腊的发展一直没有很大起色。在经济危机影响下，希腊的社会营销反而逐渐缓慢发展，由此可以看出社会营销对于社会的作用是可见的，在未来其发展也是比较乐观的。[46]

3. 社会营销理论体系完善研究

与社会营销概念辨析一样，虽然社会营销在西方已经发展了 40 多年，但是对于社会营销的理解，各领域学者持有不同观点。从现有文献来看，依然有不少学者继续对社会营销理论进行深入研究，力求完善社会营销理论体系。

社会营销创始人科特勒将社会营销战略理论总结为分析社会营销环境、设计社会营销方案和社会营销管理三大部分，将社会营销流程分为设计社会产品、设计分销渠道、控制接受成本、传播促销渠道等方面。2002 年，其将社会营销战略具体化为：设计社会产品、管理行为变革的成本、产品送达目标受众的地点、促销方式与促销媒介渠道，从而将目标群体行为变革的地点、媒介渠道选择作为一个重要过程。

Katie Collins 等（2010）在肯定了社会营销理论发展的同时，运用社会生态理论框架对社会营销的实践案例进行了再次分析，认为社会生态视角理论融入社会营销，对社会营销理论的构建也有着一定的促进作用[47]。Ann Abercrombie，Darcy Sawatzki，Lynne Doner Lotenberg（2012）基于美国的一个全国性骨骼健康运动研究，表达了伙伴合作关系的重要性。政府、非营利组织和企业的合作伙伴关系至关重要，是实现国家、州或地方社会营销目标的关键。如何保持这种伙伴关系是未来社会营销活动需要继续探讨研究的[48]。Gordhan K. Saini，Kumar Mukul（2012）探讨了社会营销计划究竟是如何进行并反映社会营销的过程，并以在南亚的案例进行解释说明。同时，他指出在南亚区域，由于文化差异有别于美国，伙伴合作关系角色相比传统的"4P"模型理论在社会营销理论中更为重要,应该加以重视推广[49]。Kevin Burchell 等(2013)从社会规范视角对市场营销、社会营销进行了解读,他们通过对社会规范如何作用于人心理变化进行研究,从心理学、社会心理学等视角向人们阐释了社会营销的本质内涵。[50] Robert Forbus, Jason L. Snyder(2013)肯定并认同社会营销的"4P"模型理论,且继续深入讨论了在"4P"模型之后运用安慰等技巧才能真正帮助人们改变行为。他们对如何运用技巧做了详尽讨论,提出要聆听对方的目标、利用社会支持和同情、使用现有模型、维持参与者成功四个方面来真正实现社会营销[51]。Jayne Krisjanous(2014)从历史学角度追溯英格兰维多利亚运动对英国自身社会营销发展的影响,并以此作为案例进行深入挖掘研究,推进社会营销在该地区的发展[52]。V. Dao Truong(2014)对 1998~2012 年社会营销的发展进行了一个综合性的研究,指出社会营销在近年发展迅猛,英美两国的实证研究对社会营销理论发展贡献巨大。社会营销研究在社会生活改变上被更多运用在公共健康领域,甚至超过了社会营销本身的研究。在社会营销本身研究方面,他指出目前社会营销研究主要仍集中于中观和微观层面的社会营销研究,宏观层面、具有指引性的社会营销研究不足。在社会营销研究方法方面,大多数集中于定性研究,定量与定性结合的研究也应该发展起来,增加说服力[53]。

4. 社会营销发展趋势研究

在对社会营销概念定位层面,目前定义种类仍然颇多,但是大部分学者对其未来发展趋势均持有肯定态度。Sarah Cork(2008)研究了一项针对肥胖儿童的社会营销活动,从中表达了社会营销确实是一种较好的解决社会事务的手段,但是社会营销在不同具体活动中依旧存在一定障碍,如对该项社会营销活动中时间尺度的把握、外部竞争者以及目标规划依旧欠缺,需要继续完善[54]。Stephan Dahl(2010)通过对社会营销文本追溯,运用文本挖掘方法重点统计分析了近 5 年来国外社会营销发展文本,指出了目前有关社会营销的研究涵盖了社会营销、公共健康、社会政策、健康部门营销等 45 个具体领域,将来研究的领域可能会集中在医疗卫生、环境保护、食品安全、乡村事务等方面[55]。Judith Madill, Norm O'Reilly(2010)对社会营销早期倡导者做了相关调查研究,通过梳理与回顾社会营销相关的早期理论及实证案例研究,试图解决三个问题,即利益相关者的角色是如何确定的,利益目标如何定位,以及赞助者是如何形成、发展及影响的[56]。Mary Franks Papakosmas, Gary Noble, John Glynn(2012)提出 "organization-based social marketing"(机构社会营销化建设)是当前及未来社会营销在实务层面的发展。社会营销在改变个人行为方式层面有着突出明显的作用,未来社会营销对于机构发展、组织建设也是至关重要的,通过机构社会营销化建设,组织机构内部能够有效适应商业领域的可持续发展[57]。Sarah J. Olson(2014)通过对相关社会营销著作的综述,阐释了社会营销是进行社会变革的有效方法,指出社会营销将是对社会医疗卫生、环境治理等诸多方面改变的重要工具,对社会发展来说作用非凡[58]。Doug McKenzie-Mohr,P. Wesley Schultz(2014)则通过实验数据证明,如果人们想继续保持可持续发展,基于社区社会营销则是改变人们行为方式的有力手段,社会营销理念在节约能源、循环利用、节约水资源及促进可持续消费等领域有着重要影响力[59]。Jose M. Barrutia,Carmen Echebarria(2010)提出了社会营销技术发展的趋势。他们认为,互联网是社会营销发展的有力工具,社会营销在执行过程中应该充分运用互联网信息技术,同时还尝试建构出互联网背景中社会营销发展的理论模型[60]。

综上所述,社会营销概念及运行模式的研究在国际上一直在持续,无论从其概念本身、社会作用还是从理论发展与发展趋势研究来看,社会营销理论的影响力处于直线上升趋势。虽然国际上对社会营销的理解可能因学者们不同的研究视角或者区域发展特征有着一定差异,但总体上诸多研究者对社会营销理论均持有积极的肯定态度,相信社会营销是真正能够促进社会良性发展的有力理论范式。

2.2.1.2 公益项目运作中社会营销的应用研究

当前,社会营销基础理论及其介入服务项目的策略与技巧已经被普遍认可。因此,在实际项目运作中,诸多政府、学者、公益实务界人士着手运用社会营销理论来回应多元化的社会问题。在具体公益项目运作中,社会营销被广泛运用于公共安全、公共参与、健康保健、疾病防控、捐赠活动、生育问题、社区发展、环境保护、网络营销、公益运行、贫穷问题、禁烟禁酒、家庭暴力等诸多领域。在应对社会问题而对公益项目进行社会营销的实施主体方面,则涵盖较为广泛,包括政府、非营利组织、企业等。其中较有代表性的研究集中在以下领域。

1. 维护公共安全

有学者研究了关于社会营销在促使目标群体改变不恰当的行为方面的作用。例如,Julie A. Sorensen等(2011)提出美国农民在操作拖拉机进行耕作时因为不规范操作导致死亡概率持续上升,提出应该从农民观念及行为进行改进,运用社会营销方法与技巧则是最佳的方式之一。与此同时,他们采用了对比实验的方式,选择了纽约、宾夕法尼亚两个州进行了具体实验对比,分别选取了进行社会营销的实验组和没有进行社会营销的实验组，持续跟进发现进行社会营销的实验组农民操作会更正规，死亡率也会随之下降[61]。

2. 促进公共参与

有学者研究了社会营销理论与策略在促进目标受众参与公共服务供给的作用。Norman J. O'Reilly, Judith J. Madill（2007）分析了非营利组织针对资金来源方开展社会营销策略进行筹资的构成要素[62]。Guy Faulkner, Cora McCloy, Ronald C. Plotnikoff, Mark S. Tremblay（2009）四位博士共同撰文论述了加拿大曾经失败的一个全国性活动（Particip ACTION）运用社会营销策略与技巧对具体的市场、受众等群体进行更加科学合理的分析，最后重新赢得政府、民众、市场的支持[63]。Beth Sundstrom（2012）通过四个个案对公共关系维护中如何运用社会营销进行详尽分析，剖析了公共关系的外在和内在影响因素，同时论证了社会营销如何作用于公共关系的建立和运作，提出将社会营销理论运用到公共关系处理中具有极大的优势[64]。Shawnika J. Hull, Mari Gasiorowicz, Gary Hollander, Kofi Short（2013）研究了社区中男同性恋群体的生存状况，并探讨了如何运用社会营销理论进行社区公益实践，减少社区居民对感染艾滋病的男同性恋群体的恐惧，以有效改善男同性恋群体的生存环境[65]。

3. 改善公共健康

还有学者研究了关于社会营销战略应用于改善公共健康方面的政策设计、激发公众健康行为方面的作用。Joan Wharf Higgins, Patricia Vertirisky, James Cutt, Lawrence W. Green（1999）运用社会营销理论框架解析健康促进活动中公众的参与行为[66]。Craig Lefebvre（2009）从社会营销的理论视角提出了如何将手机和移动通信技术应用于公共健康实践[67]。Radha Aras（2011）肯定了社会营销的积极作用，提出应运用社会营销战略进行健康保健层面的政策设计与执行[68]。Sarah E. Hampson, Julia Martin, Jenel Jorgensen, Mary Barker（2012）立足社会营销视角提出改善美国低收入群体中妇女、儿童营养摄入观念与行为的策略[69]。

Dawn K. Wilson 等（2013）阐释了如何应用社会营销策略动员低收入、非裔美国成年人参与健康行走活动[70]。Paul Crawshaw（2013）系统论证了英国社会营销理论和公众健康行为之间的关系，肯定了社会营销策略促进公众健康行为的积极作用[71]。Molly Lynch（2014）指出在应对女性健康偏见方面，单一的社会营销策略需要更加合理、完善、细化才能达到成效[72]。Jennifer Rienks, Geraldine Oliva（2013）提出需要运用社会营销方式来提高美国非裔群体的生育意识，改善这一群体对婴儿的照顾方式以从根本上提高美国非裔婴儿出生率[73]。

4. 疾病防控

诸多学者探讨了应用社会营销促进艾滋病及其他疾病在预防方面的积极作用。他们认为社会营销对于改善公众的艾滋病及其他疾病的认知，进而采取预防艾滋病及其他疾病的积极行为方面具有很大的推动作用。

Zoë Chance, Rohit Deshpandé（2009）论述了社会营销理论对发展中国家开展预防艾滋病有着积极作用，并以南非、印度、巴西预防艾滋病的公益实践为具体案例进行了分析[74]。Cheryl Martens（2009）运用案例研究法分析了两大传媒企业运用社会营销策略、方法与技巧推进艾滋病预防的品牌化传播活动[75]。Kristi Briones, Faith Lustik, Joel LaLone（2010）分析了如何运用社会营销的"4PS"战略模型提升乡村社区的父母或者其他照料者对儿童哮喘病症状的认知程度[76]。Angelique Harris（2010）针对黑人群体中艾滋病快速蔓延的社会问题，分析了在黑人教会中如何运用社会营销策略提高黑人群体的艾滋病预防意识和行为[77]。Rosemary Thackeray, Heidi Keller（2011）通过两个案例的深入研究，提出社会营销在降低心理健康病耻感、提升艾滋病检测率方面的独特贡献[78]。Patrick W. Corrigan（2011）则提出了社会营销在消除精神疾病病耻感中的积极作用，并论证了社会营销应用中的五大原则，即具有针对性的、本地的、可信的、持续的、可接近的。他认为，在坚持五大原则的基础上，消除病耻感的社会营销活动才能取得真正成效[79]。Robert J. Marshall（2013）分析了运用社会营销理论在罗德岛预防流感病毒的成功实践，指出社会营销方法不仅仅在改变人们行为方式方面卓有成效，对于社会政策的改变也有着积极作用[80]。Uwana Evers 等人（2013）通过澳大利亚社会营销例证，指出其对于老年群体哮喘病预防有着积极促进作用[81]。Michael D. Sweat 等（2012）通过统计学原理对 1990～2010 年 20 年间发展中国家安全套社会营销和公众安全套使用关系进行了分析，并指出尽管统计数据并不能很好表达出安全套社会营销能否促进安全套使用，主要原因是没有可靠的数据基础，但是，安全套的社会营销确实促进了公众使用安全套，对艾滋病的预防起到了积极影响[82]。

5. 促进公益捐赠

有学者研究了社会营销与公众的捐赠行为之间的关系，认为社会营销策略对于促使目标群体做出捐赠行为具有积极作用。Sandra C. Jones, Samantha L. Reis, Kelly L. Andrews（2009）在澳大利亚大学生中抽取了 23 名大学生进行调查研究，发现家庭关系、信仰等因素是影响器官捐赠的重要指标，同时提出针对目标家庭群体可以运用社会营销策略来提升器官捐赠的意识和行为[83]。Asuncio'n Beerli-Palacio, Josefa D.

Martín-Santana（2009）从社会营销视角利用量化数据对公众献血行为的影响因素进行模型分析，并提出了促进公众献血行为的社会营销策略[84]。

6. 推动社区发展

有学者分析了社会营销对于社区发展的推动作用，认为在社区发展中，运用社会营销能够促进社区主体参与社区发展。Anne Hill，Railton Hill，Susan Moore（2009）以澳大利亚的一个社区为个案，分析了社会营销活动中产品评估与社区发展之间的关系[85]。Marylyn Carrigan，Caroline Moraes，Sheena Leek（2011）以个案研究法分析了一个社区如何针对不同社区主体培育其社区责任感的社会营销方式，提出了突出组织责任主体并运用社会营销手段加以宣传推广是促进社区发展极为重要的手段[86]。

7. 环境保护

有学者分析了社会营销理论对于推动环境保护方面的积极作用。Cynthia H. Bates（2010）分析了运用社会营销理念和分析框架来评估海洋持续性保护活动[87]。Angelika Wilhelm-Rechmann 等（2014）通过对南非土地利用情况分析，指出将社会营销理念、方法运用到南非土地使用上，将有利于南非土地的合理规划与发展，促进南非地区综合保护计划实施[88]。

8. 解决贫困问题

有学者论证了社会营销理论对于解决贫困问题方面的积极作用，认为运用社会营销可以提升贫困者以更为积极的态度应对贫困，通过自身行为的改变来摆脱贫困。社会营销学的创始人南希和科特勒（2009）详细论证了社会营销在解决贫穷问题方面的积极作用，两位学者从市场细分优先等级、明确目标群体预先行为、理解障碍性行为、使用"4PS"策略四个维度具体解析了如何运用社会营销来解决贫困。作者在文中提出贫困问题是一个综合性问题，但归根结底还是人们行为方式层面的不合理导致贫困，而社会营销理论正是基于改变人们行为观念的一种策略[89]。Fraser James Mcleay 等人（2013）提出食品不合理消费问题是发展中国家贫穷问题的重要组成部分，针对较为贫穷的尼日利亚不合理的食品消费习惯，作者提出应该运用社会营销进行介入，通过改变食品消费的行为改善食品贫困状况[90]。

9. 禁烟禁酒

社会营销在禁烟禁酒方面的助力作用也有诸多学者进行了论证。Paula Diehr 等（2011）结合大量实证调研数据，分析了美国干预吸烟行为提升公众健康的社会营销阶段性发展[91]。Ross Gordon，Crawford Moodie，Douglas Eadie，Gerard Hastings（2010）运用质性研究方法对酗酒行为进行分析，提出社会营销是解决酗酒问题至关重要的方法，他们认为解决酗酒问题是一个社会综合管理过程，需要运用社会营销理念与方法从酒品营销商、酗酒者等多方面管理才能达到一个较好的互动[92]。James F. Thrasher 等人（2011）根据一定的跟踪监测数据，指出社会营销手段的运用对墨西哥禁烟运动效果显著[93]。

10. 应对家庭暴力

有学者分析了社会营销对于防止和改变家庭暴力方面的积极作用。Gill Thomson 等人（2013）运用焦点小组方法对北爱尔兰的男性家庭暴力产生的根源进行了研究。他们研究发现，文化中如力量等词语附加给男性的标签会导致男性家暴的产生，而改变男性家暴则需要进行大规模社会营销活动，借此重新塑造男性对一些社会词汇的理解，从而改变男性家暴行为[94]。

11. 公益组织运作

整体而言，现有国外文献中关于社会营销对于非营利管理的影响研究较为缺乏，较多研究集中在社会营销对于具体公益项目实施与推广中的推动作用。Stan Polit（2012）指出自 1971 年社会营销正式提出，通过将营销学思想介入社会活动的过程是非常创新和成功的，尽管目前有关社会营销使用原则的争论依旧存在，但是社会营销理念在实践中的持续发展已成不争的事实。作者在前人研究的基础之上论述了在 NGO 中如何运用社会营销策略，以及社会营销在技术层面、成本效益层面对 NGO 的反向推动作用[95]。Amnon Boehm（2009）基于公益项目运作中志愿者招募中的核心要素、营销方法的综合研究，明确指出社会营销方法在这一领域具有非常重要的贡献，并就志愿者招募的社会营销方法提供了相关建议[96]。

综上所述，国外对社会营销理论本身及其理论的应用研究已经涵盖到社会问题的诸多方面，社会营销的基础理论与实务理论在西方学术界的不断探讨中获得了长足的发展。由此可见，将社会营销的理念与方法应用于日益多元化的公益项目，以有效应对社会问题，促进整体社会福祉的提升，已经成为西方学术界与公益实务界的共识。社会营销理论以及社会营销学科也将会在学术界、公益实务界持续探索的基础上获得更大的发展空间。

2.2.2 国内社会营销研究综述

社会营销传入中国还是进入 21 世纪之后的事，在中国社会营销领域的研究发展也不过只有十多年，人们对社会营销依旧比较陌生，对社会营销是否契合国内公益实

第 2 章 社会营销文献回顾与基础理论

务发展的现实与趋势更是探讨较少。在社会营销发展上，俞利军、周延风等人翻译的科特勒的几本著作是国内现有传播社会营销理论的主要渠道。在实际运用当中，社会营销整体上集中运用在市场营销、医疗等领域方面，尚未完全融入我国社会生活当中。然而，在这十多年的发展中，也有其他学科领域的学者尝试将社会营销的理念和方法嫁接于其他研究之上，例如，有些学者利用社会营销理论论述移民问题，有些学者将社会营销理论运用到民办高校的发展上。可见，社会营销理论在我国的发展已经如水波样开始扩散，其核心的理念也越来越被学界理解和接受，并被运用到社会问题解决之中。

当下，我国经济发展、社会组织崛起以及社会需求的增多为社会营销理论在中国的传播和应用奠定了有利条件，社会营销理念将在帮助处理社会问题、解决社会事务方面发挥着不可或缺的作用，尤其在公益组织服务项目运作上以及在公益组织整体能力建设上，社会营销理论及其方法有着一定的天然优势，能够契合国内公益组织发展的现实需求。

20 世纪末，学者俞利军等翻译了科特勒的著作《社会营销——变革公共行为的方略》，社会营销理论自此被较系统地引入中国。总体而言，国内学术界和公益实务界关于社会营销理论及其应用的研究总体仍然处于起步阶段，且较多集中于介绍西方社会营销理论及其发展，或探讨社会营销理论在诸如献血、教育等公益领域的应用。

在国内文献的检索过程中，作者通过"社会营销"、"社会组织"与"社会营销"、"慈善组织"与"社会营销"、"非营利组织"与"社会营销"这几个关键词或篇名进行搜索，主要搜索数据库是中国知网，以万方数据库和读秀平台为辅助，具体搜索结果汇总如下。

在中国知网数据库中，以"社会营销"为篇名共搜索到 1986～2015 年的期刊 720 篇，其中核心期刊 24 篇，CSSCI 期刊 7 篇。2005～2015 年这 10 年的期刊文章共有 144 篇，其中核心期刊、CSSCI 期刊文章共 33 篇。以"社会营销"为关键词共搜索到 1987～2015 年的期刊文章 858 篇，其中核心期刊、CSSCI 期刊文章共 205 篇。以"社会组织"与"社会营销"、"慈善组织"与"社会营销"为关键词在中国知网数据库中的搜索文献为 0 篇，以"社会营销"与"非营利组织"为关键词搜索到相关文献 1 篇。以"公益组织"与"社会营销"为关键词搜索的结果为 2 篇，且这两篇文献中的关键概念都不是"社会营销"。按照篇名搜索"社会营销"与"慈善组织"仅有 1 篇，以"社会营销"与"项目"为关键词搜索结果为 0 篇。

在博、硕士论文库中，2001～2014 年，以"社会营销"为关键词的博硕士论文 82 条；2006～2015 年，以"社会营销"为篇名的博硕士论文共 76 篇，主要涉及学科为医疗卫生政策、行政管理、企业与信息经济,其中社会学与统计学学科为2篇。以"社会营销"与"非营利组织"为关键词的博硕士论文共7篇,涉及的学科分布为行政学3篇,企业经济2篇,社会学及统计学1篇,会计1篇。

在中国知网数据库中,以"公益项目"与"运作"为关键词的期刊文章共41篇,以"公益项目"与"运作"相关的博硕士论文共25篇,这些期刊文章和博硕士论文中与本研究较为相关的文献共16篇。

整体而言,在公益研究领域,从社会营销的理论视角出发对国内公益组织服务项目运作开展研究的成果仍然较为缺乏。近年来,国内社会营销研究主要集中在以下六个方面。

1. 社会营销概念辨析及讨论

由于社会营销是舶来品,所以对其概念辨析及讨论是早期从事社会营销理论研究的学者关注的焦点。国内学者陈永森、牟永红(2000)从企业市场营销和社会营销理念解读入手,指出社会营销是超越市场营销的更为合理的营销手段,并提出社会营销实质上是一种道德营销、绿色营销。同时,消费者成熟、利益驱动以及法制完善是企业社会营销的前提[97]。吕春成(2002)从社会营销学的历史脉络出发,梳理了营销、社会营销的概念区别,介绍了社会营销的主要内容,并从社会营销的主体特征出发进一步对其做出诠释[98]。王学海(2003)从社会营销定义出发分析了社会营销现有模式,然后又对社会营销一些相关概念进行了辨析,如商业营销、社会营销观念、事业营销、非营利组织营销等概念,最后他提出了社会营销在中国的应用前景,如在计划生育、疾病防控、营养健康和环境保护等方面[99]。萧美娟、林国才、庄玉惜(2005)在《NGO市场营销、筹资与问责》一书中就运用社会营销理论(书中翻译为社会市场营销)对我国目前NGO发展现状进行了分析,同时援引项目案例进行说明[100]。周延风、黎智慧、董海国、祁勇(2005)通过梳理社会营销有关文献,解释了社会营销的现代意义,分析了社会营销在国内的三个发展阶段,提出了社会营销在我国未来发展的可行性[101]。与此同时,周延风等(2005)还在《社会营销——改变行为的模式》一书中首次系统介绍了国外的社会营销理论及其进展,并结合国内外具体案例分析了社会营销策略的应用[102]。

近年来,王建华(2010)又对社会营销相关概念进行了系统整理,厘清了绿色营销、公益营销和社会营销这三个概念,认为社会营销概念内涵丰富,是营销学的一种进化方式,同时指出绿色营销实质上属于社会营销,公益营销也只是社会营销的一种创新形式[103]。谭翀(2013)对营销相关的概念群进行了区分解读,尤其对非营利组织营销、政府营销、政治营销、政策营销、城市/地区营销、社会营销等概念进行了比较区分。通过对这些概念群的理解区分，进而对公共部门营销提出展望[104]。

2. 社会营销应用于企业发展及履行社会责任方面的研究

从科特勒第一次提出社会营销概念开始，他的诸多思想均来源于市场营销理论，源于市场营销并超越市场营销的社会营销正是指导企业发展的有效方式之一。因此，国内学者也探讨如何将社会营销理论应用于企业发展及履行社会责任的实践。李勇杰（2008）具体论述了如何将社会营销理论应用于商业保险领域，并从该理论视角提出建设性意见[105]。廖永威（2010）对企业社会营销进行了详细阐述，认为社会营销有别于传统营销，且是未来企业在进行发展和履行企业社会责任的一种有效方式[106]。徐尚昆（2011）通过企业社会营销案例分析，指出中国企业履行社会责任不能一味采用即开支票的逻辑，更应该运用社会营销的战略视角来践行社会公益。同时，他强调在企业执行社会营销的过程中要首先明确社会责任主体，然后制订详尽的实施计划，最后还要进行一定程度的评估与改进才能达到较为理想的状态[107]。

3. 社会营销应用于公益组织发展的研究

社会营销有别于市场营销等手段的一个重要因素是其更加关注人们行为方式的改变，更加注重社会变革理念的倡导。因此，在国外社会营销理论发展中，我们可以看到很多非营利组织都运用了该理论来指导公益项目实践。国内学者如陈勤、陈毅文（2007）提出了中国人参与慈善组织社会营销活动研究可以从慈善消费动机逆向研究、个人捐赠本土化理论研究、主要客户需求满足研究、社会营销售后服务问题研究、加大宣传社会营销渠道五个方面进行拓展[108]。侯俊东等（2009）梳理了国外非营利组织营销研究的方向，明确提出非营利组织社会营销研究是今后一个重要的发展方向[109]。冯炜、孟雷（2009）提出将社会营销导向作为非营利组织的营销导向之一，并认为社会营销是非营利组织营销的发展趋势之一[110]。马庆钰等（2011）从社会组织能力建设的角度分析了社会组织公益营销的管理过程和发展策略[111]。

4. 社会营销应用于公益项目的研究

从国外社会营销应用于各类公益服务领域的研究与实践可以看出，该理论嵌入各类公益项目执行过程中。目前，这方面的研究多集中于探讨社会营销理论在医疗健康领域的应用。例如，高东英等（2007）通过对北京市居民无偿献血的主观意愿调查得出一般数据结论，然后再运用社会营销理论视角来重新解读无偿献血者的招募策略[112]。周延风、梁慧斯、黄光（2007）通过实证方法对无偿献血者满意度进行了系统分析，同时从社会营销视角提出了相关建议[113]。张清、周延风、高东英（2007）梳理了社会营销的理念和方法，并将其与无偿献血招募工作进行了有机的融合，确立了社会营销作为对无偿献血工作指导的理论地位，阐述了社会营销理论在无偿献血者招募中的具体应用[114]。蔡军等（2010）介绍了社会营销在艾滋病防治健康教育项目中的实际应用过程及其效果[115]。Jocelyn Angus等（2010）分析了社会营销技术在社区卫生健康教育中的作用及效果[116]。许赛雪（2012）分析了非营利组织应用社会营销的具体案例[117]。康晓光等（2013）在回顾国外社会营销理论及实务发展的基础上，结合具体案例分析了我国公益组织开展社会营销的特点[118]。这是国内公益组织在公益项目资源筹措和项目推广中应用社会营销的初步探索。

5. 其他方面的社会营销研究

其他方面的社会营销相关研究大致可以归结为以下几种。例如，周月鲁（2006）利用社会营销理论框架撰写了有关水土保持行为和传播行为的博士论文[119]。张娟（2011）运用社会营销进行社会发展认知的研究并从和谐社会构建的角度探讨了国内社会营销的意义、现状与问题[120]。王希泉（2013）运用计量统计与知识谱系方法，分析了近五年国内社会营销的研究现状及趋势，认为国内社会营销的整体研究存在严重不足[121]。嵇绍岭（2015）运用社会营销理论对中国民办高校的发展现状进行了概述，同时以上海民办高校为例进一步阐述了社会营销理论及实践过程的意义[122]。

与此同时，国内关于公益组织服务项目运作相关的研究也伴随着公益实务的开展而兴起。近年来，公益组织为积聚更多公益服务资源、提升公益服务绩效也逐渐以服务项目的形式来运作。当前，在公益组织服务项目运行研究方面，国内学者的研究主要聚焦在探讨契合的理论视角、技术手段运用、项目利益相关者关系及项目自身运作过程上。在理论视角上，孟卫军（2005）从社会交换理论出发研究了公益基金会的项目运作激励机制[123]。孙彦丽（2015）从项目管理理论出发，重点对公益性项目支持模式进行了探讨[124]。裘丽（2012）主要对公益项目运作中的技术手段进行研究，指出互联网技术是促进公益项目大规模发展的重要手段[125]。在有关公益项目运作利益相关者关系上，研究大多集中于对政府与公益项目的关系研究层面。例如，蔡屹（2011）对公益项目运作过程中的项目与政府互动进行了深入研究，提出政府应当继续大力培育和鼓励公益性组织发展，并给予更多的权利空间[126]。谢芳（2007）从基金会公益项目的执行层对公益项目的运作维度入手进行分析，指出目前公益项目的运行多从项目决策和评估研究着手，缺乏一定的系统性，并对如何充分利用资源维护公益项目运作提出了新观点[127]。也有学者就公益项目自身运作的过程进行讨论，或是对公益项目运作的个案进行深度剖析[128, 129]，或是对公益项目市场化运作过程中的特点及问题提出建议等[130, 131]。

2.2.3 国内外社会营销及相关研究总结

纵观国内外研究现状可以看出，国外既有研究均已经初具规模；从学科视角来看，或侧重于从营销学视角探讨社会营销的理念与内涵，或从管理学视角探讨非营利组织的社会营销战略，或从传播学视角探讨非营利组织社会营销的渠道选择。从研究主题来看，或专注于从宏观视角探讨社会营销基础理论的演进，或聚焦于应对社会问题的多元服务领域如何演绎社会营销的战略。从社会营销理论的应用来看，在40多年的发展中，美国、英国等发达国家已经充分运用社会营销理论解决社会问题，社会营销理念甚至已经遍布公共安全、社区发展、公益运行等多个层面；在一些发展中国家如巴西、印度，社会营销的理论也在逐渐被吸收，在重要公共问题领域被广泛运用于计划生育、疾病防控等方面。

国内既有研究多聚焦于探讨国外社会营销理论的概念、核心内容，或讨论社会营销理论在国内某一些服务领域的具体运用，例如，如何有效招募献血志愿者、如何改变一些人群的康复保健观念等。也有少数研究着手探讨社会营销理论对于国内公益组织服务项目运作的借鉴。整体而言，国内学术界对于社会营销理论的研究尚处于起步阶段，研究领域较零星、分散，缺乏对该理论更为深入、系统的研究，对于该理论在公益服务领域中的应用研究尚未形成学术研究体系。

从研究方法上看，定性研究和定量研究在国外社会营销研究中均有应用，在资料收集方法上焦点小组、问卷调查、深度访谈、准实验设计法均有所应用。国内相关研究多侧重于对国外既有理论的初步探讨和个别具体案例的收集，缺乏系统的理论研究框架以及深入的定性和定量相结合的分析。

从研究趋势上看，国外社会营销研究范围广，且在诸多领域的研究越来越深入、细致；国内研究焦点在于如何促进社会营销理论本土化发展，以及如何在公益实务领域提升社会营销理论的应用水平。

鉴于社会营销理论对于解决社会问题、提升整体社会福利水平具有极为重要的指导意义；同时，国内公益组织整体公信力较为缺乏，尤其在服务项目运作方面缺乏专业性、规范性，在一定程度上导致服务项目有效性低，政府、服务对象、捐赠者、志愿者等各利益相关者对公益组织服务项目运作评价不高，[①] 因此，国内蓬勃发展的公益

---

① 康晓光认为公益组织与各个利益相关者有深层的关联度，认为利益相关者包括受益者、捐赠方、投资者、政府、企业、媒体、志愿者、公众。

理论界与实务界应更为深入、系统地探讨与践行社会营销的理论,以促进社会营销理论的本土化发展,使之更为契合国内公益慈善发展的特征,推动国内公益组织服务项目运作的专业、规范、高效,提升公众的社会福利水平。

2.3 社会营销的支撑理论

与经典的社会理论相比（如结构功能理论、社会资本理论、治理理论），社会营销理论更侧重于实践层面,可以说社会营销是一种实务性很强的操作理论,就如同我国社会工作理论体系一样,有着一整套理论框架和方法指导实践工作。从以上概念演进方面的分析可以看出,社会营销指的是使用市场营销原理和技巧来影响目标受众的行为,使他们为了个人、群体或者整个社会的利益而接受、拒绝、调整或者放弃某种行为。在理论发展的基础上,社会营销理论的发展是架构于市场营销理论、社会学习理论、创新扩散理论、阶段模型理论、社会生态理论、交换理论等众多理论基础之上的综合理论,[132] 其融合了当下的市场营销学、社会学、管理学、经济学、心理学、传播学等众多学科,以期发展出更具现实关怀的实务理论,更好地适用于社会服务领域。在具体理论基础方面,社会营销理论是一种创新的契合当下发展的理论,汲取了各个理论的优势建构了自身的理论基础。以下是与本研究主题紧密相关的社会营销支撑理论。

2.3.1 市场营销理论

市场营销理论是在近几十年来从美国发源起来的营销理论,其本质是研究经济交换行为中生产与销售之间关系的一种理论。与市场营销理论交集较多的有马克思关于政治经济的表述,也有源自西方的一些理论体系如需求弹性理论、价格和非价格竞争理论、产品差异化和结构竞争理论、消费行为理论、心理预期理论等[133]。在现实中,市场营销理论的模型衍生多样化,如有"4C"理论、"4R"理论、"4PS"理论等,在社会营销理论中,主要借鉴了市场营销的"4PS"理论作为建构社会营销理论基础的重要理论之一。

科特勒在其《营销管理（第14版）》中提出了"全方位营销"的概念,认为企业营销应该涵盖内部营销、整合营销、关系营销、绩效营销等。在这个全方位营销理念基础上,科特勒对传统营销组合工具"4P",即产品（Product）、价格（Price）、地点

（Place）和促销（Promotion）进行了新的整合，提出了现代营销管理的新"4P"营销模型，即人员（People）、流程（Process）、项目（Program）、绩效（Performance）[134]。

新的"4P"理论不仅对社会营销理论本身的发展具有重要的借鉴价值，而且这一理论对国内公益组织发展本身也具有很强的参考价值。从当前国内公益组织的运作方式来看，"项目"已经成为践行公益服务的一种主要形式。从公益组织服务项目的运作流程看，服务项目涉及从项目设计到项目管理，从服务项目具体运作环节中的资源输入、服务过程、服务输出、服务结果直至服务成效均有一个完整的项目流程。在公益组织的绩效管理方面，着重于项目成效的服务项目运作理念已经逐渐成为国内公益研究界和公益实务界的共识。在公益实务领域，国内政府向社会组织购买服务的第三方评估机制已经在逐步推动中。在组织内部人员管理方面，现有公益组织专职工作人员整体不足，志愿者仍然是公益组织服务开展的重要服务力量[135]。从营销管理的理念看，公益组织在注重培养组织内部人才，使其认同组织使命与组织文化，为公益组织的持续健康发展提供内在动力。因此，从本质上看，国内公益组织的服务项目运作已经或多或少地汲取了营销管理的最新理念。

2.3.2 创新扩散理论

创新扩散理论是美国学者埃弗雷特·罗杰斯于20世纪60年代提出的理论，是融合行为理论、传播学等而形成的理论体系，目前该理论主要集中在传播效果研究之上，主要内容是通过一些媒介促进人们接受新观念、新事物或者新产品的研究。

罗杰斯将创新扩散理论概括为三个核心概念，即采用过程、创新特征以及采用者分类。采用过程，即个人从初知新产品到采用或购买该产品要经过五个不同的阶段，从知晓、感兴趣、评估、试用到最后采用。他认为销售代表和产品口碑成为影响个人购买决策的主要作用力。创新特征指的是影响个人对新产品采用速度的因素，即相对优势、兼容性、复杂性、可分析性和可传播性。采用者类型指的是在某市场中，针对每一个个体所具有的不同的创新精神进行的分类，分为领先采用者、早期采用者、早期多数采用者、晚期多数采用者、滞后采用者[136]。其中，早期采用者是大多数创新成功的关键，对于创新营销规划来说，最重要的第一步就是识别舆论领袖。罗杰斯认为，个人采取创新行为需要经过四个阶段：①知识（思考前阶段），在这一阶段目标受众必须意识且充分理解创新与其需求、欲望和生产方式有一定相关性；②说服（思考阶段），这一阶段中目标受众要从兴趣转向行动动机；③决策（准备/行动阶段），这一阶段目标受众会考虑创新行为变化的结果,决定是否采取该行为;④确定(维持阶段),这一阶段希望目标受众会继续该行为。这一创新采用过程有助于制定目标受众的细分战略,也有助于找到目标受众行为改变的阶段,促进社会营销计划的顺利实施[137]。创新扩散理论是社会营销理论的基础之一,从该理论可以看出,让目标受众采纳某种理念、改变某种行为需要一个过程。同时,为了实现项目的目标,需要对目标受众进行细分。在社会营销理论中,强调运用创新的理念,分析社会营销的整体环境特征,选定目标受众与运动目标,进行目标受众细分,设计出具有创新特征的有形或无形的产品,并通过合理设定产品价格、产品获取地点、选定促销内容和促销渠道开展社会营销,以逐步改变目标受众的行为,促进整体社会福利水平的提升。

创新扩散理论对国内公益组织服务项目运作本身也具有很多启示。对公益组织的利益相关者而言,无论是服务对象、资金来源方还是志愿者,他们选择接受、支持和参与服务项目的关键点,都在于以下几个要素:①该项目的设计是否契合所在区域政策、法律等综合社会环境;②该项目设定的目标是否能引起利益相关者的关注;③该项目是如何综合考虑目标群体的受益和成本的;④通过何种渠道能够将该项目推广,以及目标群体参与渠道设置便利性如何。

2.3.3 社会生态理论

社会生态理论又被称为社会生态系统理论、生态系统理论等,是将社会学、生态学以及系统理论等结合而形成的理论体系。社会生态理论区别于简单的系统论、生物学上的进化论等理论,将人们生活的家庭、社区等当作一个完整的生态系统,同时通过这些系统与社会环境进行互动从而达到对人类行为的改变过程。

社会生态理论基本假设的主要内容是:①一个人有能力与其环境进行互动;②个人-环境构成一个统一的系统,在该系统中人与环境能够形成一种互惠关系;③在这种互惠关系中,人与环境能够不断进行调适;④个人的行动是有目标取向的,是有目的的。[138]

从社会生态理论的核心内容可以看出,其对社会营销理论是具有启发意义的。社会营销通过关注目标受众行为的改变,并以目标受众自身行为的改变为媒介,可以最终做出有益于自身、社区直至整个社会的有益行为。这一理论对国内公益组织发展的启示在于,公益组织通过服务项目的运作,一方面可以改变服务对象的生存困境,并在这个过程中提升服务对象自身的生存技能;另一方面公益组织通过向政府、企业、公众筹资开展公益服务的行动影响这些项目资助方的公益理念。这些项目利益相关者的公益服务协同行动也对整个社会公益生态圈的形成具有很好的推动作用。

其他社会营销的支撑理论还包括社会学习理论、阶段变化理论。社会学习理论（后来更名为社会认知理论）是美国心理学家艾尔伯特·班杜拉于1952年提出的有关心理学的理论，其强调人类在学习中的能动作用，认为人类的行为是通过不断学习以及在环境互动中加以改变的。班杜拉对社会学习理论的论述主要体现在四个概念上，即观察学习、认知能力、替代强化以及交互决定论[139]。在社会营销中可以窥见社会学习理论，社会营销强调运用市场营销的手段对目标受众进行行为引导，并不断改变人们行为的方式，正视了人们社会行为的可变性，相信通过一定的方式引导能够改变人们的社会行为。阶段变化理论是由心理学家Prochaska和DiClemente于1979年提出行为改变的理论[140]。其强调人类行为的变化是有阶段性的，而非突变的过程。该理论指出人们行为变化是由变化阶段、均衡决策、变化过程和自我效能四个过程组成。在社会营销理论过程中，强调对目标受众行为改变的阶段性，通过对目标受众的选择、设计项目以及执行项目等一系列过程，来完善项目本身达到社会营销的成功，最终改变人们行为以及理念的过程。

上述基础理论丰富了社会营销自身的理论，一方面论证了社会营销理论产生、发展的理论根基，另一方面为社会营销的实践提供了理论支持。这些理论对于分析国内公益组织的发展趋势，对于公益组织服务项目的运作都具有极为重要的参考价值。

2.4 社会营销核心理论分析

2.4.1 社会营销核心理念

从上述社会营销的概念演进可以看出，科特勒认为社会营销理念的本质在于倡导运用市场营销的原理和技巧来变革目标受众的行为，使他们为了提高健康水平、预防疾病与伤害、保护环境、社区参与等做出贡献。社会营销所"销售"的是一种行为，"销售"的目标与目的在于促使目标受众接受、拒绝、调整、放弃或者坚持某种行为。改变的方式在于通过一系列社会营销的手段促使目标受众做出行为的自愿变革。

在社会营销对于非营利组织管理的影响方面，艾伦·安德里亚森、科特勒（2010）认为社会营销存在于非营利组织管理的整个过程中。社会营销销售的不是一种具体的产品，应该是一种"价值主张"，有时也包括具体实务或服务。社会营销可以促进非营利组织的资金筹措、自愿效劳，并且社会营销作为一种"活动"可以引发媒体、公众对组织活动的关注[141]。

2.4.2 社会营销流程

在实际运作过程中，社会营销理论也有着一整套运作流程，这一流程既包括社会营销计划的设计，也贯穿于社会营销的具体运作过程。该流程包括社会营销环境分析、选择目标群体和运动目标、设计社会营销策略以及管理社会营销项目。从环境分析入手，目标致力于改变人们行为并选择适当的目标群体，然后可以适当运用市场营销的"4C""4PS""6PS"等策略确立社会营销战略并实施，最后通过对社会营销活动的监督、管理、评估实现目标并保持项目的可持续化操作。

1. 社会营销环境分析

在社会营销计划实施前，分析组织的使命、目标和目的尤为关键，是社会营销计划能否获得成功的起点。使命是一个组织的基本目的，组织的行动主要围绕组织使命，组织使命决定了组织的重大行为。明确的组织使命对于组织的健康发展至关重要。目标是组织非常重视的主要可变因素，围绕组织使命，可以设定诸多项目的目标与目的，以更好地完成组织使命。在确定了组织使命和具体项目目标的前提下，才开始分析社会营销环境。

社会营销环境分析是社会营销实施过程中至关重要的一个环节，是任何项目在开展前都必须具备的前提条件。具体的社会营销环境分析又可分为两个步骤，即确定目标和资源、分析组织外部与内部环境。确定目标和资源是确认实施计划的重点，明确计划实施过程中可以得到的内外部资源。分析组织外部与内部环境指在项目实施过程中影响计划的一些宏观环境，具体可以包括自然环境、社会文化、经济发展、政治法律、项目支持人员等，内部环境则指的是较宏观环境稍微次之的微观环境，如管理支持手段、提供具体服务、内部人员组成等。

2. 选择目标受众与运动目标

执行社会营销过程中，目标受众指社会营销所作用的对象，可以是人、群体或者社会，而运动目标则是社会营销执行过后期待所要达到的指标体系。选择恰当的目标受众与运动目标是社会营销在执行过程的一个关键因素，在计划范围内选择恰当的受众目标有利于更快、更便捷地改变目标受众的行为，使社会营销计划获得成功。树立准确的运动目标有利于对整个计划项目实施监督评估,促进社会营销活动的有序进行。

需要社会营销的实施者在设定了运动目标的条件下,重新深入研究目标受众的当前知识、价值观及行为方式,同时要注意在营销过程中可能遇到的竞争、感知受益以及目标受众改变行为的障碍。

针对如何分析目标受众做出行为选择的内外部因素,艾伦·安德里亚森、科特勒(2010)提出了行为的驱动力(BCOS)因素分析模型,即收益(benefit)、成本(cost)、他人(others)、自信(self-assurance)。同时,目标受众做出行为改变还需要考虑三个关键条件,即动机、机会和能力(MOA)[142]。在社会营销过程中,目标受众在有改变动机的情况下,还要有改变行为的机会和自身能力,才有可能做出行为改变。如果目标受众本身不具备这种能力,就需要对其进行教育或者培训,提升其自身能力。在这些条件具备的情况下,社会营销就能够起到推动作用。在BCOS模型中,受益和成本是社会营销需要重点关注的因素。例如,目标受众可以获得哪些收益,这些收益对其自身的实际意义和价值是否明显,需要目标受众付出哪些时间、精力、金钱等。目标受众在做出这些分析之后,才会决定是否考虑改变行为。他人和自信也是两个比较重要的因素,如果目标受众认为自己能够做出行为的改变而且对他们比较重要的人或者周围的环境也希望他们能够改变,他们也可能会倾向于改变自身行为。

3. 设定整合营销战略

策划活动战略是执行社会营销项目过程中最为具体的一个环节,因为如果没有进行较好的规划,可能我们前期的环境分析就存在一定的失误,需要重新进行细致的环境分析。在具体的策划活动战略中,科特勒认为可以运用市场营销的经典"4P"模型作为营销管理的策略。

(1) 产品(Product)。在社会营销活动中,产品是指所推销的东西,即目标行为方式及这种行为方式为目标受众所带来的收益。产品分为三个层次,其中核心产品(Core product)指的是消费者实施目标行为方式时所获得的收益;现实产品(Actual product)指的是社会营销工作者所推广的具体行为方式;延伸产品(Augmented product)指的是社会营销工作者为推广目标行为方式而提供的有形产品与服务。科特勒认为设计产品要经过深思熟虑,综合运用营销组合,对产品进行合理定位,使产品在目标市场上发挥优势。

关于非营利组织的"产品"特性,安德里亚森和科特勒认为,非营利组织主要是从事社会服务的机构。服务是由个人或者组织向目标受众提供的价值主张,这种价值主张在本质上是无形的,它可能与有形产品有关,也可能无关。服务的特征包括无形性、与生产者的不可分割性、特征的易变性、可消亡性以及在生产过程中依赖于目标受众的参与。

（2）价格（Price）。社会营销产品的价格是指在社会营销过程中目标受众期待的收益与其自身付出成本之间的联系，这里包含有货币形式和非货币形式两个部分。货币成本是购买有形产品与服务的费用。非货币成本主要指目标受众实施新的行为方式所付出的时间、努力、体力方面的成本。此外，还包含心理风险（如尴尬、拒绝或者恐惧）与损失、身体上的不适或者休闲的损失成本。科特勒认为应该尽量降低目标受众的成本，最大限度地提升其参与度。

安德里亚森和科特勒认为，非营利组织定价的原则应该是盈余最大化、成本回收、市场规模最大化、社会公平或者使市场缩小。定价的策略可以采取成本导向定价法、价值导向定价法或者竞争导向定价法。

（3）地点（Place）。地点是指目标市场实施目标行为方式、获得相关有形产品、接受相关服务的时间及场所。科特勒认为应该使目标受众尽可能便利、愉快地实施目标行为，获得有形产品及接受服务。

安德里亚森和科特勒提出，非营利组织缺乏经济资源和人力资源，应该谨慎利用渠道有效分摊成本、获得规模经济效益以有效解决资源不足的问题。

（4）促销（Promotion）。促销即对产品进行宣传，选择适当的渠道将产品面向目标受众给予最大限度的推广，使目标受众了解所提供的内容，使他们会接受其所倡导的利益并付诸行动。

之后，安德里亚森与科特勒又提出，针对非营利组织的战略营销，在传统的"4P"模型基础上，应加入公共关系（Public relationship）、政治（Politics）以增强"4P"模型的影响力。公共关系包括组织自身的形象塑造、危机公关、评估成效等。同时，他们认为，对非营利组织而言，更多是在进行服务传递，通过服务来传递非营利组织的价值主张。目标受众在非营利组织营销过程中特别重要，他们会先接受组织传递的价值主张，然后才去行动（或者不采取行动）[143]。

前述提到的科特勒提出的新"4P"模型。一是人员（People），指的是组织内部营销，着重于组织员工的素质培养，使其认可并践行组织的运营理念。二是流程（Process），指营销管理中的创造力、规则和结构，营销者必须要进行营销理念和方法的创新。三是项目（Program），反映了组织内部与消费者直接相关的所有活动，这些营销活动都应该成为一个有机的整体，确保组织目标的实现。四是绩效（Performance），指一系列可以从财务角度和非财务角度进行测量的结果指标，这个结果不仅包括组织自身的影响,还包括组织相关的社会责任、法律、道德、社区影响等。[144]

就社会营销自身而言,其本身就是组织为了实现一定的目标而采取的行动。所以社会营销本身就是一个完整的项目方案。从流程来看,社会营销从环境分析到项目目标确定再到营销开展本身也是一个完整的运作流程。从绩效来看,社会营销的管理与评估,从寻找所需资源到评估都体现了自身对于绩效的关注。所以新"4P"理论也非常契合社会营销的战略。在社会营销过程中,如何针对不同的服务项目进行营销模型的组合,实现更好的项目运作绩效,需要进一步深入研究。这也是本研究在理论本土化方面探索的要点。

4. 管理社会营销项目

完整的社会营销项目管理贯穿于项目的始终,在项目管理中,除了以上环境分析、设定与实施项目目标、开发与实施营销战略之外,还需要进行项目预算并且进行筹资,开展项目的监测与评估,并且考虑在项目完成之后如何维持目标行为方式。社会营销活动是针对社会问题而采取的结合市场营销手段来改变人们行为方式的手段,对于社会营销活动的成功与否需要一套完整的监督评估计划,这是保证社会营销活动得以实现的后期保障。同时,合理的预算及可持续化发展的论证也是必不可少的,至少在人们行为没有彻底被改变前,社会现状没有得到转变时仍需要完善。

对于社会营销的筹资和项目评估而言,筹资不仅仅是为了实现某一个社会营销计划,筹资(包括资金和志愿者资源等)本身对组织而言是一种资源发展方式。筹资过程本身也是一个社会营销的过程,因为它可以吸引更广泛的公众参与社会公益服务项目。项目评估不仅仅是为了衡量一个社会营销计划的绩效,而且评估本身对组织能力建设、对组织的利益相关者都是一次新的社会营销过程,使其更关注组织的使命和价值(见图2.1)。

由以上社会营销理论的溯源及核心理论的系统梳理与分析可以看出,社会营销理论的核心在于通过运用一定的知识、方法与技巧,促成目标对象认知、行为、态度或观念的转变。该理论本身的定位在于回应健康水平提升、预防伤害、环境保护、扶贫帮困等社会需求,解决诸如酗酒、酒后驾车、青少年自杀、艾滋病传播、贫困蔓延等社会问题,这与国内公益组织关注的社会问题及从事的服务领域是相契合的,从此次调研的情况也可以看出,参与调研的公益组织服务领域覆盖儿童青少年服务、教育助学、医疗救助、农村社区发展、为老服务等服务领域。因而,从国内公益组织服务项目所涵盖的服务领域、关注的社会问题上看,西方的社会营销理论对于引领国内公益组织服务项目的运作专业化、规范性是具有借鉴和参考价值的。社会营

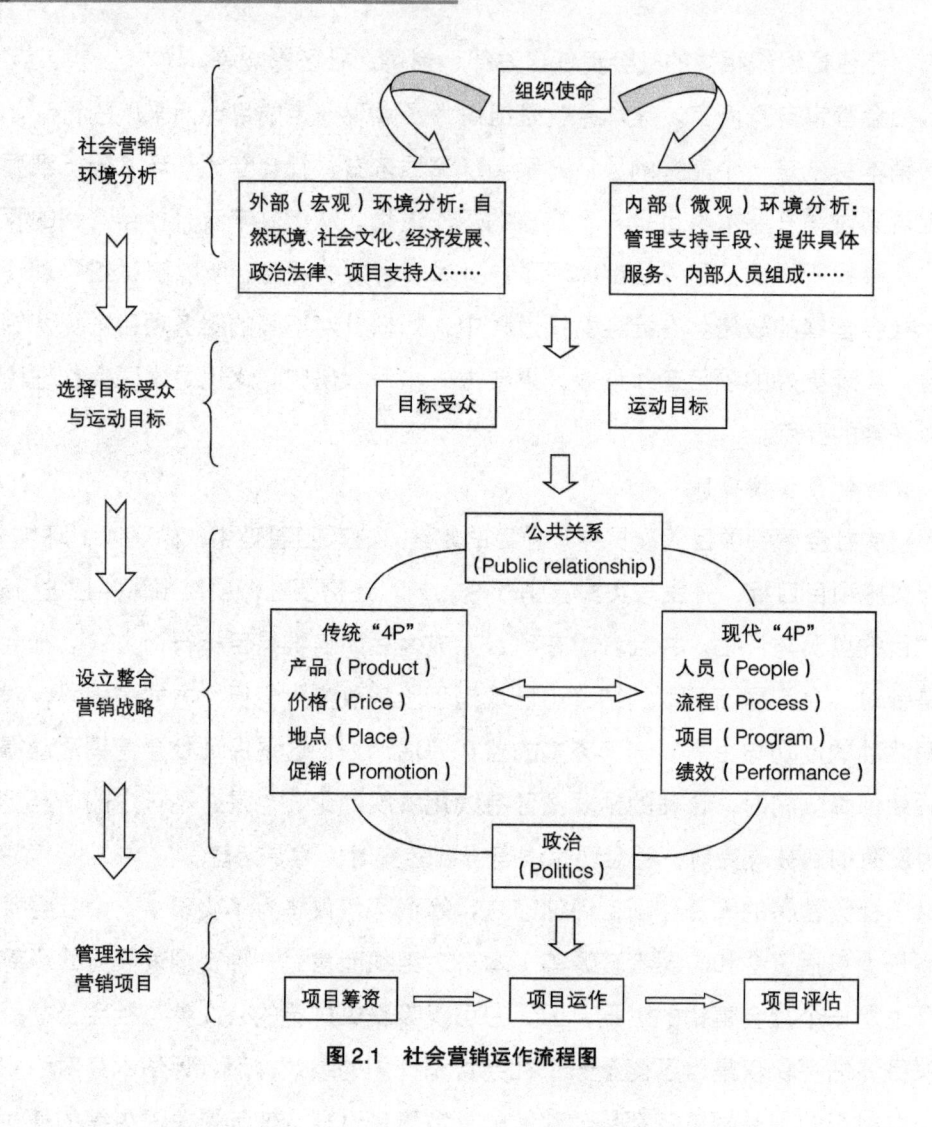

```
社会营销             ┌─── 组织使命 ───┐
环境分析             ↓                ↓
              外部(宏观)环境分析：自    内部(微观)环境分析：
              然环境、社会文化、经济发展、 管理支持手段、提供具体
              政治法律、项目支持人……    服务、内部人员组成……
                              ↓
选择目标受众      目标受众        运动目标
与运动目标
                              ↓
                        公共关系
                    (Public relationship)
设立整合      传统"4P"              现代"4P"
营销战略      产品(Product)          人员(People)
             价格(Price)      ↔     流程(Process)
             地点(Place)             项目(Program)
             促销(Promotion)         绩效(Performance)
                        政治
                     (Politics)
                              ↓
管理社会       项目筹资 ⇒ 项目运作 ⇒ 项目评估
营销项目
```

图 2.1 社会营销运作流程图

销理论的运用目标在于促进目标受众的知识、态度、行为等的转变，进而提升社会福祉。从理论上说，目标受众的意识和行为需要去推动。科特勒也提到了目标受众行为选择的理论，如自我控制理论、目标设定理论、自我觉知理论，提出要理解目标受众采取或者放弃某种行为时的障碍、收益、激励、竞争等[145]。北大光华管理学院的徐菁也提到现在很多公益组织没有真正地、有效地去识别受助者的真实需求是什么。很多公益领域还停留在非常功能性的层面，没有仔细分析提供怎样的产品解决服务对象需求，其自身也缺乏品牌战略意识①。因而，作为公益组织，更需要具备社会营销的理念，需要做好利益相关者维护，需要运用社会营销的策略对服务对象

---

① 徐菁. 公益组织领导者要引领受助方. http://www.ngocn.net/column/2015-11-25-bb7351666595ac8d.html.

进行需求分析与项目参与倡导，需要针对资金来源方进行吸纳与维护，需要规范志愿者管理，切实促进公益组织服务项目运作能力的提升，保障公益慈善服务领域的健康、持续发展，营造国内完备的公益慈善生态链。由此可见，国外的社会营销理论与国内公益组织服务项目运作的公益实践在倡导公益价值、整合公益资源、提升社会福祉等方面是具有契合性的，社会营销的理论框架用于解析国内公益组织服务项目运作机理也是具有解释力与适合性的，在此理论框架基础上建构国内公益组织服务项目运作的模型对于国内公益领域的专业化、规范化发展也将具有一定的借鉴与参考价值。

本章小结

本章对社会营销的概念演进、社会营销的支撑理论以及社会营销自身的理论核心进行了系统的梳理。社会营销的支撑理论与社会营销理论共同构成了研究国内公益组织服务项目的理论框架。在西方，无论是理论界还是实务界，均证明了社会营销理念和策略对于提升公众健康水平、预防伤害、环境保护、推动社区参与等社会服务领域具有巨大的推动作用。社会营销的最大价值在于它能够促进一个个体、群体或整个社会的福利。本章系统梳理了国内外社会营销领域的研究轨迹，认为社会营销理论自身的研究和社会营销在公益服务领域的应用研究已经取得了一定的研究成果。但是，国内鲜有研究对社会营销理论进行本土化，也极少研究聚焦社会营销的理论框架解析公益组织的项目运作。

社会营销理论的运用，有助于国内公益组织明晰组织自身使命与战略定位。社会营销计划的清晰流程划分对于国内公益组织服务项目规范运作流程具有很好的启发意义。社会营销的"4P"或者"6P"策略能够指引公益组织开展服务项目设计，回应服务对象、资金来源方、志愿者的不同需求，考量这些利益相关者的公益服务成本。社会营销项目管理的理念，对于公益组织重视服务项目评估，着力于发展有效公益，提升公益组织的公信力具有借鉴意义。科特勒提出的新"4P"模型，更加注重组织发展战略中的内部员工管理，营销流程的创新性、规范化，营销项目化管理与营销绩效评估。这一新的全方位营销模型，对进一步优化社会营销策略也具有很强的借鉴意义。

社会营销理论本身着重于某一项服务计划的推广，注重推进目标受众行为的持续性改变。就国内公益组织发展的现实，如何将社会营销的理念贯穿公益组织发展的全过程，促进公益组织自身发展理念的转变，重视与利益相关者持续互惠关系的建立与维护，实现公益服务资源的持续发展，是值得国内公益研究领域和实务领域思考的。

理论自身也有一个不断更新和完善的过程，本研究希望能够抛砖引玉，围绕国内公益领域发展的现实与趋势，推进社会营销理论的本土化进程，以发展出契合国内公益领域发展特色的实务理论。

第 3 章

社会营销视角下公益组织服务项目的服务对象倡导运作机理

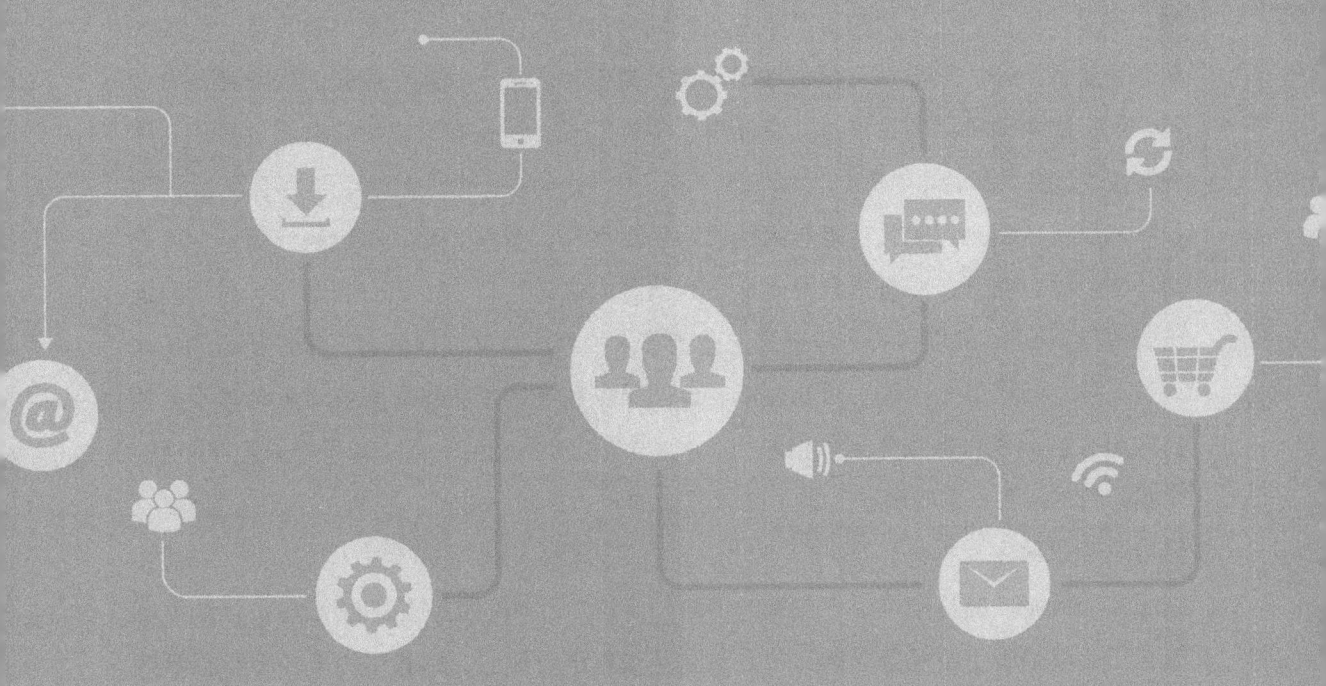

第3章　社会营销视角下公益组织服务项目的服务对象倡导运作机理

社会营销的最终目标在于改变目标受众的行为、态度和观念等，对于公益组织服务项目来说，其目标受众是一个多元化的概念，包含了服务对象、捐赠者及项目其他出资方、志愿者等多元主体，在这些多元主体之中又以服务对象为基点，是项目设计与管理的源泉。目前，我国的公益组织服务领域多元化，其所涉及的服务项目也遍及儿童和青少年、环境保护、公益行业支持、残障人士、为老服务、扶贫帮困、灾害救助等领域。一般而言，服务项目与公益组织使命和价值及其定位的服务对象是紧密相连的。例如，某个助学类公益组织设计的项目可能就是帮助某些贫困地区的孩子正常接受教育，或提升这些地区孩子的身体健康水平，或提升这些孩子积极向上的生活、学习态度，因此这个项目的直接服务对象则为贫困山区的失学儿童及青少年、濒临失学儿童及青少年、缺乏学习积极性的儿童及青少年、缺乏健康卫生知识的儿童及青少年，间接服务对象则包括这些儿童及青少年的家长、所在乡镇或村级组织负责人、所在学校的负责人和老师以及当地教育部门等。同样，如果一个公益组织致力于为老服务，设计的服务项目则可能关注老年人的日常生活照料、精神慰藉、基础医疗服务、社会参与支持等，其直接服务对象可能是一定范围内的老年群体（如一些专门针对预防老年痴呆的项目），间接服务对象则是这些老年人的家人或其他照顾者、所在社区的工作人员、整个社区的居民等。因此，精准定位服务对象需求、倡导服务对象参与服务项目成为公益组织服务项目运作的基点，"倡导"（advocate）无论对于个人还是系统、个案和阶层而言，意味着是为案主或者民众的利益鼓舞与呼吁。在直接的服务工作中，倡导通常是案主支持和代理的一部分，并且还可能包括案主的自我倡导。[146] 公益组织服务项目设计的基础是组织自身的使命与定位，而如何实现组织使命与价值的关键就在于能够精确定位服务对象，并面向服务对象进行倡导，以吸引服务对象积极表达自身需求并参与服务项目，以使项目能够有效回应服务对象的需求，并在此过程中践行组织自身的使命与宗旨。因而，在服务项目运作过程中，服务对象的知识、行为、

第 3 章　社会营销视角下公益组织服务项目的服务对象倡导运作机理

态度、观念等的"改变"才最能够真切反映项目绩效及社会影响力。从社会营销视角而言，潜在服务对象需求调查与之后的服务对象需求评估既是明确项目设计价值所在，又是项目运作的前期宣传倡导过程。同时，社会营销的理念也可以贯穿于服务项目运作整个过程，以使公益组织能够吸引与维护服务对象，始终关注服务对象需求的动态变化，提升项目与服务对象的黏合度，以达成项目的设计目标——服务对象"改变"，这种改变既包括行为、态度、观念转变，也包括服务对象生存状况的改善及生存能力的提升，并最终有助于实现公益组织自身的使命与价值。

3.1　公益组织服务项目运作中服务对象倡导现状

3.1.1　服务项目设计依据分析

当前，在社会整体公益资源相对匮乏的状态下，公益组织应当运用社会营销的理念、策略，立足组织自身使命与价值，精准定位服务项目的受益群体，合理设计项目，优化项目流程，不断降低运行成本，提升项目绩效。在服务项目运作中，公益组织应注重将自身的使命和价值与具体服务项目的总体目标紧密结合，致力于服务对象知识、行为、观念、能力等的改变，提升服务对象的生存与发展能力。例如，在当前公益组织参与精准扶贫的过程中，所设计的服务项目应精准定位服务对象需求，引领服务对象参与扶贫项目，提升服务对象改善自身贫困状况的知识和技能，并辅之以贫困对象的帮扶及促进区域性经济及教育发展，以实现服务对象"改变"（脱贫），实现项目目标。

本次调研发现，就现有公益组织服务项目所覆盖的受益群体而言，当前我国公益组织的服务对象以儿童及青少年、残疾人及特殊人群、贫困人群、老年人为主要群体的，分别占据公益组织服务对象所有选项的 60.9%、38.0%、33.0%、32.6%，这四类群体已然成为公益组织服务项目的主要受益对象（见表 3.1）。

表 3.1　公益组织服务项目的服务对象分布

服务对象	组织频数（家）	频率（%）
儿童及青少年、助学	199	60.9
女　性	20	6.1
贫困人群	92	28.1

续表

服务对象	组织频数（家）	频率（%）
老年人	91	27.8
残疾人及特殊人群	106	32.4
心灵、美德	27	8.3
生命、健康	50	15.3
生态环境	47	14.4
动植物	5	1.5
其他	35	10.7

注　此题"公益组织服务项目的服务对象分布"为多选题，利用频数、频率分析，能够清晰地反映这些选项占总体选项的情况。

只有明确有特定需要的服务对象，服务项目才能将服务有效输送到目标群体，才能实现自身的使命与价值，才能有效回应社会问题与需求。目前，我国公益组织服务项目的服务对象从范围分布来说还是比较契合当下我国国情的，儿童及青少年、残疾人及特殊人群、贫困人群以及老年人是我国现实社会中较为庞大的社会特殊群体，公益组织将服务项目定位于这些目标群体，不仅是对我国实际社会问题的有力响应，也是公益组织履行自身使命、凸显自身公益价值的最佳方式。同时，我们可以看到，除了这四类主要群体以外，女性、生态环境、动植物等也占据一定比例。但是，就整体而言，生态环境保护、女性服务等领域的服务项目仍然较少，有待获得公益实务界与理论界的关注。

在样本公益组织中，就组织自身评价而言，诸多公益组织的服务项目总体来说是与组织使命、愿景和已有项目服务经验相契合的。在参与调查中的327家组织中，281家都阐述了与此相关项，频率为85.9%。由此可见，首先，公益组织能够将具体的服务项目设计与组织自身使命与定位衔接起来，减少了服务项目设计的盲目性与随意性。其次，公益组织在项目设计中还关注到项目可行性。其中关注服务项目需求迫切性的占总选项的60.9%，关注服务项目易行动性的占34.9%，关注服务对象可接触性的占26.0%。从一般服务项目设计而言，需要重点关注那些需求最迫切、最易行动、最易接触、与组织使命最为匹配的项目，以提升项目设计与实施的可行性、有效性。从调查的实际情况看，多数公益组织能够关注到服务对象需求的迫切性与项目的可行性，在衡量组织自身能力和外部环境及需求上具有了初步的规划意识。最后，由政府明确购买或支持、基金会发布引导的项目设计也占据了一定比例，分别为21.7%与8.6%，然而却不占公益组织项目设计依据的主导，可见诸多公益组织项目设计是具

第 3 章　社会营销视角下公益组织服务项目的服务对象倡导运作机理

有自身较为清晰的组织定位和出发点的，并不完全充当了政府、基金会的服务项目实施助手（见表3.2）。

表 3.2　公益组织服务项目设计依据

设 计 依 据	组织频数（家）	频率（%）
与组织使命、愿景和已有服务资源最匹配	281	85.9
服务项目需求最迫切	199	60.9
服务项目最易行动	114	34.9
服务对象最易接触	85	26.0
服务项目是政府明确购买或支持的	71	21.7
服务项目是基金会发布的	28	8.6

注　此题"公益组织服务项目设计依据"为多选题，频数、频率能够清晰反映公益组织服务项目设计依据的选项占所有总选项数量的情况。

由此可以看出，目前我国公益组织服务项目设计较多基于组织自身的使命与价值，而较少有公益组织纯粹为了迎合政府、基金会的资金支持。大多数公益组织能够本着自身的使命和宗旨，本着回应服务对象需求的原则，综合考虑组织自身已有服务资源、项目的需求迫切性、最易行动性、服务对象的最易接触性等因素来设计服务项目，明确的项目设计依据为后续项目筹资、服务设计等项目运作各环节提供了方向。

与此同时，本调研还发现，参与调查的公益组织中具有3年以上项目运作经验的组织占据比例较大（见表3.3）。

表 3.3　公益组织实际服务时间

实际服务时间	组织频数（家）	频率（%）	累积频率（%）
1 年以下	22	6.7	6.7
1～3年	85	26.0	32.7
3～5年	74	22.6	55.3
5～10年	95	29.1	84.4
10 年以上	51	15.6	100.0
合　计	327	100.0	

一般而言，如果一个公益组织正常运作3年以上，在一定程度上可以表明其已经度过了一个组织建立初期的磨合阶段。从表3.3中可以看出，公益组织实际服务时

间（不以注册时间为限）超过3年及以上的一共有220家，比例高达67.3%，可见我国目前公益组织发展态势还是比较稳定的，且在服务项目的运作上已经具有一定的服务熟练度，这也意味着国内的公益服务项目日益规范化，且具有一定的稳定性与持续性。

3.1.2 服务对象倡导策略分析

由以上样本中公益组织服务项目设计的依据可以看出，服务对象的需求迫切性是公益组织服务项目设计的主要依据。"需求"[①]在服务项目运作过程中处于重要地位，是整个项目运作的根基。需求评估主要是公益组织对潜在服务对象及其需求的一种认识，也包括潜在服务对象对项目可能的服务内容接受和认可程度的一种预先判断。只有明确有特定需求的服务对象，服务项目才能有效地整合公益服务资源为服务对象提供针对性服务，才能实现组织自身的使命和价值。公益组织需要通过前期的需求调查辨析出项目的特定服务对象，并界定服务对象的特征和面临的具体困境或问题，以此设计出契合服务对象需求的服务项目。

在服务项目的策划和设计阶段，需求评估既是项目设计的基础，也是后续面向服务对象、资金来源方、志愿者进行倡导，促使他们参与该服务项目运作的前提。在项目设计阶段，针对服务对象展开需求调查与评估，引发服务对象对自身面临的问题或需求的关注，激发其改善自身知识、行为、态度或生存状态的意识，促使其在后续项目运作过程中成为一个"积极的受助者和参与者"，这本身就是该服务项目倡导的应有内容之一。从公益组织服务项目运作的关键点来看，项目必须立足于特定的需求，才能有明确的项目设计与实施方向。因此，项目设计前的需求评估既是项目的可行性分析，也是项目设计的依据和导向。需求评估在服务项目运作中本身包含两个环节：第一个环节是潜在服务对象的需求调查，在这一阶段，公益组织依据自身已有的项目运作经验并运用一定的调查方法对潜在服务对象进行需求调查，预估项目设计的必要性；第二个环节是项目确定的服务对象需求评估，项目设计之后，在项目整个运作过程中，项目服务对象的需求评估是持续进行的过程，服务对象需求本身也是一个动态变化的

[①] 关于"需求"，Ponsioen（1962）将"需求"界定为任何人都不应低于其下的一种标准层次；马斯洛（1954）以阶层的方式界定"需求"，认为需求包括生存及心理需求、安全的需求、社会的需求、自尊的需求、自我实现的需求，在处理高层次需求之前必须先满足低层次需求；Bradshaw（1972）认为可以通过四种不同方式来测量需求，即规范性需求、感受性需求、表达性需求、相对性需求。

第3章 社会营销视角下公益组织服务项目的服务对象倡导运作机理

过程，因此需求评估与回应应持续项目运作的始终。研究发现，国内诸多公益组织初步具备了服务对象"需求为本"的项目设计思路。在服务对象需求评估与服务开展过程中，一般包括前期潜在服务对象的需求调查、服务对象的宣传倡导、项目服务对象的针对性需求评估三大环节，并且在这些环节中，初步融入了服务产品、服务价格、服务促销等社会营销核心策略的要素。

1. 潜在服务对象需求调查与项目目标设计

需求调查是公益组织服务项目目标设计与具体服务产品设计的基础。一般情况下，公益组织在设计服务项目之前或多或少都会通过各种形式针对潜在服务对象进行一定的需求调查，以明确项目的服务目标，设计出有针对性的服务产品。一般的需求调查方法包括：①宏观视角的各类大型社会统计资料，如各级民政部门的《社会服务统计公报》；②中观视角的问卷调查、焦点访谈、座谈会等，现在诸多的公益创投项目一般在项目书中明确了服务对象需求调查这一内容，以保障项目设计的针对性；③微观视角的个案需求调查，从关注区域范围内个案的共性，推导出这一类群体的共性需求，能够更为关注到服务对象的个性化需求。研究发现，国内公益组织的潜在服务对象需求调查意识还是比较强的，接受深度访谈的公益组织在进行服务项目设计之前均有不同程度的潜在服务对象调研基础，为后续项目服务目标与服务内容设计提供依据，以此增强项目设计的针对性。

访谈资料

"服务对象的需求调查主要是通过走访调查、资料收集、评估等环节完成，然后按照项目设计的原则评估、梳理项目需求，需要许多具体的工作技巧和负责任的工作态度。因为在一个贫困社区工作，发现社区的共性需求并不是一件太困难的事情，困难的是有能力寻找资源来解决这些社会问题。"（G1公益组织）

"在确定服务对象需求之前，我机构开展过对西部偏僻贫困山区留守儿童的营养和饮食调查，在进一步体检中发现使该类人群患蛔虫病的因素很多，诸如，较差的卫生状况，该类人群的母亲较低的受教育水平，当地落后的医疗状况，当地家庭和学校的水资源匮乏，当地学校教师健康教育的缺失，以及政府对此类疾病预防和治疗没有投入等。而在城市和集镇，这些情况会有所改观。因此，基于基线调查和分析，确定出受益对象，并结合机构自身医疗、康复的专业化程度，确定出具体的服务对象。"（G2公益组织）

"首先进行基地开发，并对老人进行甄选，即进行一定的调查工作以确定老人的需求。"（G3公益组织）

"我们机构在流动儿童相对集中的两个城中村和一个民办学校共设立了三个服务点，开展相关流动儿童生存状况调研，并开展了成长支持等服务，掌握了这个区流动儿童现状和需求相关数据及情况。"（G5公益组织）

"主要通过污染案例确定受污染居民，同时采用社区走访、实地调研、网络调查等方式确定，具体的服务对象通过深度接触和了解进行对接和帮助。"（G9公益组织）

"目前服务对象以湖北地区为主。具体的服务对象和他们的需求根据实地走访调查等各方面情况来确定。我们对特困生的认定标准是家庭条件比较差，例如父母残疾、重病等情况，不是纯粹地按单亲、留守儿童这些标准来认定。"（G11公益组织）

"我们这个项目实施的重点是锁定救助对象，首先我们要走访调查，然后评估其所需帮扶的主要情况和我们能否帮扶的能力评估，然后才选择其是否被列入我们的帮扶对象。"（G14公益组织）

"我们通过报纸、电视等媒体和很多网站进行宣传，发动有需求的人报名。通过对报名人员的筛选，发现想改变自己生活状况的残疾人、有就业需求的残疾人都比较积极。同时，为了报名者都能够参与到这个技能培训中，在面试中，机构的工作人员还会为报名者进行心理辅导，让他们认识到自己的价值，并讲述一些励志的故事，分析自身的问题，涉及个人权益问题的，还会进行一些政治方面的辅导，希望能通过这个项目，让他们都能得到生活上的改善、心理上的健康。经过前期思想上的转变，就可以继续开展技能培训了。"（G19公益组织）

"主要是通过访谈和问卷来确定服务对象需求，访谈群体有农民工子女、农民工子女的老师、农民工子女所在学校校领导、农民工子女的家长。确定服务对象，我们项目直接在两所农民工子女学校开展活动，个案由社工自主发现、学校教师推荐、学生主动寻求开展。"（G20公益组织）

第3章 社会营销视角下公益组织服务项目的服务对象倡导运作机理

> "我们主要是以入户、举办社区活动等形式在社区中进行社区居民需求调查,形成社区导向报告,充分了解社区中妇女、儿童等特殊群体的服务需求。"(G29公益组织)

从以上访谈资料可以看出,参与访谈的公益组织在项目开展前进行了一定的基础调研,具体调查方式包括问卷调查、访谈、服务数据分析等,形成调查数据,以初步掌握潜在服务对象的需求,进而确定具体服务对象以及服务产品,为项目设计奠定基础。

由于服务项目本身具有一定的时效性、周期性、地域性及特殊性,因此每一个服务项目的服务对象都具有区域范围内的特定性。从公益组织对于服务对象需求的关注视角来看,多数公益组织主要从问题视角出发,关注影响服务对象生存发展的问题及其出现的原因。例如,G2公益组织主要是针对贫困山区儿童开展的服务项目,在组织内部确定该类服务项目的设计方向之后,就对所涉地区儿童的餐饮情况进行了实地调查,通过调查分析出该群体易患蛔虫病的因素,并据此设计项目的服务产品与整体项目目标,在一定程度上保障了项目的针对性。又如,G19公益组织主要针对有就业意愿的残障人士开展服务项目,通过多元化渠道吸引有就业意愿的残障人士了解、关注该服务项目,并通过对这些服务对象进行心理辅导激发服务对象的就业意识,树立积极向上的生活态度,继而对服务对象展开针对性的电商技能培训,使其掌握电子商务的知识与技能,提升就业能力,改善其生存状况。

科特勒认为,社会营销的目的是指计划者预计影响目标受众接受、调整、放弃或者拒绝的特别行为方式,具体可以分为行为目的(计划者希望目标受众所做的)、知识目的(计划者希望目标受众知道的)和价值观目的(计划者希望目标受众信仰的)。在确定项目目的之后,便要设定运动目标。运动目标是用来评估项目成果的,理想上是可量化、可评估的,而且都与特定的运动关注焦点、目标受众及日程安排相关。[147]具体到服务项目设计而言,让潜在"服务对象"产生哪些方面的"改变"是项目的核心产品,也构成项目设计的核心目标。例如,助学类公益组织在设计项目的时候可能首先要从其组织使命出发来设计相应的项目,着重于通过一系列服务改变失学儿童或濒临失学儿童的生活状况,使其获得公平的受教育机会;社会工作类公益组织在设计项目的时候除了回应服务对象需求之外,可能还会考虑到政府的职能转变、购买公共服务要求而进行对应的项目设计,既要改善服务对象的生存现状又要回应政府的公共服务需求;还有一些项目设计是回应政府、基金会直接发布的公益项目，着重于践行出资方的使命和定位，且在这一过程中实现组织自身生存与发展；还有一些公益组织在设计项目的时候可能还会考虑现实服务需求以及可操作性等。

> **访谈资料**
>
> "我们这个项目设计出发点就一个核心理念，通过改变和增加人群之间的连接模式，不断地积累社会资本和资金资本，建构社会不同阶层之间的流通渠道，帮助建立各类支持自治性组织，在各类支持性组织中，增加和联系公民社会的基础，进而实现推动社会发展的目标。基于这样的目标，我们的项目可以列为如下几个关键词：联系、进入社区、建立互信、社区互助、社区参与、交流。"（G1公益组织）
>
> "对偏僻贫困山区18000名留守儿童提供蛔虫病相关的卫生健康知识、预防措施，并给予春、秋季（两季）四次集体驱蛔治疗；改善偏僻贫困山区18000名留守儿童营养和健康状况，提高其学习成绩；对偏僻贫困山区18000名留守儿童提供课外读物；对偏僻贫困山区100名最贫困留守儿童提供助学金和学习文具。倡导全社会关注西部偏僻贫困山区留守儿童的营养和健康问题，希望政府部门引起对该群体的关注和支持，期待各地政府卫生行政主管部门加大投入，开展如我们的项目一样的同类活动。"（G2公益组织）
>
> "我们的项目目标是：以敬老院为基地，为城市中75岁以上的孤寡老人和空巢老人提供长期一对一的心灵关怀。"（G3公益组织）
>
> "本项目的创办目标是为心智障碍儿童提供专业的康复训练及教育，为家长提供关怀支持与辅导，倡导社会大众对心智障碍群体的认知与接纳。"（G5公益组织）
>
> "在陪伴他们成长的过程中，让农村孩子建立独立自主精神，培养和激发他们的创造力。帮助他们从小养成凭个人劳动创造自身需要的习惯和具备相应的能力。"（G10公益组织）
>
> "项目目标改善淮河的水质情况，使淮河流域的公众不再受到水污染的威胁，激发公众对淮河更强的保护意识。"（G12公益组织）

第3章 社会营销视角下公益组织服务项目的服务对象倡导运作机理

"致力于农村信息化建设，通过'电脑村计划'建立一个无线终端无缝接入的无线互联网电脑村以及提供免费电脑培训，让村民更多地接触互联网从而改变信息获取方式和改善农村现有环境。"（G15 公益组织）

"该项目重点救助自闭症儿童，希望通过直接为自闭症儿童提供贫困家庭救助金，使自闭症儿童及其家庭多一份生活保障，渡过经济难关；通过提供自闭症儿童教育训练补贴，提高自闭症儿童训练的持续性。促进自闭症服务行业的规范化是我们这个服务项目的宗旨。"（G17 公益组织）

"项目目标旨在通过职业社工介入失独老人养老服务，探索有效服务模式，缓解失独老人心理情感应激性创伤、缺乏生活信心和目标、社会关系破损、社会融入障碍等问题，解决失独老人心理、生活照料等方面的需求。项目在实施过程中，社工一直秉承'助人自助'的理念，尊重、接纳、去标签化是社工介入该项目的基调，这也是开展社工介入该项目的初衷和所希望达到的最终目的。如何能让失独老人之间形成'助人自助'的互助模式，一直是该项目在运行过程中所遵循的目标之一。为此，在实际操作中，一方面，以挖掘服务对象的需求为主，通过评估开展社区、小组活动的形式设计主题方案；另一方面，通过活动的开展，发掘服务对象的积极参与者，为形成自发组织互助小组奠定基础。在这中间，社工以支持者、协调者、资源提供者的角色为服务对象搭建平台。"（G24 公益组织）

"通过推动居民自治项目，使公众感受到从参加到参与、从享受服务到自我服务、从无组织到自我管理、从冷眼旁观到自我监督的一系列变化，从而积极地改变自我意识。因此，目标是整个受益人市场，目的是推动公众和社工一起达成共识，积极参与社区公共事务，进而实现依法自我管理、自我服务、自我教育、自我监督。"（G29 公益组织）

从上述访谈资料可以看出，这些服务项目的服务领域涉及社区发展、水污染治理、贫困地区儿童健康、心智障碍儿童辅导、自闭症儿童辅导、空巢老人服务、失独老人服务等。诸多公益组织服务项目的设计基于服务对象的多元需求，结合组织自身使命和价值，设计出项目的公益产品，并通过一定的服务流程与服务技巧达到项目目标，以回应服务对象的多元化、多层次需求，实现服务对象的"改变"，使其改善自身的生存发展状况。

就本次调查的情况而言，在项目目标设计上，有些公益组织服务项目只是单纯地进行贫困帮扶，如一些扶贫项目、捐资助学项目；有些公益组织服务项目是直接作用于服务对象自身促进其改变，如残障人士电商技能培训项目、农村电脑技能培训项目；还有一些比较深层次的公益组织服务项目，如社会工作类项目，通过赋权增能等手段使目标受众能够实现自助与互助。从表3.4中我们可以看出，以"提升服务对象的生存和发展能力"（例如就业能力提升服务）为主目标的项目占据着主导，在参与调查的327家公益组织中，有138家（42.2%）选择了此项，把提高服务对象的内在发展能力作为主导，在项目目标设计上契合了社会营销改变受众行为目标的理念。与此同时，项目主导目标中选择"向服务对象宣传并促使其接受某些专业知识"的有31家（9.5%），选择"使服务对象建立公益价值观"的有19家（5.8%），选择"改变服务对象的不良行为"的有15家（4.6%），此外，还有124家（37.9%）公益组织选择了包含两个及两个以上项目目标。从中我们可以发现，我国公益组织服务项目的目标还是较为明确的，从解决目标群体生存发展状态为基本入手点，然后逐层提高目标层次，逐步扩大服务对象的"收益"。[①]

表3.4 项目设计目标

项目设计目标	组织频数（家）	频率（%）
改变服务对象的不良行为	15	4.6
提升服务对象的生存和发展能力	138	42.2
向服务对象宣传并促使其接受某些专业知识	31	9.5
使服务对象建立公益价值观	19	5.8
包含上述选项中两个及两个以上的服务目标	124	37.9

2. 服务对象倡导的渠道选择

对潜在服务对象进行需求调查之后，公益组织会基于需求调查的资料分析结果，结合组织自身的使命、组织已有的项目基础与整体实力进行项目设计可行性分析，在确认项目具有整体可行性之后，开展后续的项目设计、筹资（资金、实物、志愿者等）与项目实施。在社会营销过程中，"促销"成为四大核心策略之一，通过一定的促销策略向服务对象传输项目的信息，提升服务对象对服务项目的知晓度、认同度和参与率。

---

① 根据第2章中提到的BCOS模型，目标群体采取行为的驱动力因素为收益、成本、他人和自信。公益组织服务目标应尽可能扩大服务对象的收益，激发其参与服务项目的动力，提升其参与服务项目的积极性。

第3章 社会营销视角下公益组织服务项目的服务对象倡导运作机理

在整个服务项目运作过程中，公益组织应根据实际情况对潜在服务对象进行宣传与倡导，以激发服务对象参与服务项目的积极意识，促使其接纳服务。针对潜在服务对象的宣传和倡导在项目设计和实施过程中具有两个方面的重要价值。其一，激发潜在服务对象积极、主动地表达自身需求，便于组织更为明确项目设计目标，夯实公益组织服务项目设计的现实基础。同时，为后续服务对象积极参与服务项目，实现服务对象"改变"的最终目标提供前期基础。其二，促使潜在服务对象关注公益组织，增加服务对象对组织的信任感，为后续公益组织的项目运作、项目目标的实现、组织使命的达成提供良好基础。

研究发现，国内公益组织或多或少地针对潜在服务对象通过多种渠道开展了项目"促销"，具体体现为针对潜在服务对象的项目宣传、推广。就参与访谈的公益组织来看，在项目设计与立项之后，均会面向服务对象对项目进行宣传与推广，项目的宣传渠道较为多元化，包括入户、电话、社区活动、网络等。此外，除了针对服务对象的直接宣传之外，公益组织还会对项目间接受益人通过各种形式的社区活动提供服务，进而为自己的项目进行宣传与推广。

值得注意的是，以微博、微信为代表的新媒体已经渐渐成为公益组织"促销"的主要传播渠道之一。多数公益组织会选择微博、微信等新媒体渠道进行项目"促销"。通过新媒体进行项目传播的优势在于：一方面，提升项目信息传播的及时性，可以使服务对象能够随时获取项目开展的最新进展；另一方面，相对于花费高、门槛高的报纸、电视等传统媒体而言，新媒体具有门槛低、花费低、传播主体自主性强的优势，公益组织可以依据自身情况选择恰当的方式与渠道面向服务对象进行项目宣传与推广。

访谈资料

"机构通过社区活动与网上宣传开展项目宣传，一方面可以让学员走到户外去做融合，能够提升能力；另一方面网络宣传面较大，接触到的群体广泛，宣传效果较好。"（G5公益组织）

"主要是通过社区活动、微博平台宣传，一方面是因为微博的使用者较多，另一方面是因为机构的人员和资金限制。活动一般是通过微博发布活动消息，但是受关注人数和活动地点的限制，通过微博平台报名的人数较少，主要服务对象是根据合作伙伴的需求来确定。"（G8公益组织）

"因为服务群体无地域限制,网上宣传有利于降低宣传成本。具体流程是社员推荐亲朋好友的链接、每周公众号推广、媒体宣传和论坛、社区留言。"(G21公益组织)

"机构主要以网站作为助学平台,为青海、西藏、甘肃、四川等西部地区贫困孩子提供资助,帮助他们获得接受或改善教育的机会。我们的宗旨是通过网络与现实社会的互动,支持西部教育。我们助学的所有信息在论坛上共享,公开运作。"(G23公益组织)

对于选择入户和开展社区活动这两大"促销"渠道来宣传和推广项目的公益组织,他们多从提升服务对象参与度的角度来考虑,希望通过直接的互动来鼓励服务对象深度参与服务项目。同时,公益组织也会根据项目类型、项目阶段进展进行"促销"渠道的选择与整合。对于不同的项目,也会采取不同的宣传手段。在项目的不同时期,宣传的方式也会有所不同,项目开展初期可以直接到服务对象中进行宣传,而到了中期,为了增加对项目成果的巩固,会运用新媒体的方式。

访谈资料

"我们的项目宣传渠道和推广渠道分为两大类:一类是基层的项目点的建构,另一类是以网络为平台的网络推广。基层的项目点主要完成信息收集反馈、项目进展情况等工作。以我们在广西开展的助养项目为例,我们在每个乡镇都会有基层的联系人和办公点,目前来看,受众的接受程度较高,但因专业水平、资金等都会降低服务对象的接纳度。"(G1公益组织)

"我们的这个项目主要是通过社区活动来宣传。这种方法直观、省时、高效。而开展项目后,为了向捐赠人和社会大众介绍项目成果,则会进行网上宣传。当然,不同的项目会选择不同的宣传渠道。"(G3公益组织)

"我们之所以采取好几种方式,是因为不同的方式会发挥不一样的作用,比如入户方式,可以让服务对象的家长更加了解项目,支持孩子参加此项目;电话方式,定期电话沟通可以与家长、老师互通信息,及时收集交流各方对孩子参加项目后的信息及成长;社区活动方式,可以扩大项目在本社区的影响力,吸引更多家庭参与;网上宣传方式,可以将项目的影响力进一步扩大,引起社会关注,扩大项目影响力。"(G7公益组织)

第3章 社会营销视角下公益组织服务项目的服务对象倡导运作机理

"我们主要通过网络宣传、社区活动、媒体合作进行项目宣传,基于项目的侧重点和策略方式不同进行选择。例如,生活垃圾焚烧信息平台项目侧重于政策推动和信息分享,因而主要是和权威媒体合作,进行传播;而本地的环境教育项目主要是以社区活动、动员公众参与等方式进行。服务对象的接纳程度也参差不齐,主要影响因素有公众的环境意识、受教育水平、项目的传播方式等。"(G9公益组织)

"在宣传中,使用了纸媒,如《徐州日报》《都市晨报》;网媒,如中国徐州网、彭客网、英才网、中新网、中国网、人民网、中华慈善网、中国淮海网;以及电视媒体,徐州电视台、中新网络电视等。之所以运用了这么多的媒体资源,有两方面的原因:一方面是项目发起人有很多媒体朋友的资源,可以免费提供宣传的支持;另一方面是项目刚启动,没有名声,也没有成功案例,通过大的媒体可以快速提升影响力和公信力,并能达到项目宣传的目的。经过对报名学员来源的分析,有2/5左右的报名者是从媒体宣传获知而来的。这些媒体都是项目开展得比较主流和人气比较高的媒体平台。"(G19公益组织)

"我们的宣传渠道有社区宣传、学校宣传、网上宣传等。选择社区宣传的方法是,在社区的公共服务广场开展一些社区居民喜欢的大众、大型社区服务活动,如文艺演出、游园活动,在活动中进行项目的宣传,让社区居民了解社工项目,了解我们要做什么,这种方法让服务对象、服务对象所处的社区环境的居民同时能够了解本项目,对于项目的接纳度与环境同步,不会让服务对象感觉到自己的特殊性,利于服务对象的接纳。学校宣传主要是和学校领导多沟通,在学校进行一些海报宣传,并整合社会资源,项目初期在学校开展一些日常关爱活动,给服务对象引进一些社会关爱,让服务对象对社工、社工机构产生信任感和好感,逐渐在学校开展其他的活动,如学校运动会、读书活动、减防灾学习、公益小天使等活动,让服务对象逐渐加大对活动的参与度。网上宣传主要是结合机构特色,机构有较大的志愿者团队,项目宣传在QQ群里进行,让志愿者再转发宣传,同时机构官网、机构公众微信、机构微博也会即时同步进行项目宣传,并配以项目微电影的拍摄和网上宣传,让更多的人了解本项目。"(G20公益组织)

在实际调研中,作者发现线下宣传途径仍然是公益组织"促销"的主要渠道,公益组织主要通过面对面宣传、社区活动、利用既有服务网络拓展等多种形式面向服务对象展开倡导,以激发服务对象参与服务项目的意识和热情。

访谈资料

"志愿者走访学校，访谈学校老师及学生家长。前期招募志愿者，发放访谈问卷，由志愿者下乡进行走访，这样一方面可以了解到孩子们和家长的需求，另一方面也更为直接地宣传了我们这个项目。"（G6 公益组织）

"通过入户、社区活动方式向当地村民进行项目宣传，并在污染区及污染企业确定之后，针对周边的村民进行法律权益宣传并提升其维权能力，让村民对环保企业进行监督。村民的维权意识还是比较薄弱的。"（G12 公益组织）

"我们就采取三种宣传方式，第一种进入工人聚集的地方，算是入户进行宣传，例如进入工厂、工地、工业园区直接与工人进行面对面的宣传和推广；第二种进入工人生活的社区，开展一些社区活动，让潜在的服务对象都参与到活动中来，进而也能了解到我们的这个项目；第三种通过打工子弟进行推广，这也就算是一种宣传吧，小孩们将信息带回家给父母，他们也就了解到我们的这个项目了。"（G13 公益组织）

"宣传方式有办电脑免费培训班，鼓励村民来参加；办'民星'演唱会，编排一些演唱节目，同时宣传'兴农之翼'活动。此外，组织村里的小朋友进行素质拓展和支教互动，以此推广项目。"（G15 公益组织）

"借助东莞既有的社工服务网络，让尽量多的社工了解项目，他们就自然成为潜在的宣传点，当他们在服务工作中遇到青少年群体时，会知道借助项目来开展服务，实现双赢。"（G16 公益组织）

"该项目的促销渠道包括宣传招募、显示屏滚动宣传、服务活动展现、媒体报道、自编邻里报、小区精英带头人效应、志愿者宣传服务队等，如成立'绿娃娃'志愿者服务队在社区开展服务，吸纳居民加入该项目，扩大了该项目的影响力和号召力。"（G29 公益组织）

由表 3.5 可见，选择"与服务对象一对一交流"的公益组织有 123 家，选择"举办现场公益宣传活动"的公益组织有 167 家。与此同时，我们也可以看到在线上宣传途径中，新媒体诸如微信（通过微信公众号或公益组织成员的个人微信宣传），官

第3章 社会营销视角下公益组织服务项目的服务对象倡导运作机理

方微博,以及QQ、MSN等即时通信工具是线上宣传的主要途径,选择频率分别为38.2%、36.1%、32.1%,传统方式如电话、短信以及电视、报纸等宣传则占据份额较少,选择频率分别为29.1%、27.5%。从该表中数据我们可以清晰地看到,公益组织项目宣传渠道的变化呈现出"两头大、中间小"的局面,即面对面的公益宣传活动、与服务对象一对一交流活动这两大线下倡导方式仍然占据较为重要的位置,微信、官方微博成为新的两大主要宣传倡导方式,这也预示着传统媒体在公益组织项目活动中逐渐褪去主导地位,信息技术的发展将引领公益组织采用新媒体传播的新趋势。

表3.5 面向服务对象开展宣传和倡导渠道

渠 道	频数（家）	频率（%）
电话、短信等通信方式	95	29.1
官方微博	118	36.1
官方微信	125	38.2
电子邮件	21	6.4
QQ、MSN等即时通信工具	105	32.1
通过电视、报纸等传统媒体宣传	90	27.5
与服务对象一对一交流	123	37.6
举办现场公益宣传活动	167	51.1
其 他	18	5.5

在实际研究中我们也发现,新媒体渠道与传统渠道仍然是公益组织服务项目"促销"的主要渠道,对于公益服务领域来说,如环保公益、助学公益、助残公益、救灾公益等都需要参与人员长时间奋斗在第一线,为服务对象提供面对面宣传与倡导以及一线服务,通过服务传递公益价值,因此公益组织应根据项目的目标人群将线上宣传与线下宣传适当结合,根据项目运作需要与目标人群的媒介使用特点来选择具体的宣传与倡导方式。

3. 服务对象倡导的价格设计

在具体执行服务过程中,公益组织会根据项目目标进一步确定项目的具体服务对象,以使服务项目能够顺利实现项目目标。为了使服务对象能够适度"改变",也就是说,服务对象或改变自身的生存现状,或提升自身的生存技能,或改变不利于自身及社会的态度、行为等,公益组织需要在项目执行过程中考虑服务对象参与服务项目的价格,合理测算服务对象参与服务项目的"成本",尽可能地降低服务对象参与服务项目的货币成本，时间、努力、体力等非货币成本，以及心理风险与损失等社会风险成本。

就实际项目运作来看，受项目的有限公益资源、项目参与的便利性、服务对象参与项目的成本等多种因素影响，项目的实际服务对象往往是项目设计中潜在服务对象的一部分。例如，一个助学类服务项目，公益组织在实际调查了区域内需要资助儿童的需求后，进行项目设计并进行项目宣传与推广，一般就要进入下一个环节，即项目服务对象及受益群体的确定。服务对象可能就是参与需求调研的人群，有时候则需要更进一步细化分析，利用有限的公益资源重点为部分服务对象解决现实所需。

同时，为了达成项目目标，公益组织会考虑降低服务对象在服务项目中的"成本"付出，以吸引服务对象参与项目和规范服务对象的行为。在实际服务项目运作中，服务对象需要付出努力、时间、精力等参与项目，这就是服务对象的成本。就当前项目运作实际来看，较少有项目涉及服务对象的货币成本，主要涉及的是时间、精力以及潜在的可能性风险等非货币成本。同时，公益组织在降低服务对象可能的时间、精力成本付出的同时，也逐渐着手吸纳服务对象能够更为深入地参与服务项目，促进服务对象的能力提升。研究发现，项目运作中，服务对象的角色一般是"受益者"或"参与者"，但是有时候也会是"督导者""政策倡导者"，或者是"自主领袖"的角色，这就需要参与者具备一定的集体谈判能力，同时也意味着服务对象需要付出较多时间和精力成本，并可能会承担一定的社会风险；此外，有些项目还会对服务对象进行约束和规范管理，以保障服务项目目标的达成。

访谈资料

"通常强调服务对象的'参与性'。我们也注重项目服务对象的积极参与，能使项目更切合实际，产生更好的社会效益。项目服务对象应该在项目过程中积极参与，有效沟通，充分受益于项目。参与、沟通、建议、展能、受益等是最基本的要求。"（G2 公益组织）

"服务对象在服务过程中承担了服务接受者、服务施受者的角色；服务对象基本要求是居住在社区的流动儿童，能够遵守中心的规章制度等即可；希望服务对象通过此项目能够提高安全意识，增强自我保护的能力；除了时间与精力，其他不需要服务对象付出。"（G7 公益组织）

第3章 社会营销视角下公益组织服务项目的服务对象倡导运作机理

"只需要承担参与者和传播者的角色;对服务对象没有很高的要求,只需要参与者在参与过程中注意安全,服从指挥就好。希望服务对象可以有价值观和行动方面的改变,期望通过参与活动可以提高他们的环境保护意识,增加他们社会参与行动的次数。这需要服务对象付出一定的时间成本。"(G9公益组织)

"我们希望工人了解集体谈判,工人领袖具备集体谈判的能力,熟悉集体谈判的基本程序,学会和资方进行有效的沟通,并且将学会的知识用于实践。在推动工人知法、懂法、守法的基础上理性地维护自己的合法权益,将暴力和冲突事件减少。"(G13公益组织)

"'以工换食宿'的项目新概念,为广大青少年提供另一种生活体验(The Second Life)平台。'工'包括农耕体验、建造维护、志愿服务和外展宣传四项工作,参加者通过完成一定的工作量来换取在农舍的免费食宿安排,除了可以和一起付出艰辛劳动的舍友相互交流、反思人生,还能给被遗忘了数十年的康复村村民带来更多的社会关爱。"(G16公益组织)

"通过线上、线下电子商务教学培训,其中线上工具会选择YY、QQ群视频,同时也会利用老师录制的视频课程进行教学,如淘宝大学、京东大学、苏宁大学、站长网等资源。在线下的培训地点是机构自己建设的培训场地,为了便于残障人士参与培训,基于以下条件对培训地点做了选择:一是交通方便,徐州市区很容易到达的地方;二是无障碍设施齐全,或者有电梯,以及一楼、二楼等低楼层的地方;三是价格便宜的地方。授课模式采用线上直播教学,线下集中课堂面授与实践的方式,主要是从服务对象的角度上考虑的。首先方便残障人士选择,有的限于身体原因,只能通过线上网络学习。身体方便的可以集中面授实践。其次,参加的时间可以比较集中。再次,网络辅导不受空间的限制,随时都可以进行交流、询问、解答等。"(G19公益组织)

"该项目需要服务对象在服务过程中承担服务接受者、活动参与者和服务提供者的角色,让他们一起参与到项目活动中,也会让他们在参与项目活动的同时,为社区其他人或是学校其他人进行服务。"(G20公益组织)

"社员加入需履行义务才能享受其他社员对其的保障权利:正式社员须向其他每一个患癌正

式社员支付 m 元（$m ≤ 10$），而对应正式社员如果患癌，将得到其他成员每人 m 元的支付。其中 m 与社员人数有关，为 30 万除以人数，例如 3 万名社员以下，则每人次捐助 10 元，10 万社员每人捐助 3 元。除癌症外还包括其他 29 种大病以及身故，保额 10 万元。"（G21 公益组织）

"该项目降低了社区居民的进入成本和退出成本，并明确告知居民。一方面，对于社区居民来讲，如果不愿意参与公共事务随时都可以退出，没有经济上的成本，而从精神层面会尽力挽留，但也还是尊重居民的意愿；另一方面，社区居民进入该项目只要求有时间、有精力、有公益心并愿意按照居民自治工作思路展开工作，同时带来的预期收益很高，强调社会整体的成本与个人负担的成本会同时下降，从而满足居民对于减少支出的需求，以及对于社会融合的需求，提高居民的社区归属感和幸福感。"（G29 公益组织）

从上述访谈资料可以看出，公益组织在一定程度上能够本着提升服务对象项目收益、降低服务对象参与项目成本的角度运作服务项目，同时在项目运作中也越来越侧重服务对象自身的能力提升，以达成服务对象"改变"的服务产品设计目标和项目的最终目标。

访谈中作者发现，诸多公益组织的服务项目实现了项目的目标，在服务人数、服务频次、服务对象生存发展条件与自身技能改变、相关公益政策倡导等方面取得了较为显著的成效，服务对象获得了多方面的收益，实现了一定的服务项目绩效。

访谈资料

"项目服务 700 人左右，实现的项目目标如下：在一个国家级贫困县初步建立了留守儿童的救助机制，在两个最贫困的社区建立了生产合作社，并销售农产品大概 40 万元。在基层建立了六个基层办公室。在一个贫困社区开始了社区综合发展项目，建立了一个新型的网络平台。"（G1 公益组织）

"项目累计服务 18000 人次左右。其中近 50% 以上的服务对象的生理、心理状况和学习条件得到一定程度的改善。"（G2 公益组织）

"受益对象直接人数每年有 200 人，但是志愿者及其家人也算受益人数，算下来每一个结

对受益人数5人。每人服务20次，每次4小时，总共服务5万多人次。"（G3公益组织）

"项目地以兰州为主，辐射贫困及民族地区；约使190名智障人士和大龄自闭症（依托少数民族日间中心、托养家庭、庇护工厂、艺术中心等）、780个家长（依托热线、家长沙龙与减压等）、30名社工（依托征文、系列沙龙）、3350名公众（依托网站、热线等）、10家NGO受益（5家在兰州外）。"（G4公益组织）

"受益对象为该村流动儿童及其家庭1250人以及学校、社区、社会3000人以上，仅机构在该村的服务站，截至2013年，已走访村中635人，为服务对象建档167个，个案35个、小组25个、开展活动162场，服务近6000人次。服务对象在参与服务中获得成长，由服务的接受者变为'服务的施受者'，成立了社区小义工队，并关注社区安全及卫生，学习活动策划与开展等，在服务中提升服务对象的自信心及积极性，有效促进了服务对象的成长。"（G7公益组织）

"长期跟踪的一对一资助对象有700人，开展其他活动的受益人数有2000多人。"（G11公益组织）

"从2012年9月开始，在一年的项目周期内，为近1.5万名农民工提供法律法规、谈判技能、沟通技巧等方面的培训、宣传、咨询等法律服务。"（G13公益组织）

"截至2012年7月，捐助人数18000人次，已经有33人大学毕业并找到工作。"（G14公益组织）

"三年来，本项目已直接资助38人次贫困自闭症儿童家庭，补贴贫困自闭症儿童家庭的训练费用与生活开支，并通过开展4次社会融合活动、2次自闭症日宣传倡导活动、2期家长培训班与同行机构公开课交流学习活动，改善了自闭症儿童生活质量与家庭关系，促进公众了解、认识与接纳自闭症人士，并在一定程度上推动了行业发展。"（G17公益组织）

"项目在职业社工介入计生特殊家庭帮扶模式方面取得了一定程度的服务成效，项目直接受益对象共计269户，422人。项目成效主要表现在：①社工运用专业工作方法缓和失独老人应激性创伤；②社工协助失独老人修复社会关系破损，重塑社会支持体系建立；③社工整合资源协助解决失独家庭个性化、紧迫性需求。"（G24公益组织）

这些公益组织的服务项目还取得了较为广泛的社会影响，使公益组织自身践行了公益理念与价值传播的功能，引领了其他公益组织、企业等对项目实施地区服务对象的关注与参与，也影响到所在地区相关社会政策的制定与实施，初步营造了公益生态圈。

访谈资料

"该项目获得了广泛的社会影响，单是我们的基层办公室，每年募集到的专项物资就价值上百万元。和一些本地的小微企业也建立了联系或者合作。目前和大型的基金会还没有开展合作及资助。"（G1公益组织）

"蛔虫影响儿童身心成长，也影响儿童智力，对一代人的健康造成了严重不良影响。本项目使18000名儿童保持健康，此项目亦可在中西部地区进行全面推广。项目使农村留守儿童免受长期营养不良、身心健康障碍和智力发展障碍。项目为农村儿童普及了健康知识，提高了生活素质，降低了医疗费用，在低成本情况下改善了其营养状况，使政府和民间的爱心午餐充分发挥作用，保障了留守儿童的健康，促进了社会公平正义，产生了良好的社会效益。连续四年得到4家基金会和1家企业的资助，另有数家公益组织提供了学习用品。"（G2公益组织）

"该项目的开展与宣传倡导也影响了地方企业、社会大众、相关政府部门以及一些政策的制定与出台。"（G5公益组织）

"……荣获2012年度本市青年社会组织十大公益项目典范项目；2013年首届公益映像节'十佳公益短片奖'；2013年区社会组织优秀项目；《流动儿童家庭教育状况的研究报告》荣获2013年区社会组织奖；项目荣获2011年度区社会组织'十佳案例'入围奖。"（G7公益组织）

第3章 社会营销视角下公益组织服务项目的服务对象倡导运作机理

"该项目目前已经影响到整个垃圾焚烧行业,对于国内垃圾处理都有一些影响,另外也引起一些回收企业的关注和合作。"(G9公益组织)

"之前政府是为了支持项目创新所以实验性地资助我们。看到成效后,近期政府试图推动财政将其纳入常规财政支持项目,将社会组织的项目纳入常规财政支持。"(G16公益组织)

"项目改善了自闭症儿童生活质量与家庭关系,促进公众了解、认识与接纳自闭症人士,并在一定程度上推动了行业发展。"(G17公益组织)

"我们连续两年获得市民政局公益创投扶持。残联等机构也逐步与我们合作,为更多的残疾人提供服务,解决就业问题。企业也逐步与我们进行合作,共同推动地区助残就业的发展。"(G19公益组织)

"我们的项目一方面以较低的支出让中低收入家庭能无压力地享受较高的保障。根据精算师测算,社员一年仅需累计日常支出互助费用200元左右,大大低于参与商业保险的费用支出(30岁时需要2200元/年,40岁需要5500元/年,50岁需要8600元/年)。另一方面使未来的保险业'更接地气':我们机构的未来或将会对现有的保险公司业务造成革命性的冲击,促使现有的保险公司转变,即回归重视投保人的保障、降低保险费率、减少投保人投保成本,让保障可以覆盖更多的人。"(G21公益组织)

"我们在为失独家庭提供服务的同时,也取得了一定的政策倡导成果:①该项目与省计生协、省人口基金会开展的'计生特殊困难家庭社会关怀'项目联动,将'1+3'帮扶模式进行全省试点推广,有效增强了对于计生特殊困难家庭的关怀与支持;②2014年5月26日,省政府办公厅出台《关于进一步做好计划生育特殊困难家庭扶助工作的意见》,文件内容也更加明确了扶助失独家庭工作的方向,促进了基层具体实施措施的出台与落实。"(G24公益组织)

由以上访谈资料可以看出,公益组织基于组织自身使命和价值设计与运作的服务项目为贫困地区的儿童及青少年、智障人士、农民工等诸多服务对象提供了多元化、多层次的公益服务,改善了服务对象及家庭的生存与发展条件,提升了服务对象的生存技能，使服务对象获得了不同层次的收益，实现了服务对象的"改变"，达成了服务项目的目标，践行了公益组织的使命与价值。从这些服务项目取得的社会影响也可以看出，项目传播了公益理念与价值，吸引了更多的企业、公众参与公益服务，有的项目还促成了当地相关部门公益政策的改变，使服务对象获得了更多潜在性收益，促进了公益组织使命与价值的实现，为更多公益项目的设计与运作营造了良好的公益生态圈。

3.2 服务对象倡导的问题分析

研究发现，在项目设计与管理过程中，在服务对象需求评估、服务对象倡导等环节，公益组织在项目目标和具体服务产品的设计、项目宣传和推广的信息和渠道选择、服务对象的成本设计、服务地点选择等方面尚有诸多不足。

公益组织服务项目运作的目标在于"改变"，对于服务对象而言，"改变"主要体现在他们现有生存状况的改变，同时也是激发服务对象的自助互助意识，促使其自身应对生存困境能力的提升。如果服务项目缺乏对服务对象进行精准定位，对服务对象需求缺乏科学评估，那么项目设计与运作就缺乏根基。例如，一些公益项目如扶贫工作，对服务对象缺乏清晰的定位，对服务对象需求也难以把握，导致很多扶贫的效果并不是很明显，反而助长了部分贫困群体"懒病"滋生，结果越扶越贫，难以实现项目目标。

项目目标设计源于服务对象需求调查与需求评估。当前，公益组织服务项目的需求调查与需求评估仍然缺乏科学性与严谨性。首先，需求调查流程缺乏规范性。公益组织针对服务对象的需求评估大多是通过与一些潜在服务对象进行面对面交流，再结合组织自身的项目运作经验做出的。面对面的、小范围的需求调查在推断服务对象需求的广泛性方面存在局限，一定程度上导致公益组织难以准确把握项目需求的广泛性。其次，服务对象需求评估缺乏科学性。公益组织由于时间、精力、人力等因素的限制，在设计服务项目过程中能够抽出一定的时间进行需求调查与需求评估已经对设计服务项目起到了一定的促进作用，但是由于组织人才不足、组织资源有限、负责人缺乏项目管理经验等因素导致公益组织对于需求调查的资料难以进行深度分析，不能很好地从问卷、访谈中汲取更多服务对象的需求，需求分析过于浅显，停留在较为宏观的层面，很难直视服务对象的现实迫切需求。因此，在项目设计上，难以根据组织自身优势设计出有效回应服务对象广泛性、迫切性需求的服务

第 3 章　社会营销视角下公益组织服务项目的服务对象倡导运作机理

项目。在针对服务对象的服务项目宣传和推广方面，公益组织仍然缺乏结合服务对象的主体特征、服务对象接触信息渠道的便利性进行项目"促销"的渠道组合意识，线下渠道仍然是不同类型服务对象接触项目信息的主要渠道，这在一定程度上导致项目信息更新迟缓，影响了服务对象参与项目的积极性与主动性。在服务对象成本的考量上，仍然缺乏从服务对象便利性、可接触性的角度降低服务对象的时间、精力、社会风险等成本的意识和能力。在服务地点的选择上，从访谈的公益组织来看，公益组织难以将项目服务的"聚集性服务"与"一对一服务"有效整合起来，在一定程度上导致有限的人力、物力公益资源难以发挥积聚性公益效应，服务对象也难以满足项目需求。

3.3　社会营销视角下服务对象倡导的运作机理优化

综上可以看出，国内现有的项目在设计运作过程中可能或多或少已经在实际操作当中运用了部分社会营销的理念，如注重需求评估、考虑服务对象的成本付出、扩大项目宣传与推广等。然而，能系统运用社会营销理论针对项目的服务对象进行需求评估、宣传、招募、服务、管理的公益组织仍然较少。

由于我国公益组织自身发展环境与西方有着巨大差距，在长期的公益慈善项目运作中，公益组织与服务对象的关系大部分处于一种"不平等"状态。传统的公益项目大部分是帮助服务对象解

图 3.1　传统服务项目运作中公益组织与服务对象的关系

决现实问题，缓解生存、生活压力，因此公益项目本身具有一定的福利帮扶性质，在这种公益慈善理念的催生下，绝大多数公益组织扮演的角色亦是一种"救助者""施舍者"（见图 3.1）。在这种公益慈善大环境下，我国的公益项目在实际项目运作中虽然对服务对象进行过或多或少的需求调查与需求评估，但是在操作中项目执行方可能或多或少地会存在一种高于服务对象的设计感和权威感，这种项目设计理念可能会影响到对服务对象需求进行严谨、规范的评估，在项目运作中对服务对象也缺乏能力的培养，项目的持续性难以保障，这在一定程度上限制了公益服务效能。

在社会营销视角下，公益组织服务项目、项目执行者以及服务对象的角色需要再定位。项目执行者与服务对象之间的关系更像是一种"销售员"与"顾客"的关系，服务项目则是公益组织所需要出售的"商品"。将服务对象当作顾客，项目执行者从项目运作

伊始就抱着平等、尊重的态度为服务对象提供服务，避免传统公益慈善意识当中片面给予的理念（见图3.2）。

图3.2 社会营销视角下服务项目运作中公益组织与服务对象的关系

与此同时，公益组织将服务项目当作"商品"运用社会营销理念面向服务对象进行宣传与推广，从而将服务对象由被动接受救助的状态转变为主动接纳和参与服务，进而激发其自身的潜能，促使服务对象的改变，达成项目目标，促进公益项目的可持续发展，实现公益组织的使命与价值，也有助于公益组织自身健康发展。

由以上分析可以看出，在服务项目运作中，公益组织能否处理好与服务对象的关系，促进两者之间的良性互动将直接决定服务项目的实施效果以及社会影响力。社会营销提倡用"营销"的思维来运作服务项目，这就要求公益组织本着以"需求为本"的思维方式，着眼于服务对象的多层次改变，如服务对象生存状况的改变是基本的，然后更高层次是发展潜能的激发和生存技能的提升，或者是某些理念的转变，如环保节能意识。

因此，在服务项目运作中，在服务对象倡导环节引入社会营销理念，以改变现有的项目运作理念，调整原有的公益组织与服务对象关系，从"给予关系"转向"服务关系"。在原有社会营销"4P"策略[①]基础之上，重新提炼整合影响公益项目的九大社会营销要素[②]，基于熵权法[③]的评价权值指标确定，对研究数据进行了权重提炼，并从九大项目运作要素中凝练出影响服务对象倡导的六大要素（见表3.6）。

表3.6 服务对象社会营销倡导要素的熵权

要 素	熵 权	排 序
产品（Product）	0	1
价格（Price）	0.5	2
地点（Place）	0.800102	4
促销（Promotion）	0.969417	6
公共关系（Public relationship）	0.981359	7

---

① 指传统的"4P"战略，具体为产品（Product）、价格（Price）、地点（Place）、促销（Promotion）。
② 融合最新社会营销要素的"10P"战略，即产品（Product）、价格（Price）、地点（Place）、促销（Promotion）、公共关系（Public relationship）、政治（Politics）、人员（People）、流程（Process）、项目（Program）、绩效（Performance）。由于针对公益组织的服务项目运作来谈，因此剔除掉项目因素，构成九大要素。
③ 熵权法是一种特殊的赋权方法，本方法的具体运用参见本书第1章。

第3章　社会营销视角下公益组织服务项目的服务对象倡导运作机理

续表

要　素	熵　权	排　序
政治（Politics）	1	9
人员（People）	0.530096	3
流程（Process）	0.986117	8
绩效（Performance）	0.932404	5

注　熵权法赋权中，熵值越大影响力越小。

从以上服务对象倡导要素表中可以看出，排在前六位的要素分别是产品、价格、人员、地点、绩效、促销，因此在运用社会营销理念运作服务项目的过程中，在服务对象倡导这一环节，运用这六大要素进行项目运作，以促成服务对象的改变，使其主动表达自身需求，并积极参与服务项目（见图3.3）[①]。

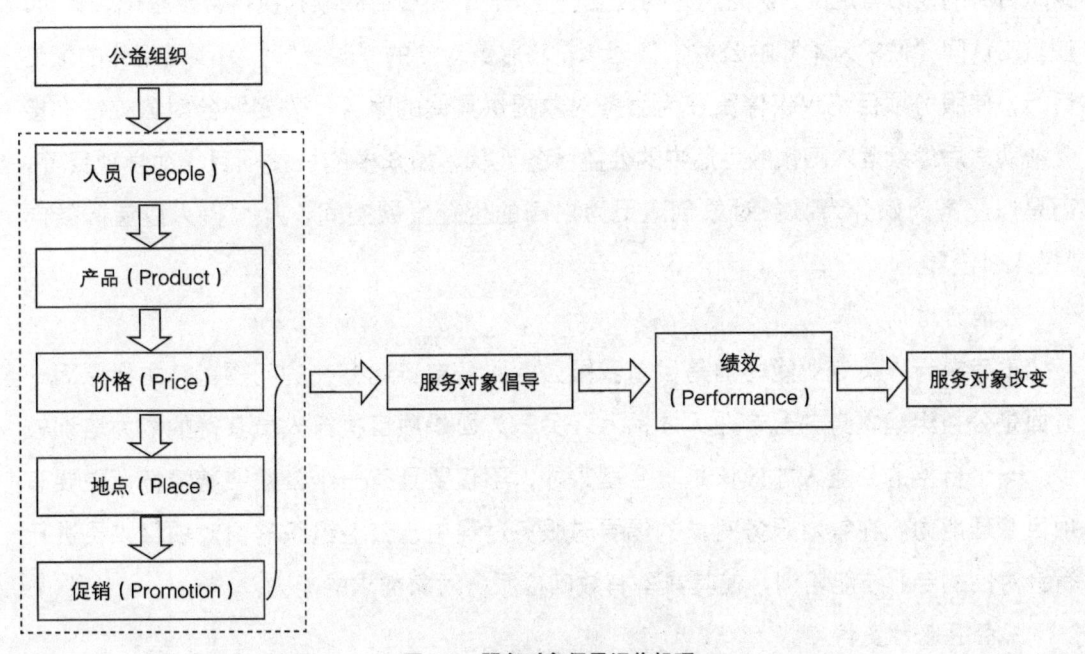

图3.3　服务对象倡导运作机理

3.3.1　人员——保障服务项目有效运行

人力资源是成功的公益组织必须掌控的关键资源之一。就国内公益组织内部人员

[①] 从实际服务项目运作流程考虑，笔者在下文中将这六大要素顺序调整为人员、产品、价格、地点、促销、绩效。服务对象本身就是服务项目运作的基点，所以其内嵌于服务项目中，构成服务项目的要素之一。

091

的构成来看，全职员工、兼职员工和志愿者兼具是多数公益组织的人员构成方式。[①]由于传统慈善公益是一种无条件的付出，因此在公益组织中，员工普遍工薪待遇较低，难以吸引高层次公益人才。与此同时，现有员工的能力素养普遍偏弱，亟须专业督导队伍和规范的培训体系给予公益从业者更多支持。运用社会营销理念向员工输送组织的公益价值理念，提供"精神报酬"，以吸引和留住公益人才，是保障公益组织发展的关键。与此同时，着力于为服务对象提供更专业、更高效的公益服务需要公益组织做好员工的能力培养，其主要包括价值认同、能力培训、督导跟踪支持三个环节。

1. 价值认同

公益服务通常是由员工[②]创造的，二者具有不可分割性。在服务项目运作中，项目员工与服务对象始终处于互动过程中，因此，对于项目执行人员的公益价值理念塑造十分重要。首先，在选择项目执行人员时，需要通过组织"内部营销"使员工明确组织自身的使命与定位，认同组织的公益价值理念，为项目的顺利执行奠定基础。其次，使员工认同"需求为本"的公益价值理念，将服务对象的"改变"作为项目运作的最终目标，使服务项目不仅仅停留在为服务对象提供具体的服务，改变服务对象往往在接受帮助之后继续落入困顿的生活中的公益服务现状，如众多的扶贫项目、助学项目等，而是以服务为媒介为服务对象创造更为广阔的生存发展空间，从"授人以鱼"转向"授人以渔"。

2. 能力培训

项目执行人员专业能力弱是目前我国公益服务中普遍存在的问题，其主要原因一方面是公益组织本身缺乏专业人才输入，另一方面是项目执行人员获得的能力培训较少。一个合格的公益人才应该是复合型人才，不仅要具有一个公益慈善情怀，更要有项目管理能力。在针对服务对象的倡导与服务过程中，公益组织需要对项目人员进行有针对性的专业技能培训，使其具备有效回应服务对象需求的能力。

3. 督导跟踪支持

在服务项目运作中，组织应通过专业的督导跟踪项目执行人员的整个服务过程，一方面为员工提供专业支持，增强员工的工作积极性与主动性，激发员工项目执行的创新能力，减少员工的无力感，最大限度避免因具体执行人员的专业性不足而削弱项目的实

---

① 根据 2015 年《中国公益组织从业者保障状况专题调研报告》，59.2% 的受访机构既有全职员工，又有兼职人员和志愿者，71.1% 的机构有兼职人员。同时，全职员工的整体待遇较低，56.5% 的全职公益从业者月收入低于全国平均工资。

② 鉴于公益组织的人员由全职员工、兼职员工与志愿者构成，因此，这里的"员工"也包含了组织的全职员工、兼职员工以及较为稳定的核心志愿者。

施绩效；另一方面通过督导的跟踪支持督促员工与服务对象建立相对稳定的服务关系，以增强"服务"与服务对象的黏合度，保障项目的绩效。

3.3.2 产品——增加服务项目的实际效用

在社会营销活动中，产品主要指的是所推销的东西，即目标行为方式及这种行为方式为目标受众所带来的收益。[148]这种产品可包含有形产品以及无形产品两种，有形产品即针对目标受众所提供的直接性服务与帮助，可包含现实产品与延伸产品两个部分；无形产品则具有收益渐缓性，其主要凸显在目标受众行为的改变上，即核心产品。例如，针对酗酒的社会营销活动，直接阻止服务对象酗酒的服务是直接产品，通过直接产品慢慢改变服务对象，让其自身理解酗酒的危害从而减少酗酒的行为则是社会营销的无形产品，也是社会营销活动成功之所在。服务项目运作中，针对服务对象的倡导与服务，公益产品设计是十分重要的环节。优质的产品设计不仅能够吸引服务对象参与到项目中，还能够回应服务对象的部分现实需求，在一定程度上实现服务对象理念、知识、行为的改变，从而实现项目目标与目的。在具体项目设计与执行中，从项目绩效评估出发，通过科学规范的服务对象需求评估，结合组织自身的使命与优势，进行公益产品的组合设计，将公益服务的输出成果具体化，将无形的公益服务通过展示组织及员工服务的专业性、营造良好的服务环境等方式实现可视化。并将无形服务层次化，明确服务项目为服务对象所提供的不同层次的产品。核心产品（无形产品）提倡通过人们行为方式的改变间接影响人们的实际收益，现实产品、延伸产品（有形产品）则是针对服务对象现实问题展开的活动，增强产品对服务对象的吸引力，实现项目服务目标。例如，G17公益组织的设立宗旨主要是针对2~12岁自闭症及智障儿童的康复训练，从2011年9月至2014年1月执行的服务项目则是对自闭症儿童家庭进行直接救助。在这个项目执行过程中，其有形产品是直接为贫困自闭症儿童家庭进行资金补贴，在项目执行期间该项目直接资助了38个贫苦自闭症儿童家庭，给予这些家庭自闭症儿童基本训练费用及生活开支。这些是该项目的服务对象最为直接的"收益"，是项目具体提供的有形服务。同时，在无形产品方面，该机构通过对该项目资金的运用及培训的过程，对这些贫困自闭症儿童进行了科学训练，在一定程度上提升了服务对象的生活自理能力、学习认知能力等，为服务对象在日后生活当中完成自理、适应社会奠定了一定的基础，这对于服务对象而言则是长远的"收益"，是该项目赋予服务对象的无形产品，亦是核心产品。

在服务项目设计中，公益产品对于服务对象而言是参与服务项目的"收益"，是项目绩效实现的标志，公益组织在项目运作中需要时刻关注服务对象的动态需求，组合设计公益产品，并尽可能地根据服务对象的需求和个性特征来调整服务，并与服务对象保持沟通，对服务对象进行适时的指导，使服务对象能够理解并感知服务项目的收益，使其积极接受并参与项目服务，实现服务对象收益最大化。

3.3.3 价格——合理降低服务对象成本

社会营销产品的价格是目标受众为了实施新的行为方式所付出的成本。[149]在服务项目运作中，对服务对象而言，使其最大化感知服务项目的收益，最小化感知参与服务项目的成本付出，是公益组织顺利完成服务项目，实现项目绩效的关键要素之一。传统上，很多公益项目被视为简单的慈善捐助活动，服务对象只需被动接受服务即可，不需要服务对象过多付出时间、精力等成本。因此，在项目设计与运作中，诸多公益组织也较少考虑服务对象参与服务项目的成本付出。就项目运作的现实而言，服务对象在参与项目时所付出的成本大部分为非货币形式的成本，主要是时间、精力、体力或一些社会风险等。在降低服务对象的成本方面，当前吸引服务对象的公益项目策略大部分是采取免费参与并给予部分优惠或补贴、发放小礼品等方式吸引服务对象参与到公益项目当中。从社会营销理论的视角来看，应针对服务对象进行综合的成本管理策略，以尽可能地降低服务对象参与项目的各种成本。在针对服务对象价格定位策略上，需要把握以下几个原则：

（1）清晰界定服务对象范围。明确项目针对的服务对象群体，是合理设计服务项目价格、管理项目成本的首要任务。例如，针对贫困儿童开展的公益项目与针对公众开展的公益项目定价是截然不同的。一般来说，针对弱势群体的公益项目，服务对象的货币投入很少，大多为非货币投入，而针对公众的服务可能就会包含货币及非货币的双重标准。

（2）降低服务对象参与项目的成本。对于针对公众的服务项目而言，公益组织要以低于同类产品或服务的市场价格提供更为优质的产品或服务，增加产品或服务的吸引力。对于针对弱势群体的服务项目，在保障其收益最大化的前提下，应尽可能降低参与项目的非货币成本，例如，降低服务对象参与项目的门槛，将服务地点设置在服务对象便利的范围内，服务时间灵活化，以及争取与该服务范围内的权威组织合作来降低服务对象风险等。

(3)提升服务对象的收益。在合理降低服务对象参与项目成本的同时,实现服务对象收益最大化亦是成本管理的重要策略。例如,对贫困儿童教育的公益项目来说,贫困儿童及其家庭的投入可能是时间、精力,而公益组织为其提供的公益产品则是相对稳定的教育资金支持、宝贵的学习机会。公益组织应尽可能使服务对象能够感知公益产品的收益,且组织自身也应通过员工提供更为专业的服务,提升服务对象的收益。

3.3.4 地点——提升服务项目的可接近性

社会营销中的"地点"是指目标市场实施目标行为方式、获得相关有形产品、接受相关服务的时间及场所。[150] 在针对服务对象的倡导和服务过程中,地点策略同样是非常重要的。有效的服务项目必然会考虑到服务对象群体的特征与需求,在服务时间、服务地点的选择上以服务对象需求为本,为服务对象提供便利,以吸引服务对象参与项目服务。

在项目设计阶段,诸多公益组织在服务对象需求调研与评估时一般较为注重接触服务对象的时间、地点的相对集中性、便利性,如开展线下社区推广活动、线上需求调研与宣传活动等。在项目执行阶段,由于服务项目实施的场地限制、资金限制、权限限制等约束条件,客观上导致很多组织在开展服务的时间、地点选择上的自主性也比较弱,同时由于组织自身项目管理经验的不足,致使服务地点选择的策略难以有效运用。随着我国公益组织不断发展,公益组织之间的竞争也随之增加,如何在激烈的竞争中把握服务对象是每个公益组织都需要考虑的问题。因此,从服务对象的需求与个性特征(年龄、性别、文化程度、身体状况、职业等)出发,选择适宜的时间、地点开展项目宣传与服务对于提升服务项目的绩效尤为重要。

从本次调研情况看,一般的公益组织主要从项目资源提供程度、项目执行方便程度、服务对象方便程度来依次选择项目地点。但是在社会营销视角下,项目地点的选择原则应以服务对象方便程度、项目执行方便程度、项目资源提供程度为顺序。在具体的服务项目运作中,公益组织应使服务地点更接近服务对象;根据服务对象特征实行弹性的服务时间与期限;改善服务环境,使服务地点更具吸引力;降低服务对象参与项目的难度;在项目运作的过程中,始终重视员工与服务对象的及时沟通,通过这些策略组合为服务对象提供更为恰当的服务地点,合力提升项目的绩效。

3.3.5 促销——拓展服务项目推广路径

就社会营销而言，促销是一种劝说性交流方式，使目标顾客了解所提供的内容，相信他们会接受其所倡导的利益并付诸行动。促销包括信息和媒体两大部分。信息就是它想要传达的内容，媒体就是使信息传达的时间、地点和传达者。[151]

针对服务对象进行促销是保障项目绩效的有力方式之一。在我国公益组织不断发展的今天，为了提高服务项目的知晓度，针对服务对象的促销设计是非常有必要的。服务项目的促销设计一定要具有新意，并且能够让服务对象较快感知服务项目的目标、项目收益、利益承诺等关键信息，例如，G17公益组织所执行的一项服务项目设计了一个"星宝"的卡通动漫形象，增添了项目宣传亮点。

针对服务对象的促销设计主要从信息以及媒介选择两个方面开展。在信息方面，如何让服务对象了解更多项目信息是项目成功的一个关键。服务对象只有充分了解项目信息，才能结合自身需求考虑是否参与该公益项目。在公益信息繁多、良莠不齐、真假难辨的情况下，信息内容的简短性、精准性设计是非常重要的，在有效的篇幅内，需要向服务对象精准地展现组织信息、项目目标、项目收益、项目优势、利益承诺等关键信息，增强服务对象对服务项目的信任度。在媒介选择方面，以微博、微信等为代表的新媒体已经成为公益组织传播的有效手段，公益组织可以充分整合微信、微博或其他公益网络平台的媒介资源来进一步增强与服务对象的互动关系。依据服务对象的年龄、身体状况、文化程度、媒介接触便利性等因素，综合运用多种渠道进行项目促销，进一步提升传播技能，提升项目宣传的精准性，激发服务对象参与服务项目的动机，提升项目的实施绩效。

3.3.6 绩效——有效回应服务对象需求

绩效测量指的是持续回报服务方案的完成进度，特别是服务方案的输出（效率）、品质以及结果（成效）[152]。对服务项目而言，绩效主要指组织、社区或服务对象等经由服务项目而产生的改变，对绩效的关注应该贯穿于服务项目的始终。衡量服务项目绩效的关键在于科学的绩效测量，项目规范的财务运作与管理是外部（政府、捐赠者等出资方以及项目合作伙伴、媒体等利益相关者）衡量项目绩效的关键。与此同时，项目绩效测量还关注该服务项目提供了多少产出或服务，产品或服务的品质如何，多少服务对象接受了服务，实现了哪些层面的改变，项目的成本效率如何。要达到项目的绩效测量，一方面需要项目评估方设计科学的项目评估方案与评估指标，另一方面需要公益组织自身在项目运作中对项目执行的过程、项目的产出、服务对象的回访等进行档案整理，并做好内部的自我评估。实现外部评估与内部评估的合力，以进一步规范和提升公益组织的项目管理能力，促进公益组织的公信力建设。

对公益组织自身而言，关注项目的绩效就是关注项目促使服务对象产生了哪些改变。在项目设计之初，公益组织就应立足于自身的使命与价值，对潜在服务对象的需求进行科学、规范的评估，并结合组织的优势设计服务项目，回应服务对象的部分需求。在项目运作过程中，公益组织应有员工对服务对象的动态需求满足情况进行阶段性评估，以使服务项目能够依据项目目标适时回应服务对象的需求，并及时做出调整，以保障有限的公益服务资源能够充分应用于服务对象的迫切性需求满足。对服务项目的外部评估方而言，服务项目绩效评估的关键在于设计合理的评估指标。针对公益组织服务项目的评估指标，不应简单地以投入产出比来衡量项目绩效，应该更多地关注项目对于服务对象改变所产生的正面影响。一是对服务对象的满意度进行评估，以强化服务对象在服务项目评估过程中的发言权，更好地了解服务对象对服务的满意程度，以及服务对象在参与服务之后自身感受到的改变。二是应依据项目的需求回应状况、项目的专业执行能力、项目执行中的创新性等要素对项目的执行过程进行评估。三是结合服务对象的范围、服务频次等对项目进行成本取向评估，全面衡量在项目既有服务对象范围、服务内容、服务频次、服务影响力范围内，项目的投入与产出比以及项目的社会效应。

本章小结

公益组织服务项目设计的基础是组织自身的使命与定位，实现组织的使命关键在于能够锁定服务对象，有效回应服务对象需求。因而，在服务项目运作过程中，服务对象的"改变"才是最能真切地反映项目本身的意义。

本章系统地梳理了公益组织在服务项目运作中服务对象倡导的现状。经调研发现，大多数公益组织能够本着自身的使命和宗旨，本着回应服务对象需求的原则，综合考虑组织自身已有服务资源、项目的需求迫切性、最易行动性、服务对象的最易接触性等因素来设计服务项目。就服务对象倡导策略而言，国内诸多公益组织初步具备了服务对象"需求为本"的项目设计思路。在服务对象需求评估与服务开展过程中，一般包括前期潜在服务对象的需求调查、服务对象的宣传倡导、项目服务对象的针对性需求评估三大环节，并且在这些环节中，初步融入了服务产品、服务价格、服务促销等社会营销核心策略的要素。与此同时，在项目设计与管理过程中，在服务对象需求评估、服务对象倡导等环节，公益组织在项目目标和具体服务产品的设计、项目宣传和推广的信息和渠道选择、服务对象的成本设计、服务地点选择方面尚有诸多不足。

应运用社会营销的理论框架，在服务对象倡导与服务过程中，基于产品（Product）、价格（Price）、人员（People）、地点（Place）、绩效（Performance）、促销（Promotion）这一新的"6P"社会营销策略优化运作机理，多方面加强公益组织人员培养；优化公益产品设计，增加服务项目的实际效用；合理降低服务对象参与项目的成本；优化服务地点选择，提升服务项目的可接近性；多渠道精准化促销，拓展服务项目的推广路径；注重项目绩效，关注服务对象需求的有效回应，合力提升公益组织服务对象倡导与服务的效力，保障服务项目的有效实施。

第 4 章

社会营销视角下公益组织服务项目的资金来源方维护运作机理

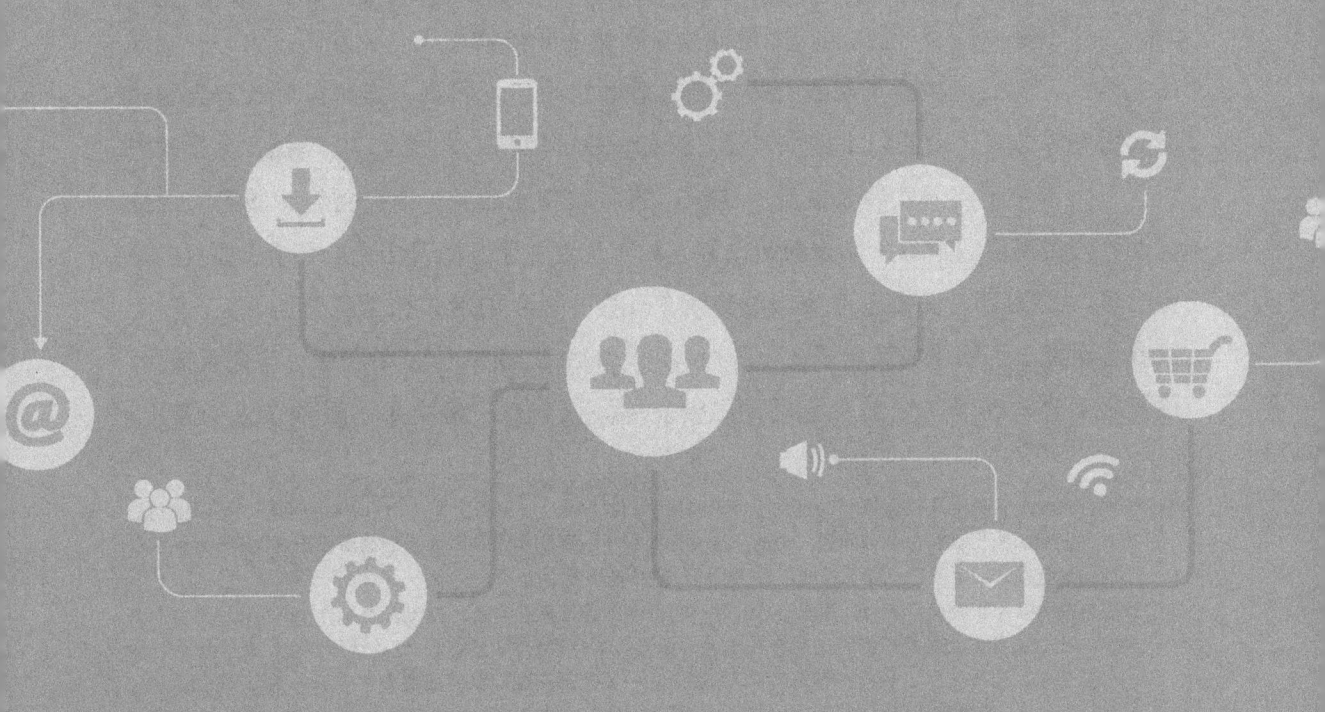

第4章 社会营销视角下公益组织服务项目的资金来源方维护运作机理

随着社会财富的不断积累和成长,越来越多的财富转向公益领域。公益组织服务项目是公益组织向社会或社会特定群体提供服务的载体,由于公益组织服务对象的特殊性(经济上相对弱势、缺乏自我生存与发展的能力等),服务对象自身难以支付接受服务所需的费用,且公益组织自身缺乏稳定的其他收入来源,因此其项目资金大多来源于政府补贴或购买服务、企业捐赠、基金会捐赠或项目开发、个体捐赠等,公益组织与现代意义上的社会企业[①]还有着一定差距。因而,筹资[②](fundraising)一直是公益组织实现组织的使命和目标,维持组织自身生存和发展的关键。从国外公益组织发展看,在其寻求资金发展的过程中,公益项目捐赠者主体普遍都经历了"私人—政府—私人"的过程,即早期公益项目主要依靠私人企业及个人的一些捐赠得以维系,例如,美国早期的一些宗教性慈善组织,发展到一定阶段后政府会通过购买服务等方式向公益组织提供资金。又如,20世纪50年代到70年代,美国政府投入了大量资金用于发展公益服务组织,随后政府逐渐减少对公益组织服务项目的资助,公益项目的捐赠主体重新定位到了私人企业、个人以及由企业和个人成立的基金会等。2009年,美国基金会战略集团(FSG)联合创始人和管理总监马克·R.克莱曼首次提出了催化式慈善概念(Catalytic Philanthropy)[③],引导慈善与企业结合,进而吸引资本市场与公益慈善活动融合发展。该观点一经提出,受到了人们关注,

---

① 何谓社会企业,目前还没有统一的定义,但普遍接受的概念是:应用商业模式,解决社会问题,不以营利为目的的企业。由于以解决社会问题为使命,这使它区别于以赚取最大利润为目标的商业企业;又因为采用了商业的运作模式,也使它不同于单纯依赖捐款的传统公益组织。

② 王韶光将公益组织筹资定义为,基于组织的宗旨和目标,通过募集资金、实物或劳务的方式以满足受助方的需求,并以所募集之物维持组织的生存和发展,是为了维持第三部门活动、完善组织职能,最终满足社会的公益要求,造福于民(参见王韶光.多元与统———第三部门国际比较研究 [M]. 杭州:浙江人民出版社,1999)。因此,筹资对于公益组织而言,既包括筹资金和实物资源,又包括寻找企业、政府、公民个体等公益合作伙伴。本章侧重于资金和实物的筹集分析,有关志愿者管理的内容在第5章论述。

③ 斯坦福社会创新评论,http://ssir.org/articles/entry/catalytic_philanthropy。

第4章 社会营销视角下公益组织服务项目的资金来源方维护运作机理

2012年比尔·盖茨于福布斯美国400富豪慈善峰会上主动阐释了这一概念,并鼓励人们利用资本回馈社会。从我国目前公益组织及其项目来看,其资金来源主体同样集中在政府、企业、基金会、个人四个层面。由于我国公益组织发展时间较短,筹资能力普遍较弱,这客观上导致了国内公益组织筹资的形势更为严峻。因而,对国内公益组织而言,资金来源方[①]的吸引和维护对组织宗旨和使命的实现,以及对于组织自身的健康发展尤为重要。公益组织需要主动寻找资金来源方,让资金来源方知晓、了解、认同、信任该公益组织,并对公益组织的服务项目进行支持甚至参与更深层次的项目。随着政府不断优化公益组织的管理制度与支持政策,公益组织的数量会日益激增。与此同时,个人、企业在公益捐赠方面会越来越理性,政府的资金与项目支持也会愈加向那些区域性发展或亟须解决的社会问题的服务项目倾斜。对于公益组织而言,应将筹资与组织战略和具体服务项目紧密结合,以社会营销为理论指引,面向资金来源方进行筹资,做好资金来源方维护,增强资金来源方的公益价值理念,增加组织自身与资金来源方的良性互动关系,以顺利实现公益组织资金发展与组织使命及价值实现两大任务。

4.1 公益组织服务项目的资金来源方维护现状分析

从国外非营利组织资金来源渠道看,其资金来源主要有四个层面,即捐赠(主要是个人现金馈赠、小礼物)、捐款(公司和公司基金的现金捐款、非营利公司基金现金捐款)、自己创收(销售主要产品和服务、来自非关联企业的收入、会员会费、投资收入)、合伙人收益(公益营销股份、认证费、网站广告费等)[153]。根据民政部发布的《2014年社会服务发展统计公报》,截至2014年年底,各类社会组织接收捐款524.9亿元[154]。这表明,我国的公益捐赠已经进入一个较快增长的时期,社会捐赠氛围已经初步形成,并在一定程度上推动了我国公益慈善事业的飞速发展。随着社会公益文化的初步形成,社会公益政策、法律环境的逐步优化,公益组织的资金来源日益多元化。从公益实务发展的现实来看,从2008年汶川地震引发我国的新公益浪潮到2015年,在这7年时间里,公益组织发展、服务项目的运作日趋完善和成熟。从传统慈善到现代公益,中国公益组织及其服务项目在不断解决新问题中得到进一步发展,如公益人才问题、透

---

① 资金来源方,英文对应为"sponsorship",意为赞助,发起。本书中,作者用"资金来源方"这一概念指公益组织服务项目中的个体、企业捐赠者,为完成自身使命的基金会出资方,以及通过公益创投、采购等购买公共服务方式使公益组织协同服务的政府部门。

明度问题在发展中已经得到一定缓解，但是资金作为现代公益发展的必要条件，依然是公益组织服务项目运作的关键资源，筹资也成为公益组织为完成组织使命与宗旨而持续努力的要务。从公益组织面向个体、企业、基金会和政府等各资金来源方的筹资过程来看，从潜在资金来源方的选择到实际资金来源方的转换及核心资金来源方的维护这一系列筹资环节中，国内诸多公益组织已经在或多或少地运用着社会营销的理念、方法与技巧，在公益产品设计、筹资促销、筹资地点选择、筹资价格设定方面进行了诸多有益的尝试，不断塑造着公益文化并推动着公益筹资创新。

4.1.1 公益产品设计日益契合资金来源方需求

对于公益组织服务项目筹资过程而言，一般涉及三个基本步骤，即根据服务项目的目标选择潜在资金来源方，通过多元化公益倡导将潜在资金来源方转化为项目实际资金来源方，获得服务项目所需的资金与其他公益资源支持，以及在公益组织运作过程中持续做好核心资金来源方维护，培养稳定的资金来源方并吸引资金来源方对公益组织的信任从而参与更深层次的公益项目。对于服务项目的资金来源方而言，公益组织在项目设计之初就应考虑到可能对此类服务项目有资助意向的潜在资金来源方，以使项目的目标更契合资金来源方践行自身使命与价值的需求。例如，中国残疾人福利基金会2013年12月至2014年5月发起的"体验饥饿"的体验式筹款活动，旨在为"集善残疾儿童助养项目"筹款，这个服务项目明确的服务对象群体定位契合了对残疾儿童服务有捐赠意愿的个体、企业需求，从而成功获得公众捐款650613元[155]。作者在访谈中也发现，一些公益组织在筹资过程中已经考虑到如何使项目目标与资金来源方的需求相衔接，将公益产品针对资金来源方的需求进行产品的组合设计，以回应资金来源方践行社会责任、实现社会价值和自我价值的需求，使资金来源方在公益捐赠或资助中获得收益。

访谈资料

"针对不同的项目，确定目标捐赠者。目标捐赠者仍然以基金会为主。在实际情况中，也是在设计项目的同时研究目标捐赠者，只有这样，契合点更多，获得捐赠的可能性才比较大。有时候设计好项目，等待目标捐赠者。一般情况下，没有对捐赠者进行调查。但对潜在捐赠者（主要还是基金会）会进行筛选，并对最佳潜在捐赠者的资助意向进行细致分析。我机构最

第4章 社会营销视角下公益组织服务项目的资金来源方维护运作机理

主要的捐赠群体依次分别是基金会、部分国家驻华使馆、东部沿海某些公益机构等。了解其共同的、有可能（在不太高的成本下）得到改变（或满足的）困境和条件，我们就会对相应的潜在捐赠人的捐赠可能性进行分析，寻机提供项目建议书。这种匹配资源的方式，一是在捐赠人的筛选中节省时间，二是受到资助的可能性相对大一些。"（G2公益组织）

"我们对于捐赠者主要是企业行为，我们的定位是一种合作双赢，对于捐赠的企业，我们会给予他们公益宣传，以帮助企业提升企业形象，提高企业在社会的知名度。"（G20公益组织）

"中心针对全市18～25岁的社区失业青年开展的'阳光下展翅——社区失业青年就业援助项目'在回应社会热点问题的同时，也与汇丰银行教育基金会'德育为先'的理念十分契合，由此获得了该基金会300多万元的项目资助，培训了800多名学员。在与汇丰银行合作的过程中，培训中心不断挖掘这一长期资助方的新公益项目需求，2012年又抓住汇丰银行慈善基金对消费者进行金融教育的需求，设计出'万名进城务工人员金融教育项目'，成功获得了项目资助，也获得了市银监局的支持，成为政府、企业和公益组织合作开展公益项目的成功实践。"（G30公益组织）

随着国务院《关于促进慈善事业健康发展的指导意见》（国发〔2014〕61号）中提出慈善款物"募用分离"，国内许多基金会开始思考向资助型基金会转型，如老牛基金会和浙江敦和慈善基金会就是两家著名的由企业发起的资助型基金会。基金会涉及的服务领域也较为广泛，包括教育、扶贫、医疗救助、环境保护、文化艺术、公益行业发展等。因此，各类基金会既是当前公益领域至关重要的公益组织，其自身在运作公益服务项目的同时也成为其他公益组织的资金来源方之一。调研发现，一些公益组织在服务项目设计中，能够将项目目标与目标基金会的使命与宗旨相结合，从而使提供项目资助的基金会能够践行组织自身的使命与价值，获得较为显著的收益。

访谈资料

"本项目得到基金会的支持，是通过机构提交的项目申请书。机构可以得到基金会的支持，一方面是因为机构的负责人是一个有十年从事NGO工作经验的资深人员，另一方面是机构提交的项目是完整的和可操作的，同时，机构的愿景和理念是契合基金会的要求的。"（G8公益组织）

"是基金会直接支持的,主要是要去推动的事情和该基金会关注的领域相符合,所以沟通申请成功。"(G9公益组织)

"该项目由美国驻华使馆资助。一个项目申请基金会资助,既有可能断层,也有可能会继续合作。组织做的服务内容与基金会的组织愿景比较契合,也有可能是因为基金会想拓展不同区域而做的资助决定。"(G13公益组织)

"我们是基金会资助的服务项目,通过和基金会沟通我们的使命、调研结果、服务对象现状来获得支持的。我们希望能获得基金会资助的原因是我们的使命感和目标。"(G18公益组织)

"本项目是李嘉诚基金会大爱之行资助项目,是通过市民政局申报的,我认为我们组织能够获得该基金会的资助原因是我们选择的服务对象是城市农民工子女群体,是现在社会中出现的一个大的需要关爱的社会群体,我们中心具有我们自己的实力,项目的开展能够起到一定的社会效益。"(G20公益组织)

同时,公益组织还对项目的捐赠者提供一些公益延伸产品,即为捐赠者提供各种参与式、体验式服务,例如,有的公益组织为捐赠者提供参与机构的项目体验活动的机会,有的公益组织为捐赠者提供善款去向的信息服务等,使捐赠者能够产生更为强烈的公益价值感,公益组织也在这种针对捐赠者的服务中提升了组织的公信力,实现了公益倡导。

访谈资料

"邀请参加机构的一些活动,主要是年报的送达与活动的邀请,偶有年终答谢会。"(G5公益组织)

"公开透明的财务制度、项目开展的评估报告等材料,以及定期的项目报告及进展,邀请主要捐赠者实地探访等。"(G7公益组织)

"对捐赠者的要求是独立的个人,认同机构的理念,如果能够有参与感更佳。对于捐赠者,

第 4 章　社会营销视角下公益组织服务项目的资金来源方维护运作机理

> 以项目成果的共享和更多环境教育体验项目的参与作为回馈，建立共识感和归属感。机构文化产品的回馈，相关环境体验活动的服务。"（G9 公益组织）
>
> "主要是对捐赠者进行受助人信息的反馈，让他们及时了解款项的去处。若有捐赠者到项目总部，我们会安排相关的接待活动。"（G14 公益组织）
>
> "在我们的助学项目中，'一对一'捐赠是做得最好的项目。所有信息在论坛上共享，公开运作，捐助资金直接由捐助人汇到西部学校或教育局专用账号，由义工和捐助人代表或者网友赴西部同当地学校共同发放，以最直接有效的方式帮助当地的贫困学生。我们的项目面对捐赠者做得最好的就是透明，捐赠者能清楚地知道每一笔钱都用在哪里了，这样大家愿意相信我们。"（G23 公益组织）

从本次调研数据看，公益组织的资金来源方日益多元化，即使同一服务项目，在项目运作的不同阶段，也包括基金会、政府、企业、个体多种资金来源方。在对 327 家公益组织及其服务项目资金来源的调查中发现，公益组织服务项目的资金来源中单一资金来源与混合型资金来源大体相当，分别为 52.6%[①] 与 47.4%。单一资金来源即选择政府资助、基金会资助、企业捐赠、个人捐赠等，混合型资金来源包含以上两种或两种以上的筹资路径，以及包含有公益服务组织服务性收入部分（见表 4.1）。

表 4.1　公益组织服务项目资金来源渠道

资金来源方	频数（家）	频率（%）	累积频率（%）
政　府	40	12.2	12.2
企　业	29	8.9	21.1
基金会	46	14.1	35.2
个　人	57	17.4	52.6
混合来源	155	47.4	100.0
合　计	327	100.0	

表 4.1 显示，在公益组织服务项目资金来源方比例上，选择个人捐赠的频率为 17.4%，

---

① 此数值即累积频率的 52.6%。

选择企业捐赠的频率为 8.9%，选择基金会资助的频率为 14.1%，选择政府资助的频率为 12.2%。个人捐赠成为目前公益组织服务项目单一资金来源中的主要来源，企业捐赠比例反而较弱。对于这一现象要做具体分析，首先，在我国企业捐赠要区分企业类别，国企、私企以及外资企业等在对待公益捐赠的态度上具有较大差异。国企在我国制度层面上对其履行社会责任有着明确的要求，因此，国企在运作过程中是有定额指标捐赠的，但是大部分资金流向了有政府背景的拥有公募权的机构，这部分资金很少与公益组织直接对接，从而导致了很多公益组织无法从国企中获取捐赠。私企方面，目前由于我国公益捐赠的财税制度还不尽完善，公益组织为私企开具公益捐赠税前扣除票据困难重重，从而导致很多私企的公益捐赠积极性不高。外企方面，外企在进行资金募捐时主要考核公益组织及其项目的公信力，它们有着严格的项目筛选指标，当它们觉得该公益组织公信力较高且符合企业的公益捐赠方向时，外企会有社会责任部门直接与公益组织对接，并以项目的形式进行资金资助。这种形式使一些草根型公益组织处于不利地位，因为很多草根型公益组织项目运作能力不足，且缺乏专业服务人才，财务管理也因缺乏专职财务人员而规范性不足，难以达到外企公益捐赠项目的要求，所以也很难获得大额公益捐赠。

从表 4.1 中的数据还可以看出，公益服务组织获取单一渠道的资金捐助总体比例较低，但并非说明公益组织没有从政府、企业、基金会、个人进行筹资，混合型资金来源比例说明我国已经有很多公益组织在逐步转变筹资理念与方式，多元化的资金来源必然会成为公益组织服务项目运作的趋势，这也将在客观上增强公益组织在项目运作中的自主性，使公益组织能够立足自身的使命与宗旨，本着服务对象需求为本的公益理念进行项目运作。

访谈资料

"该项目先后得到中华少年儿童慈善救助基金会、腾讯基金会、招商局慈善基金会（2013年和2014年连续两年）、深圳市社会公益基金会和招商局天津地产公司资助。通过此前的'留守儿童健康快车项目'，对服务对象进行基线调查后，机构自身出钱，开展小规模试验，并放大规模，待项目基本成形，恰逢中华少年儿童慈善救助基金会招标儿童救助公益项目，我们的项目高票获批；腾讯基金会又开始招标并对'转发微博'（达到11万次之多）达标项目进行资助。我机构人员多，人心齐，使转发量达到要求并获批；就在转发微博的过程中，天津某传媒公司认为本项目有创意，很新颖，易参与，从而穿针引线，使得天津招商地产公司和招商局慈善基金会连续两年资助此项目。"（G2 公益组织）

第 4 章　社会营销视角下公益组织服务项目的资金来源方维护运作机理

"有基金会的直接支持：项目启动时，获得过团区委 5 万元启动资金支持，在运作期间，除了机构部分资金投入以外，还获得了市志愿服务基金会和青少年发展基金会总计 43500 元的支持。2013 年 12 月，项目作为 2013 年度区社会组织优秀项目及自主研发项目，得到区民政局 6 万元资金支持；还得到了香江基金会价值约 2.5 万元图书馆的建立支持。"（G7 公益组织）

"过去两年通过政府的公益创投，得到大部分的资助；此外，也获得了基金会的资助，但是小额；企业、个人的资助也有，也是小额。"（G16 公益组织）

"我们的服务项目最早启动的是 2013 年由省社会工作（者）协会申报、省民政厅审核推荐、获'中央财政支持社会组织参与社会服务项目'资金支持的一项社会工作服务示范项目，其中中央财政支持服务经费 50 万元，省计生协会及项目实施区配套资金 50 万元，共计 100 万元。2014 年，该项目又申报'中央财政支持社会组织参与社会服务项目'并获得成功，且将实施地点扩展到省内其他地市，与此同时，省计划生育委员会、省人口基金会与省社会工作（者）协会联合，将该项目帮扶模式在全省范围内阶段性推广实施。"（G24 公益组织）

从以上访谈资料中我们也可以进一步看到，目前公益组织在服务项目运作中对于筹资均有一定的考虑，同时表现在日常活动中公益组织缺乏稳定的资金支持，因此筹资成为公益组织需要持续开展的组织性活动。与此同时，从英国等欧洲国家兴起的社会企业对我国的公益组织服务项目运作也产生了一定影响，一些公益组织服务项目资金主要来自自身的营业收入或者服务收费，社会企业式运作开始成为我国公益组织运作方式的一个发展方向。

访谈资料

"我们所有的项目都没有基金会和大企业的资助。我们的助养项目捐赠者主要是个人，以普通收入的、中等收入的个人为主。其他项目资金主要来自社会企业项目的捐赠。"（G1 公益组织）

"本项目不是基金会直接支持的，而是大部分要靠服务收费来支持运营，机构通过设计一些比较符合基金会资助方向的项目来争取基金会的资助。需要服务对象支付一定的服务费。"（G5 公益组织）

> "我们一开始主要就希望项目本身能养活自己,因此没有用太多精力去挖掘潜在捐赠者。我们在项目运作过程中,通过'随手公益'义卖活动实现捐赠。"(G16 公益组织)
>
> "我们的捐赠其实有一部分是通过义卖的方式进行的,我们有淘宝网店,会在网上出售一些产品,捐赠者会购买,通过这种方式得到捐赠。"(G17 公益组织)

4.1.2 新媒体成为资金来源方倡导的主要渠道之一

社会营销理论中的"促销"既包括信息的创造,又包括媒介渠道的选择。在公益组织的筹资过程中,针对资金来源方通过新媒体渠道进行组织和服务项目信息的传播,在公益倡导的同时开展筹资,已经成为诸多公益组织的共识。在信息化高速发展的今天,互联网的选择性高、成本低,可以同捐赠者形成直接的联系,互动性强,而且随着网民数量的增加,利用互联网进行公益倡导的受众面广泛、影响力较大,新媒体公益倡导也正在逐渐发展壮大,并有取代传统倡导方式之势。从问卷调查数据来看(见表4.2),公益组织在开展资金来源方的倡导渠道选择方面,传统倡导方式如报纸杂志宣传、线下活动倡导仍然占据着主流,累积频率为56.2%[①],其中通过报纸、杂志等进行项目宣传倡导的选项数量为136个,与大型超市、商场合作进行项目宣传倡导的选项数量为58个,通过电视、广播进行项目宣传倡导的选项数量为96个,线下举办项目募捐活动的选项数量为139个。而新媒体渠道的公益倡导总累积频率为43.8%[②]。但是,从首选、二选以及选项总数量来看,项目新媒体渠道劝募宣传(项目微博、微信宣传)遥遥领先,通过自媒体方式劝募宣传的选项数量为219个,通过组织网站开通在线捐助端口的选项数量为114个,累积频率为43.8%。这说明新媒体是当下公益组织项目宣传倡导的主要渠道。再从公益组织的具体选择数据来看,传统公益倡导模式中,其选择总数次序依次是"举办项目募捐活动"(18.2%)、"报纸、杂志等平面媒体"

[①] 本题为"贵组织面向目标捐赠者开展了哪些主要的公益倡导方式",为限选三项的多选题,并且要求调查对象根据使用频率从高到低排序。并非所有公益组织均选择了所有选项,因为有些组织并无其他营销手段,一般组织最少选择一项,最多选择三项。所以就导致了首选是327条完整的数据,而其他数据并不完整。总频率指的是该选项总数占所有选项总数的比例。这里的56.2%分别为表4.2中前四项数据,即报纸、杂志宣传,与超市和商场合作捐赠,电视、广播媒体宣传、举办项目募捐活动的累积频率。

[②] 分别为表4.2中自媒体劝募宣传和网站在线捐助的累积频率。

第4章 社会营销视角下公益组织服务项目的资金来源方维护运作机理

（17.8%）、"电视、广播项目宣传"（12.6%）以及"超市、商场合作捐赠活动"（7.6%）。如果按照线上和线下再对此数据进行合理分类，我们看到传统网站为主体的线上募捐比例达到30.4%，而线下募捐则为25.8%；如果将微博、微信、QQ等新媒体也纳入线上募捐方式，这样线上获取资金所占据比例将达到74.2%。由此可见，新媒体业已成为公益组织面向资金来源方进行公益捐赠倡导的优选渠道。

表4.2 公益组织服务项目资金来源倡导方式

选择项目	首选数量（家）	二选数量（家）	三选数量（家）	选择总数量（家）	总频率（%）
报纸、杂志等平面媒体关于项目介绍及劝募宣传	57	48	31	136	17.8
与大型超市、商场合作的捐赠活动	9	22	27	58	7.6
电视、广播媒体项目宣传片、公益晚会等	27	38	31	96	12.6
举办项目募捐活动（慈善论坛、拍卖活动等）	71	35	33	139	18.2
项目自媒体方式劝募宣传（项目微博、微信宣传）	113	77	29	219	28.8
组织网站开通项目在线捐助端口	50	34	30	114	15
合计	327	254	181	762	100

在访谈中发现，有些公益组织在筹资过程中更为注重项目自身的公益倡导，并没有明确定位资金来源方。在具体操作过程中，公益组织将服务项目信息及筹款需求通过新浪、腾讯或组织的微信公众号等渠道发布。资金来源方具有很强的自主性，会根据自身的意愿来确定是否捐赠以及捐赠的数额。

访谈资料

"在和捐赠者的沟通过程中，除了利用一些新媒体工具建立连接以外。最主要的就是财务透明，行动有效。我们会利用新媒体工具来传播这两个方面的信息。"（G1公益组织）

"微博、微信、网站、QQ群等。"（G5公益组织）

"我们组织主要是通过网站、博客、空间等平台对捐赠者进行宣传和倡导。没有主动挖掘捐赠者，我们一般如实写出我们所做的事情放到网上。捐赠者主要是社会各界人士，他们都有自己的工作和生活。"（G11公益组织）

"通过网络途径，主要是西部爱心公益网还有微博、微信等。将准确并核实的资料通过联盟网站及西部爱心公益网发布，由愿意提供资助的网友或企业认捐。认捐者根据上述资料直接将捐助款项汇给受助者、受助单位或当地项目负责人。然后，由我们西部爱心公益网的义工落实资助款的去向，并公布在网站上。"（G14公益组织）

"我们一般是通过纸媒与网络宣传，去年开始也进行网络募捐，主要是在腾讯公益平台，我们没有公募资质，是借助公募基金会的资质进行的。"（G19公益组织）

"通过我们机构老社员的微信邀请链接、机构的微信公众号和其他媒体的公众号的配合宣传。在没有大规模推广经费的情况下，只能依靠自身的微信平台和鼓励老社员的协同对外宣传。而且微信渠道是目前最直接和最客观的传播渠道。"（G21公益组织）

手机第三方支付平台如支付宝就开辟了专门的"爱心捐赠"栏目平台，公益组织会将项目信息放在其栏目中，爱心人士会根据自己的意愿进行捐赠。对于这种状态的筹资来说，潜在的资金来源方可以是任意群体，政府、企业、基金会或者个人都具有一定的可能性，具有庞大的捐赠者数量是网络筹款平台的主要特征，但是对于公益组织来说能否成功获得捐赠的操作度则较低，随意性较强。也有公益组织通过多种渠道宣传，以增加项目本身的社会知名度，更容易促进项目吸纳更多资金支持。

访谈资料

"通过新媒体（主要是微博）借助图片和简要文字，可以使项目的目标更加明晰、更加易懂、更加人性化。选择什么样的渠道，通常取决于各个项目本身。即使没有公募权，同样也可以进行宣传倡导，只是不向社会大众募集就行。在特殊情况下的公众募集，如灾难或大病救助，道德和情理成分多过法律。无论是向公众募集还是其后开展救助，透明就是底线。基于我机构的使命和愿景，我们向捐赠者提出申请。使命：成为关注、改善和促进偏远残障弱势群体的福利、服务和权益的省内一流组织。愿景：沟通·融合、友爱·合作、公平·参与、共享·和谐。"（G2公益组织）

"电话、邮件或者微博、微信等新媒体都有用到。但是更多的是面对面，面对面才有感染力。"（G16公益组织）

第4章 社会营销视角下公益组织服务项目的资金来源方维护运作机理

在成功获得资金来源方的捐赠原因方面,很多公益组织都认为组织自身的公益品牌对于筹资成功尤为重要,公益品牌能够向资金来源方展现项目执行方的优势,向资金来源方传达组织品牌性信息,更容易获得资金来源方信任。对公益组织而言,公益组织品牌或其某一个公益项目品牌可以展现独特的社会贡献,对服务对象、资金来源方、志愿者等利益相关者形成承诺,彰显组织的使命和价值观。高价值的公益品牌能够激励组织内部员工工作、促进资金来源方的捐赠、提高志愿者服务水平[156]。

调研发现,公益组织自身认为其服务项目成功获得捐赠的主要原因集中在组织自身品牌建设、项目服务对象的需求迫切性、项目的可接近性、项目的可参与性、项目与捐赠者价值观一致、项目有效的公益倡导等方面。其中,组织自身的公益品牌(捐赠者对组织自身的信任)成为公益组织认为其服务项目成功获取捐赠的首要原因。从表4.3可以看出,从首选数量上看,参与调研的327家公益组织中选择"组织自身的公益品牌"这一项的有131家。所有选择"组织自身的公益品牌"的总选项数量为243家,总频率为29.1%。可见,在我国公益组织发展过程中,组织自身的品牌建设占据着主导地位,是公益组织顺利获得捐赠的重要因素。同时,我们也可以观察到,影响一个公益组织服务项目成功获得捐赠的其他因素依次是"项目服务对象需求的迫切性和广泛性"(16.5%)、"项目的可参与性"(15.4%)、"项目与捐赠者价值观一致"(15.2%)、"项目有效公益宣传和倡导方式"(14.1%)、"项目的接近性"(9.7%)。

表4.3 公益组织服务项目获得捐赠的原因

选择项目	首选数量(家)	二选数量(家)	三选数量(家)	选择总数(家)	总频率(%)
组织自身的公益品牌(捐赠者对组织的信任)	131	64	48	243	29.1
项目服务对象需求的迫切性和广泛性	60	47	31	138	16.5
项目的接近性(项目与捐赠者的自身生活有直接影响)	27	24	30	81	9.7
项目的可参与性(能很好体现成就感和满足感)	37	58	33	128	15.4
项目与捐赠者价值观一致	42	58	27	127	15.2
项目有效公益宣传和倡导方式	30	34	54	118	14.1
合计	327	285	223	835	100

注 调查问卷中该题为"该项目能够成功获得捐赠的主要原因",选项为多选排序题,限选三项,且根据重要程度从高到低排序填写,总频率指的是该选项总数占所有选项的比例,以组织自身的公益品牌为例,即选择总数243家占所有选项835家的比例。

从公益组织服务项目运作来看,项目服务对象需求的迫切性和广泛性可能会是项

111

目成功获取捐赠的关键,然而事实上从实际调查数据中可以看到,一个组织自身品牌的营造为其带来的成功捐赠远远超过现实所需。这使我们深入反思,在公益项目捐赠动机上,项目捐赠主体最关注的究竟是什么?可能他们捐赠初期确实会以服务对象的需求为主导,但是随着现代公益发展,更多的捐赠者无暇或者不能深入了解服务对象的需求,而公益组织正是项目对象与捐赠群体之间的中间桥梁,公益组织将这座桥梁打造得坚实、可靠就能够高效地获得项目捐赠,从而为服务对象的生存与发展提供更优质的服务项目。

目前,国内诸多公益组织及其服务项目尚未形成独特的公益品牌,尽管这些公益组织设计的服务项目是十分契合服务对象需求的,但是由于自身能力欠缺,短时期内还很难形成公益品牌效应,导致组织的筹资阻碍重重,因此集中精力打造一个公益品牌尤为重要。而对于已具有一定品牌效应的公益项目而言,如"免费午餐""体验饥饿"等项目,其公益品牌效应已经凸显,对于这些项目和组织而言,其重点在于公益品牌的维护和创新。

4.1.3 网络成为资金来源方的主要捐赠地点

社会营销理论中的"地点"在公益组织筹资中指的是资金来源方进行捐赠的时间及场所。与新媒体公益倡导方式相对应的是服务项目捐赠方式也逐渐转型,以线下捐赠地点接受资金来源方捐赠的方式也逐渐衰落,取而代之的是较受捐赠群体青睐的银行转账、线上捐款,这使得资金来源方的捐赠时间、捐赠方式更为灵活。从表4.4也可以看出,我国公益组织接受捐赠的"地点"以银行转账、线上捐款为主,其中74.6%的公益组织接受捐赠方式都是银行转账,41%则表示会接受网上捐款。可见,网络平台上的捐赠将会成为主导。

表4.4 资金来源方的捐赠渠道

项目捐赠渠道	频数(家)	频率(%)
银行转账	244	74.6
邮局汇款	44	13.5
网上捐款	134	41.0
手机短信捐款	18	5.5
设定现场募捐点	117	35.8

第4章 社会营销视角下公益组织服务项目的资金来源方维护运作机理

续表

项目捐赠渠道	频数（家）	频率（%）
上门接受捐赠	96	29.4
其 他	15	4.6
合 计	668	204.3

注 在访谈中，为便于访谈对象理解，作者将社会营销理论中的"地点"用常用的捐赠渠道来指代，并在访谈过程中和访谈对象明确此处的接受捐赠的渠道与项目的宣传媒介渠道的区别之处。该题"该项目设定的主要接受捐赠方式是"为多选题，且最多选三项，这样设置的目的是区别出公益组织主要接受捐赠的方式与渠道。

在捐赠地点的设置上，公益组织也注重多种捐赠渠道相整合，将线上捐赠与线下捐赠充分结合起来，并不断创新捐赠形式。

> **访谈资料**
>
> "我们采用的捐赠渠道有很多，如现场捐赠、网络捐赠（加入公募基金会联合劝募平台）、网络众筹等。为了方便捐赠人，节省捐赠人的时间成本，更多的是采用现场捐赠。"（G2公益组织）
>
> "目前开展捐赠尝试还较少，所以没有做相关的宣传和倡导，主要是通过支付宝、办公室这两种途径接受捐赠，一方面便捷易操作，另一方面办公室直接捐赠可以感受机构文化。很多本地人选择来办公室参观了解后捐赠。通过QQ、邮件组、微信等方式分享机构工作，同时也有单线联系，进行及时沟通，效果还不错。"（G9公益组织）
>
> "主要是资金和实物的捐赠。捐赠者主要通过银行转账和直接实物捐赠方式进行捐赠。我们一开始只希望项目本身能养活自己，因此没有用太多精力去挖掘潜在捐赠者。"（G16公益组织）
>
> "社员将每次互助金额先存在个人账户中，机构将在月末统一划扣；这样能统计到哪些社员履行了义务资助，目前是通过微信支付互助金额。"（G21公益组织）

从网络捐赠的发展来看，国内三大网络筹款平台阿里巴巴、新浪、腾讯为中国的网络公益捐赠提供了服务平台，网络正在成为公益组织筹资、公众参与捐赠最便捷的渠道。移动互联网和智能手机的飞速发展为公益组织通过移动互联网筹资成为现实，各种微信、微博以及公益APP成为公益组织新的筹资渠道。《2014年度中国慈善捐助报告》中指出，2014年，新浪微公益、腾讯公益、支付宝E公益三大在线捐赠平台和淘宝公益网店共募集善款4.28亿元，相比2013年增长42.6%，呈现大幅度增长的趋势。其中，通过微博和微信等移动客户端捐赠的人数占总人数的68%，捐赠金额占61%，手机端捐赠已超过传统的电脑端捐赠而成为主流捐赠渠道[157]。与此同时，体验式公益、运动式公益成为公益组织筹款的创新模式，很多项目参与者本身既是捐赠者，又是筹资志愿者，也是公益组织倡导的实施者，使得公益组织在有效回应服务对象需求的同时，也以公益筹资为媒介实现了社会公益倡导，推动了社会公益文化的变迁。

4.1.4 多途径降低资金来源方的成本

社会营销理论中的"价格"在公益组织筹资过程中主要指的是资金来源方所付出的成本，包括时间、精力、金钱及所承担的社会风险（如被筹资方欺骗）等。从上述筹资地点的设置可以看出，新媒体已经成为公益组织筹资和倡导的主要媒介渠道，为资金来源方获得公益组织及其服务项目的动态信息提供了极大便利。相应的网络平台也已成为公益组织接受捐赠的主要地点，这大大减少了资金来源方尤其是个体捐赠者的时间、精力成本。同时，在一些公益组织的服务项目筹款过程中，有的并不设置具体的捐赠额度，而是根据捐赠者的捐赠能力与捐赠意愿；有的根据个体捐赠者的心理承受度设置了较小数目的捐赠金额，例如，腾讯公益基金会设计的"日捐"和"月捐"计划以及"一起捐"的活动，均为小额公益捐赠，门槛低、参与度高，使很多公益组织的服务项目获得了资金支持。G17公益组织在腾讯公益平台为"给心智障碍者的礼物"这一公益项目众筹时，将筹资金额设定为两个层次，"十元钱就能帮助一个走失的心智障碍者回家"，"六十元就能给一个自闭症儿童一个安静上课的小凳子"，以此为心智障碍者筹集购买治疗椅以及防走失手环、徽章等。

透明度是资金来源方关心的重要问题，只有提高公益组织的透明度才能够提升公益组织的公信力，两者之间相辅相成。调研发现，很多公益组织在服务项目运作中通过自身的透明度建设，减少资金来源方可能产生的心理与社会风险，降低资金来源方的社会风险成本，提高其捐赠的积极性。

访谈资料

"我们认为小额捐赠的有效性取决于透明和行动效果，透明是最根本的。"（G1公益组织）

第4章 社会营销视角下公益组织服务项目的资金来源方维护运作机理

> "提高机构的公信力,捐赠人每一份捐款及其用途,都会通过网站、微博等公布,大型筹款活动与媒体一起来合办,邀请媒体前来采访报道,监督善款的使用。"(G4公益组织)
>
> "公开透明的财务制度,项目开展的评估报告等材料,定期的项目报告及进展,邀请主要捐赠者实地探访等。"(G7公益组织)

目前,大多数公益组织通过自己的官方网站定期发布项目工作简报,如表4.5所示,有一半以上的组织选择通过组织的官方网站定期或者及时发布项目工作简报(57.8%)和项目的财务情况(54.1%)。此外,公益组织还在官方的微博或者微信平台上能够及时发布开展的项目活动,让资金来源方及时跟进项目信息,增加资金来源方对公益组织的信任度。相对而言,利用宣传手册进行信息公布的公益组织占有较少的比例(29.7%),这种方式相对其他方式来说成本高,影响范围较窄。

表4.5 公益组织服务项目透明度建设

项目透明度实现方式	频数(家)	频率(%)
通过组织官方网站定期发布项目工作简报	189	57.8
通过组织官方网站及时公布本项目的活动及财务情况	177	54.1
通过组织官方微博公布本项目的活动及财务情况	116	35.5
通过组织官方微信公布本项目的活动及财务情况	108	33.0
制作并印刷项目工作简报	97	29.7
其他	18	5.5
合计	705	215.6

4.2 公益组织服务项目的资金来源方维护问题分析

4.2.1 普遍缺乏资金来源方的精准定位

当前,我国公益组织服务项目资金来源渠道复合化、多元化,筹资方式不断创新。整体而言,公益组织的服务项目越具有持续性和品牌影响力,其越容易获得持续不断的资金支持。虽然总体上我国公益组织服务项目在筹资方面得到了一定发展,但是我国公益组织服务项目还面临着一个较为严峻的问题,即普遍缺乏项目资金来源方的精准定位,导致很多项目的筹资效率不高,也造成了组织整体缺乏核心捐赠者。从以上调研发现,诸多公益组织对于自身的服务项目应当面向哪一类资金来源方进行重点劝募尚缺乏明确性,也缺乏对资金来源方的深度调查与接触,项目筹资的随意性较大,筹资效率不高。

> **访谈资料**
>
> "机构没有具体的目标捐赠者,也没有开展过潜在捐赠者的调查,主要的捐赠群体是企业。"(G5公益组织)
>
> "目前主要资金来源是基金会,还没有开展过潜在捐赠者调查。目前捐赠者群体是我们的会员。"(G9公益组织)

在服务项目的目标捐赠者定位方面,33%的公益组织在筹资过程中缺乏明确的资金来源方定位,约23%的公益组织将目标捐赠者群体定位为社会公众(见表4.6)。由此可见,公益组织在资金来源方定位方面仍然缺乏合理的组织规划,这对于面临激烈竞争的公益组织而言,难以实现资金发展的需要,也难以顺利践行组织使命,实现其公益价值。因此,在项目运作中,精准定位资金来源方,对目标资金来源方进行有针对性的筹资与倡导是当前公益组织的迫切需要。

表4.6 公益组织服务项目目标捐赠者定位情况

目标捐赠者定位	频数(家)	频率(%)
组织核心捐赠者	34	10.4
社会公众	76	23.2
企 业	46	14.1
基金会	63	19.3
无明确目标捐赠者	108	33.0
合 计	327	100.0

4.2.2 缺乏核心资金来源方维护

在我国目前公益组织服务项目发展中,缺乏核心资金来源方是影响项目持续发展的

第4章 社会营销视角下公益组织服务项目的资金来源方维护运作机理

一个问题。从表4.6可以看出,在参与调研的327家公益组织中,拥有核心捐赠者的组织仅有34家,约占10%,这在一定程度上说明了公益组织对资金来源方的维护非常缺乏。在调研中发现,很多公益组织也会在一定程度上对资金来源方进行了关系维护,例如将公益组织服务项目的情况如实向资金来源方汇报以及邀请部分资金来源方参与项目等,但整体处于较低层次的维护状态,公益组织与资金来源方的关系并不紧密。

在国外公益组织发展过程中,核心捐赠者的维护是保障公益组织健康发展的关键性因素,例如国外一些宗教类公益组织,其可以定期从宗教信仰人士群体中获得固定的捐赠。同时,国外已形成慈善捐赠的文化,也使得公民个体成为公益组织的稳定资金来源方。例如,美国的很多公益组织会将捐赠者数据进行分析,对捐赠者进行定期回访,节假日组织有意愿的捐赠者进行项目活动,从而让捐赠者充分参与到项目活动之中,一方面能增强与捐赠者之间的联系,另一方面也能够以最直观明了的方式向捐赠者解说他们的捐赠是如何用于项目运作的,从而增加项目公信力。而我国公益组织自身并无相对稳定的捐赠资金来源,导致公益组织服务项目无法持续化运作,项目品牌也难以塑造。就政府层面而言,目前我国政府面向公益组织提供资金支持的方式有公益创投、公共服务采购、资金补贴等形式,具体是根据各级政府的政策导向,并与年度财政预算紧密联系;同时,还会受到区域性环境的影响,因此对于公益组织来说这一资金来源具有很大的不确定性。例如,东莞2015年有近半数社工机构没有政府购买服务,必须"自谋出路"[158]。就企业层面而言,由于行政制度需要,国企的资金大部分无法直接与公益组织对接,私企和外企需要公益组织自身具有一定的人脉基础和公关能力,因此这对公益组织自身发展起点要求较高。就基金会层面而言,由于基金会在项目资助上有一定的年限规定,这就导致了一般公益组织服务项目从基金会获取的资金支持只能在一定年限以内,同样对公益组织服务项目发展起到一定的制约作用。就个人捐赠层面而言,我国个人捐赠一般处于匿名化状态,导致了公益组织难以与捐赠者形成较为稳定的互动关系,且个人捐赠具有一定情绪化,每个人的价值观念不同,对待同一类项目本身的态度也不尽相同,具有很强的随意性,这也导致了个体捐赠群体的资金来源更为不稳定。

从主观层面来说,目前我国公益组织自身缺乏核心资金来源方的维护意识,即使有部分机构开展了对资金来源方的关系维护,但总体上也依旧无法使其成功转化为相对稳定的资金来源方。总体而言,我国公益组织服务项目缺乏对核心资金来源方的关系维护战略,组织及项目本身对资金来源方的反馈率也普遍偏低,二者关系大多仅仅停留在弱关系层面,忽略了对资金来源方继续开发及深层关系维护,从而导致了项目本身缺乏固定的核心资金来源，影响项目的可持续性发展。然而，在美国等西方国家，公益组织服务项目与资金来源方一般保持着良好的长期关系，项目实施方会通过多种形式增加与捐赠群体的亲密关系，同时通过各种形式的活动及宣传，让资金来源方感受到自己的价值所在。

此外，在服务项目的筹资过程中，公益组织针对资金来源方过于侧重公益理念倡导，缺乏明确的捐赠导向，使潜在资金来源方不确定项目的筹资需求；同时，服务项目本身的目标不明确、服务对象定位不准确、项目的整体创新性低也影响了筹资的顺利进行；在对筹资绩效进行评估的过程中，片面强调筹资的资金数量，而忽视项目的参与人数、捐赠人数、媒体曝光率、新媒体平台的话题参与数、阅读量等信息，也会导致公益组织难以形成自身独特的筹资规划和战略；当然，缺乏专业的筹资人才或者在筹资过程中缺乏有公募权和较高公信力的公益伙伴合作也会影响到筹资绩效。此外，国内尚缺乏专业的劝募机构，目前仅有上海联劝公益基金会以"联合劝募，支持民间公益"为组织使命，通过筹款活动（如"一个鸡蛋的暴走"）、在线劝募（腾讯乐捐、支付宝、联劝网）、推动企业定向捐赠等方式支持民间公益的发展。从国内基金会的运作来看，资助型基金会依然较为短缺，对国内公益服务型组织的引导和资助功能尚未形成。很多大型企业的社会责任部门在履行社会责任、践行公益使命的项目选择和支持上尚未实现规范化与持续性。从国内关于公益捐赠方面的财税政策执行来看，尚未对企业、个人的公益捐赠形成规范、易操作的流程，对公益捐赠的激励不足。从公益组织的整体筹资战略来看，一些公益组织在筹资过程中缺乏项目的"造血"功能，难以通过专业服务获得项目的稳定资金来源，项目极易由于资金链断裂而中断，难以完成项目预期目标，对服务对象也造成不利影响。因此，做好资金发展的战略规划是公益组织健康、持续发展的关键问题。

4.3 社会营销视角下资金来源方维护的运作机理优化

筹资是公益组织服务项目运作过程中永恒的焦点话题，能否筹集到足够的资源是服务项目得以顺利运作的有力保障。随着现代公益理念与公益文化不断发展，以及公益筹资技术的不断创新，如何选择适当的组合策略进行筹资是十分关键的。高效的筹资最为重要的两个要素，一是对资金来源方需求和特征的动态把握，另一个则是筹资方式的策略选择。创新性的筹资方式在当下亦是一个重要因素，例如"冰桶挑战"的募捐奇迹就是由筹资方式的创新所带来的，挑战式的趣味方式、新媒体的广泛传播以

第 4 章　社会营销视角下公益组织服务项目的资金来源方维护运作机理

及社会名人效应共同促成了"冰桶挑战"筹资奇迹的实现。然而,从我国公益组织服务项目筹资现状来看,对资金来源方的吸引、倡导与维护依旧不足,如缺乏精准性的资金来源方定位、缺乏核心捐赠者、筹资策略不当、缺乏稳定的资金发展战略定位等。但从国内公益领域的实践来看,公益组织恰当运用社会营销理论进行资金来源方的吸引与维护是具备可行性的。同时,从以上分析也可以看出,国内部分公益组织在资金来源方维护方面已经或多或少地运用了社会营销中的理念与方法,在公益产品设计、资金来源方成本设定、筹资地点选择、筹资宣传与倡导等方面进行了有益尝试,有一定成效但不明显。在此基础上,作者采用熵权法的评价权值指标确定(见表4.7),针对资金来源方维护的专家判断进行了权重提炼,并从九大要素中凝练出影响资金来源方维护的六大要素(详见本书第1章)。

表 4.7　资金来源方社会营销要素的熵权

要　素	熵　权	排　序
产品(Product)	0.002781	2
价格(Price)	0.155231	4
地点(Place)	1	9
促销(Promotion)	0.994914	8
公共关系(Public relationship)	0.205819	5
政治(Politics)	0	1
人员(People)	0.662091	7
流程(Process)	0.631122	6
绩效(Performance)	0.071135	3

从以上资金来源方维护要素表中,可以看出排在前六位的要素分别是政治(Politics)、产品(Product)、绩效(Performance)、价格(Price)、公共关系(Public relationship)、流程(Process)。在遵循公益组织服务项目一般运作逻辑基础上,将资金来源方社会营销六大要素融入公益组织服务项目运作中,立足于公益组织资金发展的战略视角,提出资金来源方维护的运作机理优化策略(见图4.1)。

4.3.1　政治——使筹资合法合规

政治在社会营销要素中主要指的是在社会营销过程中可能涉及的所有政治要素,

119

```
┌─────────────┐
│   公益组织   │
└──────┬──────┘
       ↓
 ┌─────────────┐
 │    政治     │
 │ (Politics)  │
 └──────┬──────┘
        ↓
 ┌─────────────┐
 │    产品     │
 │ (Product)   │
 └──────┬──────┘
        ↓
 ┌─────────────┐
 │    价格     │
 │  (Price)    │
 └──────┬──────┘
        ↓
 ┌──────────────────┐
 │     公共关系      │
 │(Public relationship)│
 └──────┬───────────┘
        ↓
 ┌─────────────┐     ┌──────────────┐     ┌─────────────┐     ┌──────────────┐
 │    流程     │ ⇒  │ 资金来源方维护 │ ⇒  │    绩效     │ ⇒  │ 资金来源方改变│
 │ (Process)   │     │              │     │(Performance)│     │              │
 └─────────────┘     └──────────────┘     └─────────────┘     └──────────────┘
```

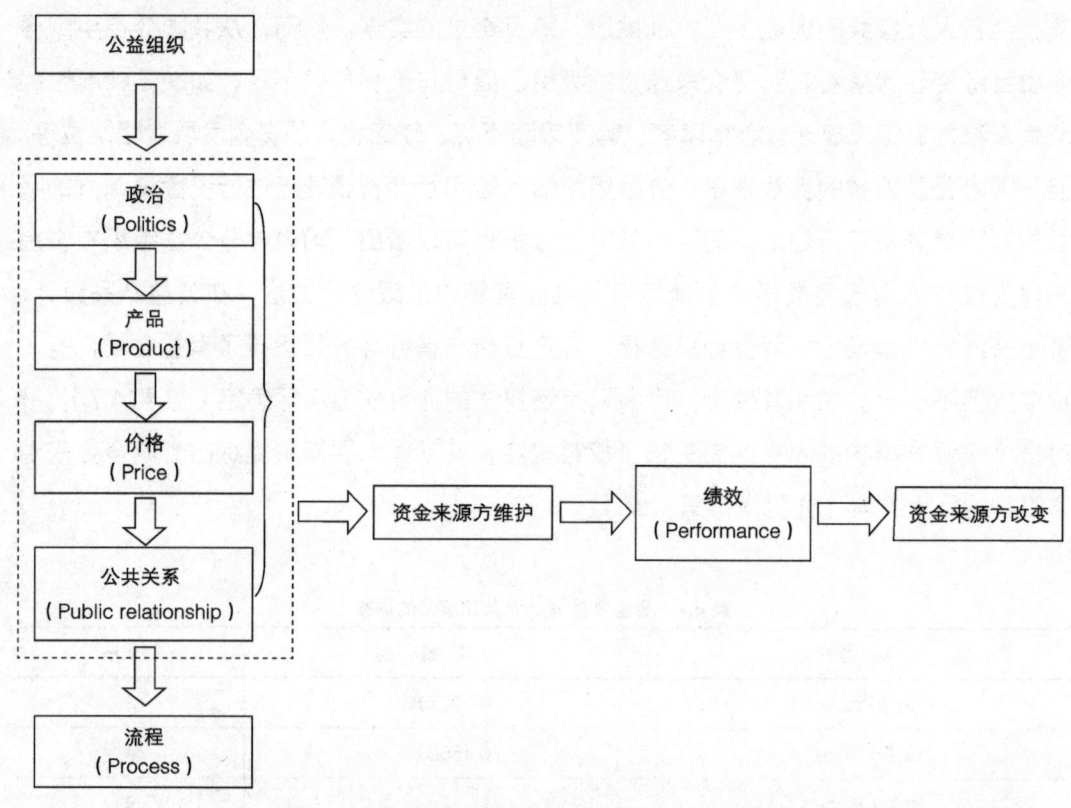

图 4.1　社会营销视角下资金来源方维护的运作机理优化

具体可包括政党、政府、政策等多种与政治相关的概念。从国内外公益发展历程看，公益组织及其服务项目的存在与发展是与政治紧密相关的，其中尤其与政府和政策相关性最为密切。西方国家的公益服务体系伴随非营利组织的迅速发展成为公民生活中重要组成部分。在我国，公益组织及其服务项目运作如果与政府亟须解决的社会问题或公共服务发展理念相吻合，一般会得到政府部门政策、资金、场地等多元化支持，从而使服务项目运作与组织发展均获得较大的成长动力，由此可见在公益组织及其服务项目运作中，政治作为影响要素之一不可或缺。

从客观条件来看，公益组织自身的合法性身份是能够开展筹资的重要前提。参与调查的公益组织中绝大多数已经进行注册，其中各级民政部门注册（包括民办非营利注册以及社团注册）202家，占总体参与调查对象的61.8%；各级工商部门注册16家，占4.9%；各级民政部门备案12家，占3.7%；组织挂靠47家，占14.4%。由此看出，参与调查的公益组织大多以各种形式具备了合法性身份，这为其筹资提供了合法的前提条件。同时，公益组织还应使服务项目筹资具备合法性。在当前各级政府对公益组织的公募权审批较为严格的情况下，公益组织应积极争取与具有公募权的基金会合作

第4章 社会营销视角下公益组织服务项目的资金来源方维护运作机理

进行筹资。与此同时，应准确把握与拟开展服务项目相关的政策，使服务项目与政策引导和支持的公益服务领域相契合。当前，各级政府也相继出台了公益组织相关的登记管理、购买服务、作用发挥、内部治理、财税支持等方面的支持性政策，为公益组织参与政府职能转移、参与政府购买公共服务提供了日益广阔的平台，由此政府的政策导向为公益组织筹资创造了有利条件。政府购买社会组织服务的范围也逐步扩大，覆盖到教育、医疗卫生、养老、社区服务等领域，这为从事相关服务领域的公益组织筹资提供了良好的政策支持。例如，伴随精准扶贫、医养结合等公共服务的战略实施，以教育扶贫、贫困人口就业技能培训、农村电子商务、医疗扶贫、大病救助、农村养老等为服务重点的公益组织服务项目必然会得到政府部门的大力引导与支持，这些服务项目也较容易获得资金来源方的青睐，筹资相对较为顺利。

4.3.2 产品——更加契合资金来源方需求

在服务对象倡导与服务环节，产品要素为影响力最高的要素。在资金来源方维护环节，公益产品分为核心产品（资金来源方进行捐赠或资助时所获得的收益）、现实产品（公益组织面向资金来源方所倡导的捐赠或资助行为）、延伸产品（公益组织为向资金来源方筹资而提供的有形产品或服务）。在核心产品层次，公益组织应根据资金来源方的各自需求和偏好设计并提供资金来源方进行捐赠或资助的收益。在现实产品层次，公益组织在面向资金来源方进行公益倡导的同时，应明确表达对资金来源方的捐赠或资助需求。在延伸产品层次，公益组织应关注在筹资过程及后续的项目运作中为资金来源方提供创新性的服务，例如，定期为核心资金来源方提供各种形式的项目工作报告，邀请项目资助方参与组织的答谢活动，以及为购买公益组织有形产品的资金来源方提供更高品质的产品等。

在具体筹资过程中，应根据行为动机模型（BCOS）使服务项目的设计与潜在资金来源方的要求相吻合。针对不同的资金来源方，应提交不同侧重点的项目书，体现目标来源方的具体偏好与需求，凸显资金来源方的可能性收益。在面向政府进行筹资的过程中，公益组织自身具备合法性，服务项目筹资的目的合法合规比较重要，同时，还要关注所在地域的政策取向和所涉及部门的工作重点，以此判断所需筹资的服务项目获得政府资助的可能性，并尽量在项目书中向政府展示服务项目对于解决区域性社会问题的作用，使政府部门明确资助该公益组织的服务项目所带来的收益。在面向基金会进行筹资的过程中，最重要的是通过项目书向基金会展现该服务项目符合基金会的价值取向和愿景，使基金会明确资助该项目不仅能够解决其所关注领域和人群的严重性和迫切性问题，而且能够实现自身的公益价值。与此同时，社区基金会成为国内公益慈善的新方向。2014年年初，深圳市试点了五家社区基金会，现已推出资助项目30个，交由社工机构和社会组织实施项目21个，服务居民近万次。[159] 社区基金会也成为公益组织开展区域性服务项目筹资的重要对象。在面向企业进行筹资的过程中，要将服务项目与企业公益捐赠的需求相匹配，并凸显企业捐赠的可能性收益。企业捐赠多出于履行企业社会责任的目的，并通过履行社会责任为企业带来形象上的提升，并最终有助于企业盈利。有大量研究表明，现代企业所进行的慈善捐赠越多，其企业所获得融资的概率越大[160]。基于企业履行社会责任、融资和盈利的收益需求，公益组织除了关注其服务项目与企业履行社会责任所关注的领域契合外，还应该在项目书中让企业感受到其公益传播战略可以有效提高企业的社会知名度和美誉度。在面向公众的筹资过程中，针对个体捐赠者，公益组织需要考虑人们的捐赠动机，向捐赠者群体展现项目的目标、对服务对象的影响效果等关键信息，使服务项目与个体捐赠者的需求相匹配。一般而言，公众捐款多数出于在奉献爱心、责任心、同情心的同时获得心理上的满足和社会价值的实现。因此，应更多向个体捐赠者展现项目对于服务对象生存、发展的作用和价值，引起捐赠者的共鸣，激发捐赠热情。

4.3.3 价格——合理降低资金来源方成本

上述已经提到了公益组织通过多种网络捐赠平台的使用以及不断完善组织透明度建设从而降低了资金来源方的时间、精力及社会风险成本。在公益组织设计的公益产品能够让资金来源方获取收益的前提下，通过合理的价格定位，适当降低资金来源方的时间、精力、金钱及社会风险成本则更有利于筹资的成功。安德里亚森认为，非营利组织必须考虑消费者的感知成本。首先，确定定价目标，是否能实现盈余最大化、是否能够使用、是否公平或者是否能满足其他目标。其次，在定价策略上包括成本导向、价值导向和竞争导向[161]。就国内筹资的整体环境而言，在筹资过程中，公益组织应注重两个原则。一个原则是成本最优原则。服务项目成本一般包括项目宣传费用、项目服务费用、项目管理费用、人员工资、项目评估费用等，针对企业、基金会、政府这些组织，公益组织应当在项目书中要列出项目直接和间接费用；针对个体捐赠者，则需及时反馈资金去向。通过严格的成本核算，使资金来源方明确其捐赠或资助额度

第4章　社会营销视角下公益组织服务项目的资金来源方维护运作机理

是经过公益组织认真核算的。另一个原则是心理承受度适当原则。按心理承受度原则定价，考虑资金来源方的心理承受度和捐赠或资助能力，有助于公益组织锁定项目潜在的资金来源方，提高筹资的针对性。

在针对资金来源方的具体定价过程中，可以运用的定价方法①包括[162]：

（1）低价法：指公益组织筹资时针对个体捐赠者设置较低的单笔捐赠额度，例如腾讯日捐、月捐计划以及"公益2.0"通过公益地图（www.ngo20map.com）发起的公益闲置资源利用计划等，以降低捐赠者的参与门槛，最大限度地增加捐赠人数，实现了筹资和倡导的双重目标。针对政府采购项目、公益创投项目可以参照政府的采购价进行完整的项目资金预算，争取提供低于政府预期采购价的合理价格。

（2）参考同类产品定价法：可以降低公益组织自身的筹资成本，同时减少了资金来源方熟悉项目的时间、精力成本。针对个体捐赠者，可以参考同类服务项目的定价法，例如，"公益2.0"项目组2015年在公益地图上发起的闲置资源利用计划，参考腾讯日捐计划，捐赠者可以1元、2元的小额捐赠，不仅可以为众多小额项目筹资，而且实现了项目的公益倡导。针对企业、基金会，则可以了解他们支持同类服务项目以往的资助额度，对公益组织资金管理的成本控制要求等。

（3）打包拆分定价法：根据服务项目设置多层次公益产品，增加资金来源方的选择空间。例如，中国残疾人福利基金会发起的"体验饥饿"项目，将公益产品定价拆分，100元可以为智障儿童提供合适的玩具，200元可以为一名脑瘫儿童提供两周的康复治疗费用。这样能够使资金来源方感知自己的付出能为服务对象带来的具体收益，激发资金来源方的捐赠或资助热情。

4.3.4　公共关系——确定筹资的合作伙伴

公益组织面向普通公众、企业、政府、基金会、媒体等开展公共关系活动，从宏观上可以保障公益组织的"生存空间"，建构社会认同，维护公共利益[163]。公益组织做好公共关系维护的根基在于应当不断提升公信力和透明度，建立起良好的公益组织品牌或服务项目品牌。根据"心创益"发布的《中国非营利品牌报告》，大部分非营利组织尚未具备相应严谨的品牌管理态度，缺乏品牌资料的管理制度，品牌透明度不高，品牌缺乏与公众的主动沟通。大部分非营利组织缺乏舆情监测制度，72%的非营利组织

---

① 此处参考了冯利、章一琪提出的几种公益产品定价方法，包括低价定价法、参考同类产品定价法、打包拆分定价法、竞争定价法、刚性和弹性定价法。

没有面对负面信息的应急预案的。[164] 由此可以看出,公益组织整体需要加强品牌管理,尤其应当加强危机管理,做好日常公共关系维护。

在筹资过程中,各种媒体、其他公益组织、政府、企业等都可能成为公益组织的筹资伙伴,在筹资过程中发挥独特的作用。

(1)与政府部门合作。无论政府是否会成为公益组织开展服务项目的资金来源方,公益组织均应将项目书以恰当的形式送达相关政府部门,并使政府部门充分了解服务项目的目标、给服务对象带来的改变以及需要政府部门提供的主要支持等,为项目的筹资及后续项目的实施争取政府最大限度的支持,增加项目落地的可能性。

(2)与其他公益组织合作。当前具有公募资格的公益组织较少,若要合法合规地为服务项目进行筹资,公益组织应与具有公募资格的基金会合作,且基金会还可以在筹资活动结束之后,对公益组织的项目执行进行一定程度上的监管。同时,为解决专业筹资团队缺乏的问题,公益组织还可以与公益支持组织合作,为筹资活动提供策划、传播等智力支持。

(3)与公益媒体合作。当前,传统的报纸、电视等媒体也开设了诸多公益栏目,公益组织在筹资过程中,可以与这些公益栏目合作,为筹资活动提供较为权威的信息发布渠道。当前,新媒体已经成为公益组织筹资和倡导的主要渠道,因此通过与新浪公益、百度公益、腾讯公益等新媒体公益平台合作提升项目传播的影响力,也为成功筹资提供了极大的便利条件。

(4)与企业合作。企业除了会成为公益组织的可能资金来源方之外,还可能与公益组织有更为深度的合作,成为公益组织的重要筹资伙伴。企业可以通过与公益组织合作出资或者策划活动来倡导某种公益行为(环境保护、节约水资源等)或抑制某种不良社会行为(如酒后驾车行为),可以将其销售与公益捐款相结合,根据销售额和顾客的消费比率来捐赠一定比例的资金或实物给公益组织,还可以为公益组织有形的公益产品提供销售平台支持。公益组织还可以将自身的品牌标志授权给企业使用,企业将所获利润的一定比例用于支持公益组织的服务项目。

(5)与项目的参与者合作。项目的捐赠者、支持者也可以成为志愿劝募者与公益倡导者。当前,运动式筹款、体验式筹款方兴未艾,不仅使公益组织获得善款,而且也激发了公众参与捐赠的热情。例如"冰桶挑战""体验饥饿"等体验式筹款活动,活动参与者不仅自己捐款,还将捐款信息推广到朋友圈,极大地帮助公益组织拓展了捐赠人名单,使公益组织既完成了筹资,又实现了公益倡导。当然,公益组织要为项目参与者提供培训与支持,使项目参与者掌握发动更多人参与的技巧。

第4章 社会营销视角下公益组织服务项目的资金来源方维护运作机理

（6）做好核心资金来源方的维护。公益组织应建立资金来源方数据库，收集组织已有捐赠者、潜在捐赠者的详细信息，并对各类资金来源方信息进行深度分析，以筛选出核心的资金来源方以及他们对服务项目的偏好、需求，通过多种线上线下渠道及时将项目信息、机构发展情况与核心资金来源方进行沟通与反馈，邀请资金来源方以各种形式参与组织活动，并以资金来源方需求为核心，及时根据资金来源方需求调整筹资策略，逐步建立起有效维护资金来源方的长效机制。

4.3.5 流程——使筹资程序更为科学化

流程指的是事物在进行中所涉及的顺序或者布置等，在社会营销中，流程重点突出的是社会营销过程中的程序性，即策略规划布置是需要有一定顺序及次序的。流程一方面指的是服务项目本身在运作过程中需要一套完整流程，从服务对象需求评估、项目设计、执行、评估、公示等多个环节做到合理化；另一方面则是指公益组织面向资金来源方筹资的过程。筹资的基本步骤包括研究潜在捐赠者、确定筹款的目标对象、培养可能捐赠者、培养成熟并开始介绍业务、提出捐赠请求、对捐赠者的认可和问责。[165]当然，资金来源方关系的日常维护对于公益组织筹资尤为重要，良好的资金来源方关系维护使资金来源方对公益组织具有较高的信任度，可以为公益组织筹资节省很多的时间、精力成本，特别是在公益组织自身具有一定公益品牌知名度的前提下，也会使具体项目的筹资活动事半功倍。

具体到筹资流程：

第一步，精准定位资金来源方。就拟开展的服务项目面向资金来源方通过各种途径进行初步的沟通，了解资金来源方的需求与预期收益，制定项目筹资方案。在筹资方案中，要针对资金来源方需求设计公益产品，本着成本原则和心理承受度原则运用多种定价策略为公益产品定价，建立便利的多元捐赠渠道，并制定筹资的推广策略。

第二步，综合运用线上线下媒体渠道进行筹资推广。在这一阶段，公益组织应与各类媒体、企业、基金会、项目参与者等合作伙伴协同开展筹资宣传与推广，向潜在资金来源方明确提出筹资需求。例如，在网络筹款活动中，公益组织与具有公募资格的基金会合作之后，公开筹款具有了合法性。然后，公益组织可以确定新媒体合作方，建立起筹款的核心团队，在确定各方的任务分配之后，就可以通过新媒体平台公开推广，同时还可以通过微博、微信等社交圈"一对一"地进行沟通，获得公益圈有影响力的公益名人支持和参与，并通过新媒体平台扩散，不断扩展捐赠者名单。

第三步，筹资适时反馈与致谢。筹资的适时反馈与致谢也是公益组织资金来源方维护的重要方式。在整个筹资活动过程中与筹资结束之后，公益组织均应通过各种渠道向各资金来源方及时反馈信息、致谢，并提供后续善款使用、项目工作进展等信息的反馈方式，便于资金来源方及时了解项目进展及善款使用情况。针对大额捐赠者，还需签署正式的捐赠合同，并开具公益捐赠收据。

4.3.6 绩效——不断扩大各方筹资收益

绩效测量指的是持续回报服务方案的完成进度，特别是服务方案的输出（效率）、品质以及结果（成效）。[166]对资金来源方维护而言，主要关注项目的服务成效。资金来源方主要关注的绩效问题依旧是公益组织服务项目自身能够创造多大的实际效用，这部分实际效用主要就包含以上产品要素中为服务对象及自身所能带来的价值与效用，而且有研究表明服务绩效对于个体捐赠者而言是重要影响因素。[167, 168]

项目服务成效是公益组织服务项目在进行项目设计及项目预期效果中所要关注表达的问题，需要公益组织不断创新服务项目设计和运作，来保障组织自身、资金来源方、服务对象等各利益相关者的收益。随着资金来源方对公益组织公信力和透明度建设要求的不断增强，政府、基金会、企业作为组织性的资金来源方以各种形式对公益组织服务项目进行多角度评估，例如，委托第三方进行服务项目评估或要求公益组织提供项目评估报告，这在客观上推动了公益组织更加重视项目的实施绩效，也推动了公益组织及其服务项目的品牌化建设，以获得潜在资金来源方的信任，并促使其持续进行捐赠或资助。关注项目的成效，还需要关注项目的投入与产出比例，对公益组织自身而言，在关注各利益相关者收益的同时，还需要进行项目的成本分析，主要涉及公益组织投入的直接成本，包括人员薪水、服务过程中使用的物资、与该项目相关的差旅费等；间接成本包括公益组织为执行服务项目的办公、服务场地租金、水电费用、物业管理费用、通信费用、项目执行的外部协助费用等。成本分析不仅在项目设计之初就有详细的预算，在项目运作过程中也应及时调整项目成本支出，保障各利益相关者的权益，在项目结项后组织内部自评和外部评估也是尤为重要的。具体到服务项目的筹资绩效而言，在筹资活动之前，公益组织就应制定详细的筹资预算，降低组织的筹资成本、提高筹资收益，并在筹资过程中不断调整筹资渠道和推广方式，逐步提升筹资的有效性和高效性。在筹资评估中，应重视一些重要维度和重要指标，如完成目标的程度、捐赠总人数、筹款总额、筹款支出、平均捐赠额、捐赠者参与率、平均筹

第4章　社会营销视角下公益组织服务项目的资金来源方维护运作机理

款成本、筹款回报率等。[169]通过筹资，公益组织可迅速积累资金来源方，获得项目运作的资金支持，并通过服务、体验和倡导增强项目参与者、资金来源方对组织的黏性，为组织自身发展、使命和价值的实现提供持续的资金发展支撑。

本章小结

在当前公益资源竞争激烈的环境中，公益组织需要不断强化自身的筹资绩效以维持组织运营，实现组织使命和价值。从我国目前公益组织及其项目来看，资金来源方包括公益组织服务项目中的个体、企业捐赠者，为完成自身使命的基金会出资方，以及通过公益创投、采购等购买公共服务方式使公益组织协同服务的政府部门。从公益组织面向个体、企业、基金会、政府等各资金来源方的筹资过程来看，从潜在资金来源方的选择到实际资金来源方的转换及核心资金来源方的维护这一系列筹资环节中，国内诸多公益组织已经在或多或少地运用着社会营销的理念、方法与技巧，在公益产品设计、筹资促销、筹资地点选择、筹资价格设定等方面进行了诸多有益的尝试，不断塑造着公益文化并推动着公益筹资创新。

本章首先分析了公益组织服务项目的资金来源方维护现状。经调研发现，国内公益组织的资金来源方日益多元化，即使同一服务项目，在项目运作的不同阶段，也有包括基金会、政府、企业、个体多种资金来源方。在服务项目的运作中，公益组织不仅关注服务项目目标的实现、服务对象生存与发展环境的改变，并且在筹资过程中，将针对资金来源方的公益产品设计与资金来源方的需求相匹配，使资金来源方在公益捐赠或资助中获得收益。在促销渠道的选择上面，新媒体逐渐成为公益组织面向资金来源方筹资与倡导的主要渠道之一。与之相对应，随着移动互联网和智能手机的迅猛发展，"指尖公益"成为捐赠者青睐的主要方式，网络已经成为公益组织接受捐赠的主要"地点"。研究发现，在捐赠地点的设置上，公益组织也注重多种捐赠渠道相整合，将线上捐赠与线下捐赠充分结合起来，并不断创新捐赠形式。在筹资过程中，公益组织还运用多种策略不断降低资金来源方的捐赠门槛，减少资金来源方的时间、精力、金钱、社会风险等货币和非货币成本。

然而，在资金来源方维护方面，公益组织仍然存在一些问题，主要表现在普遍缺乏资金来源方的精准定位，缺乏核心资金来源方的维护。鉴于公益组织资金来源方维护中存在的问题，公益组织筹资过程中应运用社会营销的理念、策略与技巧不断优化资金来源方维护的运作机理，从政治（Politics）、产品（Product）、绩效

（Performance）、价格（Price）、公共关系（Public relationship）、流程（Process）这一新"6P"社会营销策略着手，在政治上，使筹资更为合法合规；在产品设计上，不断优化公益产品组合设计，使公益产品更加契合资金来源方需求；在价格设定上，合理降低资金来源方的时间、精力、金钱、社会风险等成本；在公共关系上，确定适合的筹资合作伙伴；在流程上，使筹资程序更为科学化；在绩效上，不断扩大组织、合作伙伴和资金来源方的筹资收益。通过资金来源方维护运作机理的不断优化，使公益组织探索出更为持续的资金发展之路，以更好地践行组织使命和价值，不断提升社会整体福祉。

第5章

社会营销视角下公益组织服务项目的志愿者管理运作机理

第5章 社会营销视角下公益组织服务项目的志愿者管理运作机理

公益组织筹资分为资金资源和人力资源两部分。联合国将志愿者（Volunteer）定义为"不以利益、金钱、扬名为目的，而是为了近邻乃至世界进行贡献活动者"[170]，指在不为任何物质报酬的情况下，能够主动承担社会责任并且贡献个体时间及精神的人。志愿者自愿、无偿地服务社会，为社会整体福利水平的提升贡献了巨大的公益价值。志愿者捐赠是指志愿者通过志愿服务组织开展的志愿服务所实现的产出价值[171]。

如今，志愿服务已经覆盖到社会的诸多领域，成为公民参与公共生活的重要平台之一。志愿者也是公益组织服务项目运作过程中关键的人力资源之一。从世界范围来看，开展志愿服务是现代国家的共同趋向之一，尤其是从20世纪70年代福利多元主义兴起之后，发达国家将非营利组织的资源和志愿者服务力量结合起来，共同推动社会福利事业，如国外非营利性组织已经开始将志愿者活动作为实施服务的重要途径，从而弥补组织经费的不足。[172]

近几年，国内关于志愿服务的政策法规和管理制度建设日益规范。2013年年底成立了中国志愿服务联合会。2014年，中央文明委《关于推进志愿服务制度化的意见》和《社区志愿服务方案》指出要建立健全志愿服务的招募注册、培训管理、培训机理、使用保障等各项制度，推进志愿服务制度化；国务院《关于促进慈善事业健康发展的指导意见》（国发〔2014〕61号）也提出对志愿服务的支持。2016年5月，民政部牵头推进的《志愿服务条例（征求意见稿）》已经进入向社会各界征求意见的阶段。随着国内志愿服务管理的推进，志愿服务理念逐渐普及，志愿服务队伍不断壮大，志愿服务的领域也越来越广泛，志愿服务组织体系日益健全。志愿者资源也成为公益组织发展中不可或缺的关键资源之一，志愿者已经成为众多公益组织服务项目运作的重要人力资源。正如王名所说，如果人力资源管理体现的是非营利组织和企业、政府在人的管理上的共性，那么志愿者管理则鲜明地体现了公益组织的个性，它是非营利组织所特有的人力资源管理[173]。

5.1 公益组织服务项目的志愿者管理现状

庞大的志愿者队伍需要进行专业化管理，目前，发达国家的政府部门和非营利部门对志愿者的管理已经逐步进入了组织化、规范化、系统化的轨道，同时对如何进行志愿者管理也进行了深入的研究，例如细致分析志愿人员的招聘、选拔、培训、评估和管理。[174] 我国的志愿者队伍也日益壮大，2014年度中国（大陆地区）在官方注册的登记类志愿者为6800万人；服务类志愿者约5000万人，其中民间志愿者为4800万人，企业志愿者为200万人①。由此可见，活跃于各类公益组织服务过程中的志愿者占据了志愿者队伍的主体，他们也成为众多公益组织服务项目运作中志愿者吸引和维护的重要人力资源。就当前国内公益组织志愿者管理的现状而言，在服务项目设计中，一些公益组织从志愿者资源的设置到服务项目运作中志愿者的招募、培训、评估与督导、激励与维护等一系列志愿者管理环节中，或多或少地运用着社会营销的理念、方法与技巧，在面向志愿者的公益产品设计、志愿者招募的宣传与推广等方面进行了各具特色的有益探索，不断塑造着新的志愿服务文化，使志愿者的公益服务更具持续性和创新性，推动全民公益的形成。

5.1.1 公益产品设计与供给日益契合志愿者需求

社会营销中的"产品"在此主要指志愿者从事志愿服务的过程中所获得的各种收益。在志愿者招募与管理过程中，公益组织一方面需要结合服务项目与服务对象的需求，为之匹配适合的志愿者；另一方面需要为志愿者提供契合自身需求和偏好的志愿服务项目，使志愿者在捐赠服务的过程中能够获得一定的收益。在服务项目运作过程中，一些公益组织通过志愿者需求评估、多维度的志愿者激励策略保障志愿者获得核心的收益，并为志愿者提供了多样化的培训服务。

1. 双向的志愿者需求评估初显

调研发现，就公益组织志愿者招募环节而言，一些公益组织通过各种渠道（新媒体、面对面交流等）开展了一定的志愿者需求调查，明确服务项目对志愿者的具体需求，

---

① 国内一般将志愿者分为登记类志愿者和非登记类志愿者。登记类志愿者指由党政各部门和人民团体动员组织的志愿者，包括民政系统的社区志愿者，共青团系统的青年志愿者，文明委、妇联、残联和工会系统的志愿者等。非登记类志愿者包括民间志愿服务组织的民间志愿者和企业组织的企业志愿者。

知晓志愿者对参与服务项目的自身需求（如希望获得一定的专业知识、技能或就业机会等），为匹配契合志愿者自身需求的公益岗位提供信息支持，并为后续志愿者的激励奠定了前期基础，从而在一定程度上保障志愿者在志愿服务中获得所需的收益。

> **访谈资料**
>
> "我机构设在西部偏僻地区，从事的项目活动也在偏僻贫困地区，因此项目活动不大需要志愿者，需要时也不多，而且我机构的专业性较强，只因地、因需而招志愿者。我们一般不大通过新媒体渠道招募志愿者，不看重新媒体的作用。不同的项目和不同项目活动中，对志愿者的要求有所不同。通常情况下，我们会对志愿者从项目参与中想获取的知识和能力进行需求评估，并在其实际参与中使志愿者的知识和能力得到提高。"（G2 公益组织）
>
> "主要通过志愿者之间的口口相传去获取志愿者需求。我们对志愿者的要求比较高。"（G3 公益组织）
>
> "通过发布志愿者需求调研，结合机构志愿服务的需求，开展志愿者培训、联谊、优秀志愿者评选；为志愿者提供更多的理念引导、技术方法指导；精神方面的鼓励认同和肯定。"（G4 公益组织）
>
> "对志愿者的要求是希望他们真诚了解工人群体，例如工人群体的现状、需求。另外，也为他们搭建一个平台，体验另外一种人生经历。"（G13 公益组织）
>
> "提供服务主要是以'社工+志愿者'的模式开展，因为本项目的开展，除了个案外，其他小组和社区服务均有志愿者一起参与，而在项目开展初期，会有一些关爱活动、家访活动需要志愿者的共同参与。选择这种模式，第一是因为我们中心的前身是一个志愿者团队，我们有志愿者资源方面的优势；第二是因为社会对社工的理解度不高，更多以志愿者身份来向服务对象、社区居民介绍社工和社工项目，会让服务对象更容易理解、更容易接受。"（G20 公益组织）
>
> "对潜在志愿者定位：家人中有患大病的亲人并能切身体会我们机构的助人自助理念的人，最好有一定的社会影响力。"（G21 公益组织）

第 5 章　社会营销视角下公益组织服务项目的志愿者管理运作机理

> "我们需要志愿者以'友好访问员'身份了解服务对象的服务需求，协助社工组织、开展活动；生活帮扶服务人员提供综合性居家养老便民服务项目。对志愿者的基本要求是能够真正关心这个特殊的老年群体，并且能够有一定的时间和精力来参与我们的探访服务，希望能够稳定地服务一段时间，因为这个群体需要一段时间适应、熟悉、接纳志愿者，频繁地更换志愿者不利于服务开展。"（G24 公益组织）

由以上访谈资料可以看出，一些公益组织通过志愿者需求评估，了解志愿者的需求、志愿服务动机以及自身能力，有助于为组织自身服务项目的运作招募到适合的志愿者，避免了志愿者招募的盲目性，提升组织自身与服务对象的志愿服务收益，也有助于志愿者自身获得预期的收益。

2.逐步探索多维激励策略保障志愿者收益

公益组织对志愿者进行激励既有助于服务项目目标的实现，又有助于组织培养核心志愿者，促使志愿者的志愿服务行为更具稳定性、持续性。从志愿者参与志愿服务的意愿来说，志愿者本着不求物质回报的态度来进行志愿活动，需要增加其在精神层面的满足感。有研究发现，多数志愿者对奖励有需求，更多的志愿者希望能够获得非物质奖励[175]。

（1）部分公益组织为志愿者提供了针对性培训。通过系统性培训，提升志愿者的服务技能，增加志愿者参与志愿服务的信心与能力，为后期公益组织服务项目的顺利开展奠定扎实的基础。同时，也通过志愿服务培训为志愿者提供了所需的知识与技能。

访谈资料

> "在招募之后会进行一系列培训。首先是入门培训，一天时间，要求志愿者不能迟到。培训之后，由老志愿者带领做三个月服务；三个月之后志愿者可以单独进行上门服务。物质激励比较少，精神激励如下半年开展年会，对优秀志愿者进行表彰。其他一些激励是对他们进行培训，帮助他们成长。"（G3 公益组织）

> "新招募志愿者有相关项目的培训，让其能尽快熟悉并了解项目，资深志愿者则定期进行培训，了解项目动态，以便及时调整相关志愿服务。"（G7 公益组织）

> "对志愿者的激励方式主要是机构介绍培训、相关能力成长培训、年度总结表彰等。结合

项目以及机构志愿者管理计划进行。"（G9 公益组织）

"我们为志愿者提供多方面的培训，帮助志愿者树立正确的志愿服务价值观，让志愿者掌握基本的志愿服务技能，如了解志愿者的基本概念、对残障群体现状的认知以及与残障人士沟通的技巧。"（G19 公益组织）

"开展新志愿者培训，志愿者能力提升培训。"（G20 公益组织）

"我们机构为志愿者提供入职培训，在入户服务过程中，前三次上门都由机构的社工带领志愿者一起进行，向志愿者传授与服务对象接触的技巧。"（G24 公益组织）

（2）一些公益组织的志愿者在服务项目参与中实现了自我成长与自我提高。在志愿者服务开展过程中，志愿者自身也通过与服务对象面对面地接触、提供志愿服务实现了自我成长与自我提高。

访谈资料

"志愿者得到的就是知识和能力收益，就是对公益的好处和不足之处的了解。促进志愿者参与我中心的服务，一是切身感受（即我中心的工作透明度和志愿者本身的成就感），二是对西部基层社会的主观了解。"（G2 公益组织）

"活动给予志愿者不同的人生经历，让他们更好地成长，帮助他们得到心灵成长，使他们更好地与家人、朋友相处；内心想要长期关怀需要帮助的人；认同我们的理念并想要在爱的道路上自我成长；愿与受助者在平等的友爱中分享生命与成长。"（G3 公益组织）

"志愿者在参与过程中帮助别人，实现自己的价值。"（G11 公益组织）

"为当地村民提供电脑知识咨询以及电脑操作培训，利用一技之长帮助村民，实现人生价值。"（G15 公益组织）

第 5 章　社会营销视角下公益组织服务项目的志愿者管理运作机理

"项目给志愿者提供农舍体验,例如一所高校的大学生志愿服务队在我们的农舍体验了'另一种生活',并进行了一场志愿项目交流活动。两天的体验生活,农舍引导志愿者为麻风病康复者提供居家服务,提供团队建设体验,给予团队建设上的启发,农舍社工还就其将要施行的志愿服务宣传项目给予了发展性指导,并初步与该大学生志愿服务队建立了合作关系。"（G16 公益组织）

"我们希望志愿者能够参与到我们的项目当中,但是并不强求,我们欢迎有爱心的志愿者加入这个团队当中。就拿我自己来说,起初我就是一名志愿者,后来觉得自己要为这些孩子做些什么就加入了机构,现在我在机构里面做了 5 年了,我觉得我自己在这个过程中也有很多收获。"（G17 公益组织）

（3）部分公益组织能够为志愿者提供多元化的非物质激励。公益组织一般会对志愿者的服务进行一定的评估,并以此为依据为志愿者提供形式多样的非物质激励,激发志愿者的志愿服务动机,促使其持续开展志愿服务,保障服务项目目标的实现。

访谈资料

"我们对志愿者提供的服务主要是培训,其正面的强化包括表彰、适当的物质奖励等。奖励的标准是我们按照他们的社会贡献值来进行评估。而我们描述的社会贡献值是把他们所有参加的志愿活动都折算为一个类似金钱的价值,同时把效果作为权重,经过小组讨论后作为奖励的凭据。电子技术为众多数据管理提供了可能。在志愿服务工作中,比较有效的奖励是要赋予奖励意义,建立开放严格的奖励制度,考虑人性的需求,这样志愿者行为中奖励才会发生效果。我们还建立了志愿者参加的互助资金,通过对扶助资金的管理,不仅更好地让项目发挥效用,也把志愿者变成项目中受益的一部分。"（G1 公益组织）

"对志愿者有志愿补贴,另外每年对本年度志愿服务工作进行考核,根据考核结果,机构将对星级志愿者及优秀、核心志愿者进行表彰。"（G12 公益组织）

"年终有优秀志愿者表彰、年终志愿者服务时长盘点,这样可以更加促进志愿者积极参与志愿服务活动。"（G20 公益组织）

> "有表彰活动，开设名人堂，对表现优异的分社长在机构的范围内进行公示，以采访的形式邀请分社长分享经验，这对分社长也是一个精神激励。分社长应该还需要总部提供一些物质上的补贴和举办线下活动所需要的物料支持，从目前来看，还需要给分社长一些看得到的物质激励，但公社目前暂无实力。此外，还需要给分社长放权，开放其对本地社员的管理权限。"（G21 公益组织）

从以上访谈资料中可以看到，志愿者参与公益项目大部分是为了实现自己的内心助人的愿望，以及认同项目本身的理念，因而志愿者本身对非物质收益更为注重。研究发现，诸多公益组织认为志愿者寻求的回报激励也多以精神层面的鼓励支持为主。因而，在激励策略的设计中，一些公益组织主要侧重对志愿者的非物质激励，例如"个人自我价值激励（实现个人自我价值的成就感）""培训激励（提供培训机会等）""精神激励（授予优秀志愿者称号等）"这三项所占频率[1]分别为58.4%、56.3% 和 55.7%（见表5.1）。相比精神层面激励，物质层面的激励则稍少，公益组织在物质层面唯一能带给志愿者的就是为志愿者出具志愿服务证明，为其完成学业以及获得可能的就业机会提供一定帮助。研究发现，有 57.8% 的公益组织会通过这种方式给予志愿者行为一定的激励与肯定，而同属于物质层面的社会回报激励、薪酬激励则在日常公益组织服务项目中较为少见，分别为 22% 和 18.7%。

表 5.1 公益组织志愿者激励的方式

志愿者激励方式	频数（家）	频率（%）
培训激励（提供培训机会等）	184	56.3
薪酬激励（提供志愿工作补贴等）	61	18.7
社会回报激励（在需要的时候、享受志愿服务等）	72	22.0
精神激励（授予优秀志愿者称号等）	182	55.7
个人自我价值激励（实现个人自我价值的成就感）	191	58.4
提供志愿服务证明	189	57.8
合　计	879	268.8

---

[1] 频率指的是该选项占参与调查的 327 家公益组织所有选项的频率。因为选项为多选题，利用频率更能够清晰地反映选项占总体分布的意义。

5.1.2 逐步融合线上与线下志愿者招募渠道

社会营销中的"促销"在这里主要指公益组织在志愿者招募中对招募信息的设计以及招募信息宣传与推广的媒介渠道选择。研究发现，参与调研的公益组织志愿者招募的渠道日益多元化（见表 5.2）。从表 5.2 可以看出，公益组织志愿者招募的渠道由高到低比例排序分别为"针对高校、社区等进行志愿者定点招募"（48.3%）、"组织网站开通项目志愿者招募端口"（46.8%）、"官方微信公益平台招募宣传"（37.3%）、"官方微博公益平台招募宣传"（35.5%）、"网络公益平台招募宣传（百度公益、腾讯公益）"（25.7%）、"报纸、杂志等平面媒体关于项目介绍及招募宣传"（24.5%）、"电视、广播媒体项目宣传片及公益晚会等"（15.6%）、"电子邮件定向招募"（9.2%）、"其他"（6.1%）、"户外媒体招募宣传"（4.3%）。选项中频率最高的为针对高校、社区等进行的定向线下渠道的志愿者招募。由此可见，线下定点的志愿者招募仍然是公益组织招募志愿者的主要渠道之一。

表 5.2 公益组织志愿者招募渠道

志愿者招募方式	频数（家）	频率（%）
组织网站开通项目志愿者招募端口	153	46.8
报纸、杂志等平面媒体关于项目介绍及招募宣传	80	24.5
电视、广播媒体项目宣传片及公益晚会等	51	15.6
针对高校、社区等进行志愿者定点招募	158	48.3
网络公益平台招募宣传（百度公益、腾讯公益）	84	25.7
官方微博公益平台招募宣传	116	35.5
官方微信公益平台招募宣传	122	37.3
电子邮件定向招募	30	9.2
户外媒体招募宣传	14	4.3
其他	20	6.1
合计	828	253.3

由此可见，很多公益组织所需的志愿者资源普遍集中在高校和社区当中，一方面是因为目前我国高校教育制度的改革愈加重视大学生的社会实践，鼓励学生参与到志愿服务活动当中；另一方面由于我国社区建设的不断发展以及广泛的社会动员，社区志愿者也日益增多。通过作者对公益组织负责人的访谈也可以看出，大学生是志愿者资源的重要来源之一。

访谈资料

"机构的志愿者绝大多数都是各高校学生，大都是各高校社团和机构联系定期定点志愿服务。"（G5 公益组织）

"我们志愿者的最大群体是高校学生及高校环保社团，另外一部分是省内各地城市的环境协会成员，还有一些社会成员，但比较少。此外，一些公益组织的成员也会成为我们的志愿者。通常是每年通过支持高校环保社团的活动与社团学生进行互动与联系，彼此活动互相支持。"（G12 公益组织）

"我们的志愿者主要有两种：一种是高校志愿者，另一种是自闭症儿童家长。高校志愿者时间多所以比较好招募，自闭症儿童家长也愿意为儿童付出时间、精力陪伴孩子。"（G17 公益组织）

值得注意的是，借助组织官方网站、微博、微信等线上平台招募志愿者的公益组织占据了极大的比例，约为 60.9%[①]，而传统媒体对志愿者招募的影响力则略显薄弱，报纸杂志、电视广播及户外媒体招募到志愿者的比例相对较低，仅为 17.6%。目前，由于互联网、移动互联网的飞速发展及智能手机的广泛使用，互联网平台已经成为一些公益组织招募志愿者的主要阵地。

访谈资料

"通过网络、高校、项目活动等方式招募，主要是因为这些方式比较便捷和有效。发招募通知，面试通过，即完成了招募工作。新媒体及时性、针对性较强。"（G9 公益组织）

"我们的招募流程是：志愿者在网站上查阅报名要求—填写报名表发到邮箱—网络交流—电话交流—审核通过并交纳到岗保证金—培训—培训通过分配支教学校。新媒体使招募信息发布更为广泛，也让更多的人能参与其中。"（G10 公益组织）

"人际关系介绍……电话、短信、QQ 等聊天工具沟通。因为志愿者都比较年轻，新媒体沟通也比较多。"（G15 公益组织）

---
① 其中的 57.3% 为组织网站开通项目志愿者招募端口、官方微信公益平台招募宣传、官方微博公益平台招募宣传、网络公益平台招募宣传、电子邮件选项频率之和。

第 5 章　社会营销视角下公益组织服务项目的志愿者管理运作机理

"招募渠道是 QQ 群和微信公众号，因为这是属于志愿者团队专属的公共空间，也是和志愿者有所约定的报名渠道。工作流程是活动发布到中心官网，将该招募信息发到 QQ 群和微信公众号，让志愿者们自己选择报名就可以了。新媒体的应用对于志愿服务的招募和宣传还是有很大作用的，因为现在人们的生活节奏快，采用传统传播渠道来得慢，有限定性，而新媒体就比较自由，他有时间就可以看到，所以方便。"（G20 公益组织）

"具体流程是：微信公众号对外公开招募—分社长自己申请—总部审核—达到要求—发放授权书。新媒体虽然每次看到的社员有限，但能一步到位，无须看到了招募再从官网登录，而可以直接在微信消息中完成申请，而且新媒体能够及时得到志愿者的反馈。"（G21 公益组织）

由以上访谈可以看出，新媒体已经成为一些公益组织志愿者管理的重要平台。在志愿者招募环节，很多公益组织已经认识到新媒体具有及时性、针对性、便捷性等特点，因而选择新媒体渠道进行志愿者招募。在后续的志愿者管理环节，一些公益组织也更多地使用新媒体与志愿者进行持续沟通。

与此同时，也有一些公益组织注重将线上招募渠道与线下招募渠道相融合，通过微博、微信等新媒体渠道将志愿者招募信息推广到更大的范围内，让更多的潜在志愿者获得服务项目的志愿者招募信息，进而通过线下面对面的沟通与交流吸纳有志愿服务意向的潜在志愿者，充分激发其参与志愿服务的动力。在整个招募过程中，一些公益组织还注重吸纳合作伙伴，形成志愿者招募的合力，增强志愿者招募的力度。

访谈资料

"我们志愿者的招募渠道主要是传统方式和网络招募相结合，但网络志愿者招募很难代替面对面的交流，我们是通过项目来招募志愿者，主要的传播方法除了网络以外，其实还是口碑传播吧。因为一个项目的有效性首先建立在信任的基础上，所以我们强调情感沟通，具体的方式就是用网络宣传招募，然后进入小组活动。我们认为新媒体在志愿者招募和管理中具有非常重要的作用，但传统的小组形式也有不可替代的作用。"（G1 公益组织）

"利用传统的海报、展架、传单等形式进行招募，除此以外还在网上进行推广。此外，也有志愿者与志愿者之间的口口相传，由于比较认可组织，在活动中得到锻炼的志愿者会进行自

觉推广。"（G3 公益组织）

"区义工联、自身招募，区义工联有庞大的义工资源可以介绍，自身招募的义工稳定性较强且比较切合项目需求。首先招募志愿者，确立志愿服务内容及时间，再由专人进行统一协调、管理。通过新媒体的报道，能够吸引社会的关注，进而有志愿者主动上门提供志愿服务。"（G7 公益组织）

"核心志愿者主要通过实践活动达成继续合作愿望，例如高校环保社团志愿者不需要进行招募。针对社会志愿者，通过网站、微信进行招募。其他志愿者主要与省内各大城市的 47 个环境保护社团/协会进行合作。"（G12 公益组织）

"主要的招募方式是已有的志愿者和学生社团进行介绍，或者已合作的学生社团的延续合作。"（G13 公益组织）

"主要是通过大家的影响，带动周边的朋友、网友等加入参与，对于志愿者管理，我们也用到了微信、群聊等，宣传也通过微信公众平台等。"（G14 公益组织）

"一般这些志愿者都是通过媒体的宣传如徐州日报、资助企业的宣传和熟人的推荐，团委、机构志愿者、媒体发起的志愿者联盟群，以及商会、协会等平台而来做志愿者的。"（G19 公益组织）

综上所述，运用新媒体渠道已成为当前我国一些公益组织招募志愿者的重要特色，在未来志愿者招募甚至是志愿服务过程中，这一特色会愈加彰显。线上渠道与线下渠道相融合的方式已经成为一些公益组织的志愿者招募与管理的重要策略。

5.2 公益组织服务项目的志愿者管理问题分析

国内公益组织已或多或少地运用社会营销理念开展志愿者管理的有益探索，并取得了一定成效，但公益组织的志愿者管理仍然存在着一些亟待解决的问题，例如公益组织志愿者管理人才不足、志愿者培训与督导缺乏系统性、对志愿者参与志愿服务的物质和非物质成本缺乏管理、志愿服务经费难以持续、缺乏核心志愿者维护等。有研究认为，志愿服务组织在志愿服务信息传播、志愿者培训、志愿者服务支持等方面存

第 5 章　社会营销视角下公益组织服务项目的志愿者管理运作机理

在不足,成为阻碍志愿者招募与维护的主要因素[176]。由于公益组织对志愿者的培训与知识传播不足,也在一定程度上导致志愿者对志愿服务机制缺乏认知与认同,抑制了志愿者的志愿服务动机,也使志愿服务难以持续。

5.2.1　志愿者被动化需求仍占主导

就志愿服务的本质而言,公益组织与志愿者本身就是双向自主选择的过程,在志愿者主动选择公益组织及参与的具体服务项目的同时,他们就会考虑到在从事志愿服务的过程中,该组织及服务项目是否能够满足自身的知识、技能、价值等多层次需求,使其获得一定的收益。志愿者的需求与偏好评估是公益组织志愿者管理过程中的基点,然而目前大部分的公益组织仍然主要根据服务项目的需求去寻找适合的志愿者群体,而并不是在服务项目设计中就考虑到潜在志愿者的需求与偏好。此外,获取志愿者需求的渠道也是非正式的,只是在平时的交流和分享中来了解其需求。在参与访谈的公益组织中,很多公益组织更多地出于服务项目运作需要来招募志愿者,对于志愿者需求的关注往往是被动的。

> **访谈资料**
>
> "我们组织不是志愿者相关机构,我们优先关注受益人的改变或项目目标,再次关注效益成效,最后还要关注捐赠人的感受。因此,对潜在志愿者的改变基本没有目标定位。在保证志愿者有效参与的情况下,对志愿者没有过高要求。一般根据项目需要直接联系,这种做法契合度高。就我们项目来说,对志愿者能力和知识要求本身也不高,需要的时候再招募志愿者,这样使志愿者使用的成本降低,机构的工作效率得到提高,负担的费用较低。"(G2公益组织)

通过以上访谈信息我们可以发现,有些公益组织运作的服务项目更多关注组织自身服务项目目标的达成与服务对象的收益,并不十分关注志愿者的需求,对志愿者参与服务项目可能获得的收益也缺乏深入考虑。虽然在服务项目运作中,公益组织对志愿者本身的要求并不高,但是公益组织缺乏针对志愿者需求的公益产品设计与提供,既不利于公益组织后续服务项目的运作与人力资源储备,也会使公益组织志愿者流失率升高、缺乏核心志愿者,不利于公益组织的健康发展。

与此同时,有研究表明,志愿者的高参与率与高成本紧密相关,这意味着公益组织应该在服务项目运作中使有积极志愿服务意愿的志愿者能够更为深入地参与。[177]

141

而当前诸多公益组织忽视了志愿者动机激发的这一要素，导致服务项目中志愿服务表面化和形式化，挫伤了志愿者参与志愿服务的积极性。因此，在服务项目的志愿服务设计中，公益组织应当重视价格设计，妥当设置志愿者参与志愿服务的时间、精力、知识与技能等非物质成本，提升志愿者的志愿服务参与度。

5.2.2 志愿者培训与评估缺乏规范

研究发现，参与访谈的公益组织中极少能够为志愿者提供系统性培训，这在一定程度上导致有知识和技能提升需求的志愿者在参与志愿服务的过程中获得的收益较少，也使志愿者缺乏服务技能，既影响了志愿者参与志愿服务的积极性，又不利于服务项目目标的实现。与此同时，公益组织在志愿者服务技能、服务态度等方面也缺乏规范性的评估标准，这在一定程度上导致志愿者的激励措施缺乏针对性，不利于发现和维护优秀志愿者，导致志愿者持续性服务的动力不足，也不利于组织开展核心志愿者的维护。

访谈资料

"在不同的项目和不同项目活动中，对志愿者的要求有所不同。通常情况下，我们会对志愿者从项目参与中想获取的知识和能力进行需求评估，并在其实际参与中，使志愿者的知识和能力得到提高。我们承担志愿者直接参与项目活动发生的成本，但对志愿者不会进行过多培训和表彰等，主要以相互交流为主。"（G2 公益组织）

"志愿者的闲暇时间与我们组织活动开展的时间有冲突，没有达到预期效果，没有及时鼓励和肯定志愿者。"（G4 公益组织）

"定位影响更多的志愿者参与到项目中，带来行动力和参与度。评估目前很难做到，也还没有很好的评估体系。"（G9 公益组织）

"志愿者还需要更多更专业的教学指导。"（G10 公益组织）

在实际服务项目运作中，不同服务项目、差异化的服务对象对于志愿者群体的需求也有诸多不同，如针对一些残障人士、失独老人的服务项目，一些公益组织在志愿者招募之初就缺乏明确的志愿者需求定位，且在后续的志愿者上岗培训中缺乏针对性

第 5 章 社会营销视角下公益组织服务项目的志愿者管理运作机理

培训,导致志愿者难以胜任志愿服务,既浪费志愿者资源,也降低了服务项目的绩效,还会使志愿者产生挫败感,打击了其参与志愿服务的积极性。从社会营销的理论视角看来,在这种情况下,公益组织提供的公益产品既不能满足服务对象需求,也不能满足志愿者需求,该服务项目的目标也难以实现,公益组织自身的使命与价值也难以有效履行。因此,志愿者培训与评估缺乏规范,进而导致有效激励不足业已成为我国公益组织志愿者招募和维护的主要阻碍因素。

综上所述,公益组织在志愿者招募、培训、评估、激励等环节仍然存在诸多不足,而导致公益组织志愿者管理能力不足和功能缺失的深层次原因是组织自身缺乏志愿者管理人员和经费不足。[178] 专业志愿者管理人员的缺乏导致公益组织难以制定与实施志愿者管理战略,也难以为组织吸引与维护优秀的志愿服务人才。经费不足成为参与访谈的公益组织提及率最高的困难之处,公益组织需要不断思考如何从资金发展的战略高度来筹资,并且需要思考在服务项目运作中如何合理规划志愿服务的各项支出,以确保志愿服务的有序进行,并保障志愿者权益。因此,在服务项目运作中,公益组织仍然需要系统性地提升自身的志愿者管理能力,为组织自身的健康发展提供持续性的志愿服务资源,推动社会整体志愿服务文化的形成与发展。

5.3 社会营销视角下志愿者管理的运作机理优化

从社会营销的理论视角来看,在志愿者管理的过程中,公益组织应逐步实现志愿者管理的规范化、专业化,通过多种方式不断提升自身的志愿者管理能力;着力提升志愿者参与志愿服务的收益,使其能够通过志愿服务获得一定的技能、经验、社会认同等;合理降低志愿者参与服务项目的时间、精力、金钱、心理与社会风险等物质与非物质成本。结合国内公益组织在志愿者管理中已经开展的诸多公益实践,针对公益组织在志愿者管理中存在的亟待解决的问题,作者采用熵权法的评价权值指标,根据专家判断对志愿者管理要素进行了权重提炼,从九大要素中凝练出影响公益组织志愿者管理的六大要素(见表 5.3)。

表 5.3 志愿者社会营销要素的熵权

要 素	熵 权	排 序
产品(Product)	0	1
价格(Price)	0.674505	5

续表

要　素	熵　权	排　序
地点（Place）	0.129824	3
促销（Promotion）	0.703948	6
公共关系（public relationship）	0.997399	8
政治（Politics）	1	9
人员（People）	0.096028	2
流程（Process）	0.325495	4
绩效（Performance）	0.887726	7

注　分析方法详见本书第1章相关内容。

公益组织应在志愿者招募、培训、服务提供、激励、维护环节从产品（Product）、人员（People）、地点（Place）、流程（Process）、价格（Price）、促销（Promotion）这六个要素不断优化志愿者管理的运作机理，促使志愿者持续开展志愿服务，为服务项目的有效运作提供持续的志愿者资源，促进社会志愿服务文化的形成（见图5.1）。

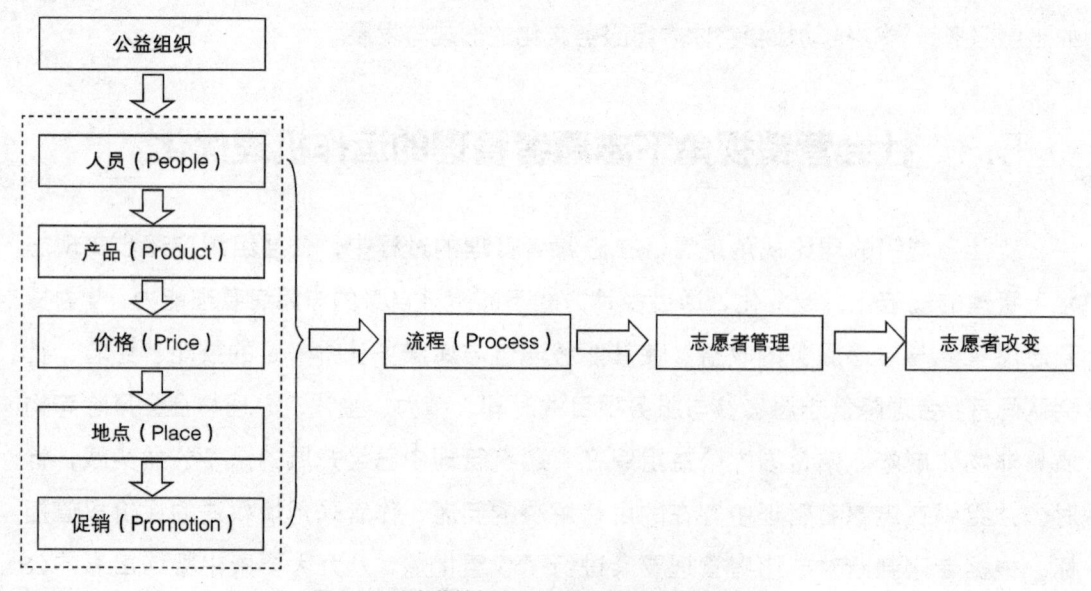

图5.1　社会营销视角下志愿者管理运作机理优化

5.3.1　产品——更加契合志愿者需求

志愿服务的动机研究表明，价值观、提高自己、社会交往、对职业的促进、心理保护、自我成长均可能成为志愿者参与志愿服务的动机。同时，志愿服务对志愿者本身也是

第 5 章 社会营销视角下公益组织服务项目的志愿者管理运作机理

有益的,有助于志愿者技能的提高、人脉关系的扩展以及个人健康,且有助于社会公民资格的塑造[179]。因此,公益组织应结合志愿者服务的功能与动机设计契合志愿者需求的公益产品。在此,"产品"主要指公益组织就服务项目针对志愿者参与志愿服务的动机与需求设计的产品组合。其中,核心产品指志愿者参与志愿服务所获得的潜在收益,如践行了自身的价值观、增进社会交往、提升了相关的职业技能、获得了自我成就感等。现实产品指公益组织针对志愿者所倡导的具体行为方式,如成为组织志愿的劝募者、为服务项目运作提供专业咨询与指导、协助组织工作人员开展服务对象需求调查、开展力所能及的直接性服务等。延伸产品指公益组织为倡导志愿者参与志愿服务而为志愿者提供的有形产品或服务,例如,为志愿者提供服务过程中需要的设施或其他支持性服务(如服务过程中的督导),为志愿者创造必备的工作条件。

在志愿者的招募、培训、服务开展、激励、评估环节,公益组织应根据服务项目的需求结合志愿者的需求与偏好合理设计产品组合。在核心产品层次,公益组织应充分把握志愿者的需求及期待的收益,并将其作为志愿者工作岗位和工作内容设置的参考依据,以使志愿者在服务过程中尽可能地获得符合自身心理预期的收益。有学者将志愿任务分为三种类型,即治理性的(如在理事会或监事会工作)、可操作性的(如实际服务)和支持性的(如设备维护、筹资等)。[180]因此,在现实产品层次,公益组织应根据志愿者的背景、经验和技能、需求与偏好为之匹配适合的志愿服务岗位。有研究表明,性别、职业身份、教育背景、年龄等因素会影响志愿服务工作分配。[181]因此,公益组织应在服务项目运作中,根据志愿者的性别、职业特征、教育背景、年龄、志愿者自身需求与偏好等因素综合考虑志愿者工作岗位的分配,并使志愿者明确其需要承担的工作职责和具体任务,保障志愿服务的有效性。在延伸产品层次,公益组织应根据志愿者的工作职责提供有针对性的培训与督导,不断提升志愿者的服务技能,并为志愿者的志愿服务工作提供全面支持,使志愿者的服务具有稳定性与持续性。

5.3.2 人员——使志愿者管理更专业

在志愿者管理中,公益组织的"人员"侧重指组织全职或兼职的工作人员。公益组织的工作人员和志愿者的关系需要引起公益组织管理者的重视,二者之间良性的合作关系能促进公益组织使命与价值的实现,且组织和志愿者均能获得一定的收益。也有研究认为,非营利性组织必须清晰地引导区分志愿者和有薪水的工作人员之间的角色,以防止志愿者侵害有薪水的工作人员的利益以及志愿者本身的角色被边缘化和被

145

轻视。[182]因此,在服务项目运作的过程中,公益组织的管理者需要明确工作人员与志愿者的角色和各自的权利、责任,并督促项目工作人员进行规范的志愿者管理,使志愿者管理更为专业化,提升志愿服务的整体绩效。

首先,清晰界定志愿者在项目运作中的角色定位,并将其工作与服务项目的目标紧密结合起来。在此过程中,工作人员需要将志愿者的角色设置合理化,明确志愿者在服务项目中的责任和义务,并对志愿者进行分类管理,区分志愿者的具体角色,如专家或顾问、志愿筹资者、倡导者或服务提供者,且就不同类型的志愿者设计和实施更具针对性的管理方案。

其次,规范志愿者培训和监督。公益组织的工作人员应结合具体的服务项目为志愿者提供有针对性的培训,并在其服务过程中跟进和监督,为志愿者提供持续性的能力支持,提高志愿者的服务技能与服务效率,并将志愿者服务的成效及时、积极地反馈给志愿者,激发志愿者的服务动力。例如,中国残疾人福利基金会为"集善残疾儿童助养项目"发起的"体验饥饿"体验式筹款活动为活动参与者提供了有力的筹款能力培训和支持,包括帮助企业筹款者设计活动海报,帮助参与人进行筹款宣传,培训参与人的筹款技能,以及协助参与人建立个人筹款页面等,通过为志愿筹款者提供全方位培训和支持,促成了筹款活动的顺利进行。同时,在服务开展过程中,公益组织应使志愿者与服务对象形成良好的服务关系,促使服务对象积极接纳志愿者服务,保障志愿者和服务对象的权益。

随着新媒体在公益组织传播能力建设中的广泛使用,一些新媒体工具也为公益组织的志愿者管理提供了极大的便利,如"志愿时"(http://125cn.net/)就是一个公益社交平台,为公益组织招募志愿者和志愿者寻找适合自身需求的服务项目提供了开放性的公益平台。公益组织应通过对工作人员开展常态化的新媒体传播能力培训来提升员工的传播技能,增强工作人员志愿者管理的信息化能力。公益组织应充分运用灵析(非营利机构设计的联系人管理系统)等管理系统做好志愿者动态管理工作,提升志愿者管理的信息化水平。

5.3.3 地点——灵活设置志愿服务的地点

志愿者服务的"地点"是指志愿者从事志愿服务的时间及场所。在志愿者参与志愿服务的过程中,公益组织结合服务项目的实际需要以及志愿者的需求与偏好,本着合理降低志愿者成本的原则,灵活设置志愿服务的时间与地点,以降低志愿者从事志愿服务的时间、精力、心理及社会风险成本，使志愿者从事志愿服务更为便利。

灵活设置志愿服务地点的具体策略包括以下几方面：

（1）使服务地点更接近志愿者。公益组织在志愿者招募过程中，一方面就服务项目可能实施的地点，就近招募志愿者（如社区志愿者的招募）；另一方面应充分了解志愿者对服务时间与地点的偏好（如大学生志愿者和其他青年志愿者），并在具体服务开展环节参照志愿者的特征、需求灵活设置服务时间与地点。

（2）使志愿服务地点更具吸引力。一方面，服务地点的设置要契合服务对象的需求与个体特征，提升服务地点对服务对象的吸引力，既有助于项目服务目标的实现，确保服务对象的收益，又在客观上增加了志愿者服务的效能感；另一方面，服务地点的设置与志愿者的需求与偏好相匹配，使志愿者从事志愿服务更为便利，以增加服务地点对志愿者的吸引力。

5.3.4 流程——使志愿者管理环节更为科学化

志愿者管理的"流程"指的是公益组织的志愿者招募、培训、督导与评估、激励、维护等重要步骤。若要使志愿者管理环节更为科学化，应制订志愿者招募计划，明确志愿者需求、招募办法及选择标准、志愿者培训计划、服务开展方式等。

（1）在志愿者招募环节，除了上述提到的通过促销增加志愿者招募的宣传力度外，还应使组织需求与志愿者的需求与偏好相匹配。同时，还应初步圈定服务项目潜在的志愿者群体，使招募工作更具针对性，例如，为贫困山区儿童义务支教服务项目的潜在志愿者可能是教师、在校的大学生等。对于较为复杂的服务项目，则需要进行志愿者需求分类，根据志愿服务的任务（治理性的、可操作性的、支持性的）进行分类招募，提高招募工作的针对性。在此过程中，还应根据服务项目的需要，组织志愿者招募的工作人员制定并实施志愿者筛选标准，以招募到与服务项目相匹配的志愿者，并与招募到的志愿者签订志愿服务合同，明确双方的权利和义务，为志愿者提供意外伤害保险，保障志愿者的基本权益。

（2）在志愿者培训环节，应结合组织使命及服务项目的方案，制定志愿服务手册，为志愿者提供能力建设培训，使志愿者具备志愿服务的理念、知识与技能，使志愿者获得参与志愿服务的收益。在具体培训过程中，应不断创新志愿者培训形式，如团队建设培训、参与式培训、活动式培训等，为志愿者提供相关的志愿服务知识与技能。

（3）在志愿者督导与评估环节，应将志愿服务督导贯穿服务项目运作的全程，并对志愿者进行科学评估，以保障志愿服务的绩效。在服务项目运作中，应定期对志愿者进行督导，评估其工作表现，跟进其志愿服务的开展，并及时提供培训与支持，以提升志愿者的服务质量，也使志愿者从中获得知识、技能的收益。

（4）在志愿者激励环节，应设计适当的奖励形式，并提供合适的工作环境，以满足志愿者的需要，降低参与志愿服务的各种成本，保障其参与志愿服务的收益。对公益组织而言，应设立一定的志愿服务质量评估标准，甄别志愿者的服务质量，并通过不同的渠道或明确的方式向志愿者表示感谢及表彰，并尽可能地为志愿者提供工作条件及福利（如适当的服务补贴、提供保险及其他工作安全保障等）。[①]

（5）志愿者维护应贯穿公益组织志愿者管理的全过程。首先，公益组织应建立志愿者管理系统，对志愿者进行分类管理，区分志愿者的需求、偏好与其他个体特征，以使新的服务项目运作之初就能掌握参与过组织志愿服务的志愿者信息，为项目志愿者的招募提供数据支持。同时，这种志愿者的长效管理机制也有助于组织与志愿者建立相对稳定的工作关系，发展核心志愿者。其次，在服务项目运作阶段，应为志愿者提供必要的工作环境与条件支持，并做好志愿者的培训与督导工作，与志愿者建立平等、友善的工作关系，并适时提供恰当的激励，激发志愿者的自我成就感与自我满足感，增加公益组织对志愿者的吸引力以及志愿者自身参与志愿服务的动力。

5.3.5 价格——合理降低志愿者的服务成本

志愿者服务的"价格"指志愿者在从事志愿服务过程中所需要付出的成本，包括时间、精力、金钱、心理压力或社会风险等。对志愿者服务的成本管理的策略包括合理降低志愿者从事志愿服务的各种成本，以及在产品设计环节增加志愿者服务的收益。在服务项目运作过程中，在志愿者招募、培训、服务环节应遵循成本平衡原则和心理承受度适当原则合理设置志愿者从事志愿服务的各种成本。

（1）成本平衡原则。志愿者从事公益组织的志愿服务，可能会需要一定的费用（如交通、住宿等），需要付出自身的智力和体力劳动，会消耗自身的工作、闲暇时间，且还需要承担一定的社会风险。因此，应从志愿者从事志愿服务可能付出的成本角度，合理降低志愿者服务的各种成本。对于志愿服务的费用支出，公益组织应在项目经费管理中设置合理比例的志愿者补贴。对于志愿者服务可能付出的时间、精力成本，

---

① 此处参考了温洛克民间组织能力建设开发项目的参考资料《中国非营利组织志愿者管理指南》。

第5章 社会营销视角下公益组织服务项目的志愿者管理运作机理

公益组织应根据志愿者的背景、职业、年龄、身体状况、个人偏好等个体特征合理设置志愿服务岗位，灵活设置志愿服务时间、服务方式。对于志愿者可能承担的社会风险，如服务过程中可能产生的意外伤害等，为志愿者购买意外伤害保险以提供基本保障；同时，公益组织应做好服务项目的风险管理，尽量避免或减少志愿者参与服务可能引发的社会风险。

（2）心理承受度适当原则。志愿者从事志愿服务，可能会产生一定的心理压力，例如由于服务不当可能会给服务对象带来的一些意外性伤害，自身可能会面临一些社会压力或社会风险等。公益组织应在明确双方权利、责任、义务的前提下，加强对志愿者的培训与督导，减少志愿者从事志愿服务的心理压力，并适时为志愿者提供心理减压服务，降低志愿者的心理压力成本。

5.3.6 促销——增强志愿者招募的宣传力度

志愿者管理中的"促销"主要指公益组织为了顺利招募到服务项目所需的志愿者，设计志愿者招募信息、选择适合的媒介渠道的过程。

（1）明示公益组织及服务项目相关的信息。展示公益组织的使命、价值，与拟开展服务项目相关的既有服务绩效，拟开展服务项目的价值与目标，以及服务对象可能获得的收益等关键信息。

（2）明确志愿者收益与需求。要清晰展现志愿者参与服务项目可能获得的知识、技能、价值上的可能性收益，还要明确提出志愿者的工作内容、工作时间与地点等要求，便于潜在志愿者根据自身的需求、偏好和个体特征做出是否参与的决策，激发志愿者的参与动机。在促销的媒介渠道选择上，应根据目标志愿者群体的总体特征（性别、年龄、职业、媒介使用偏好等）选择适当的媒介组合策略。有研究表明，志愿者的具体招募形式受到招募者年龄的影响，也受到招募者与被招募者之间关系的亲密程度影响。[183] 因此，在招募环节，公益组织应根据拟招募志愿者群体的年龄特征选择合适的招募形式。例如，针对青年志愿者群体，可利用新媒体平台进行在线宣传和招募，或者通过社区活动、一对一定向邀请等线下方式进行宣传和招募。在招募过程中，还应寻找志愿者招募的合作伙伴，如媒体、企业、其他公益同行、组织自身的核心志愿者等，使公益组织与被招募者的关系更接近，降低被招募者的预期成本，增加招募成功的可能性。

本章小结

公益组织筹资分为资金资源和人力资源两部分。随着国内公益组织的快速发展及公益服务功能的日益凸显，志愿者资源成为公益组织发展中不可或缺的关键资源之一，志愿者已经成为众多公益组织服务项目运作过程中非常重要的人力资源之一。

本章首先分析了国内公益组织服务项目的志愿者管理现状，作者研究发现，一些公益组织从服务项目设计中对于志愿者资源的设置到服务项目运作中志愿者的招募、培训、评估与督导、激励与维护等一系列志愿者管理环节中，或多或少地运用了社会营销的理念、方法与技巧。在服务项目运作中，一些公益组织的公益产品设计与供给日益契合志愿者需求，主要表现为一些公益组织初步开展了双向的志愿者需求评估，既满足了组织服务项目运作的需求，又兼顾到志愿者自身的需求；一些公益组织逐步探索运用多维度的激励策略侧重于从非物质激励层面保障志愿者获得一定收益。在志愿者招募渠道上，一些公益组织开始尝试通过融合线上与线下渠道招募志愿者。

与此同时，研究还发现，公益组织在志愿者管理中仍然存在一些亟待解决的问题，如志愿者被动化需求仍占主导、志愿者培训与督导缺乏系统性与规范性、对志愿者参与志愿服务的物质和非物质成本缺乏管理等。公益组织应在志愿者招募、培训、服务提供、激励、维护环节从产品（Product）、人员（People）、地点（Place）、流程（Process）、价格（Price）、促销（Promotion）这六个要素上不断优化志愿者管理的运作机理，提升志愿者参与志愿服务的持续性。这具体表现为在产品设计上更加契合志愿者需求；匹配志愿服务管理人才，使志愿者管理更专业；灵活设置志愿者服务地点，提高志愿者参与志愿服务的便利性；优化志愿者管理流程，促进志愿者管理科学化；不断降低志愿者服务的成本；增强志愿者招募的宣传力度。

第 6 章

社会营销视角下公益组织服务项目运作设计与环境优化

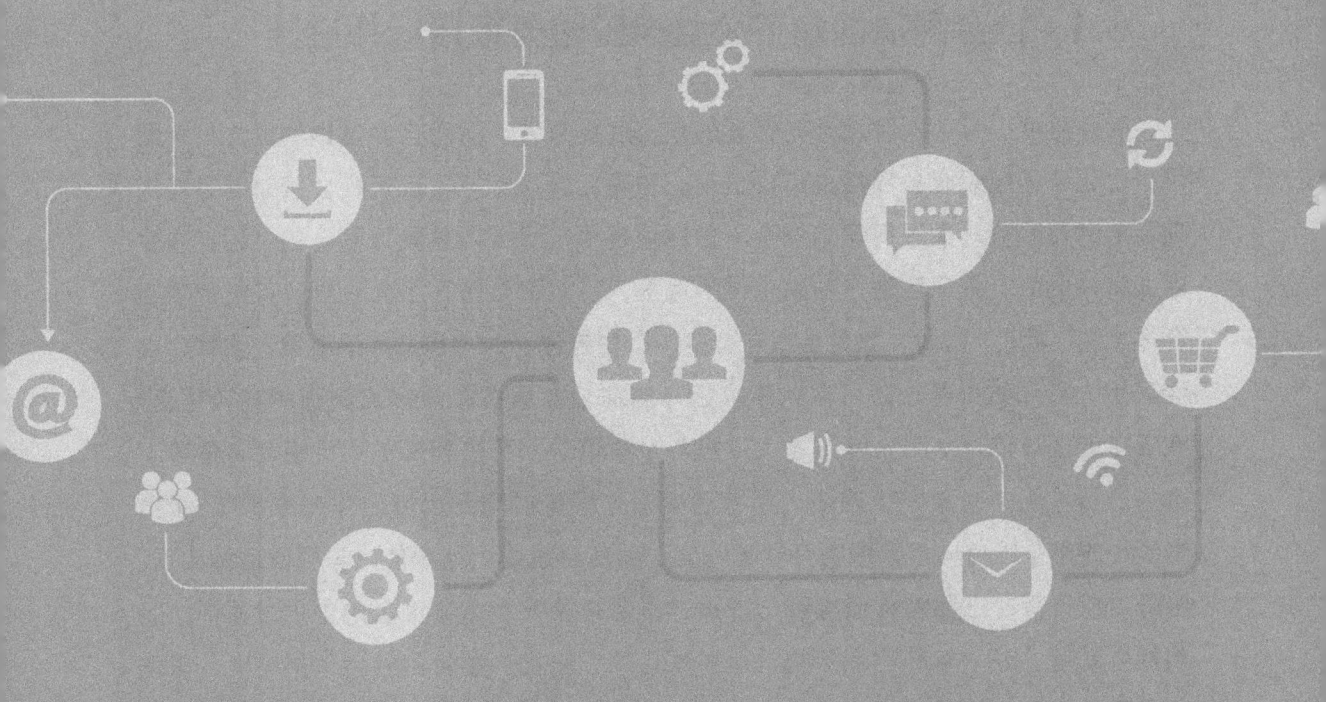

第 6 章 社会营销视角下公益组织服务项目运作设计与环境优化

从本书第 3~5 章公益组织服务项目运作中运用社会营销的理论框架分析可以看出，无论是针对服务对象、资金来源方（捐赠者、出资方、购买者）还是志愿者管理，运用社会营销的"6P"策略来管理服务项目，有助于实现服务对象的改变，有助于组织自身、资金来源方、志愿者公益价值的实现，有助于整体公益生态圈的营造，最终有助于我国社会问题的回应、公益文化的塑造以及社会整体福利水平的提升。本章将基于社会营销视角下公益组织服务项目运作机理，分析如何进一步优化与之相契合的公益组织宏观环境，以促进公益组织服务项目运作中社会营销理论的运用。

6.1 社会营销视角下公益组织服务项目运作设计

从公益组织服务项目设计与管理的整个过程来看，运用社会营销的理念与策略可以优化公益组织服务项目的运作机理。在项目设计环节，运用社会营销的策略对项目的潜在服务对象进行需求调查与预评估是界定服务对象具体需要的过程，也是对即将开展的服务项目进行前期宣传的过程，可以吸引潜在服务对象及可能的项目合作方关注项目；同时，立足组织自身的使命与定位，对项目运作的政策、法律、社会环境进行系统分析，还可以判断项目与当前公益服务领域焦点问题的契合程度。在项目管理环节，从服务资源输入（服务对象倡导、筹资到其他利益相关者倡导）、服务过程（服务对象需求回应、志愿者培训与服务协同到项目合作方维护）、服务输出与成果（维持与扩大服务开展覆盖度）到项目绩效（组织使命与项目目标实现、服务对象改变、志愿者价值实现与成长、资金来源方价值实现）的整个过程中，运用社会营销"6P"策略有助于提升服务项目的创新性、项目的社会动员能力，有助于实现项目运作的规范性、专业性、可持续性、有效性，提升公益组织服务项目运作的公信力（见图 6.1）。

第6章　社会营销视角下公益组织服务项目运作设计与环境优化

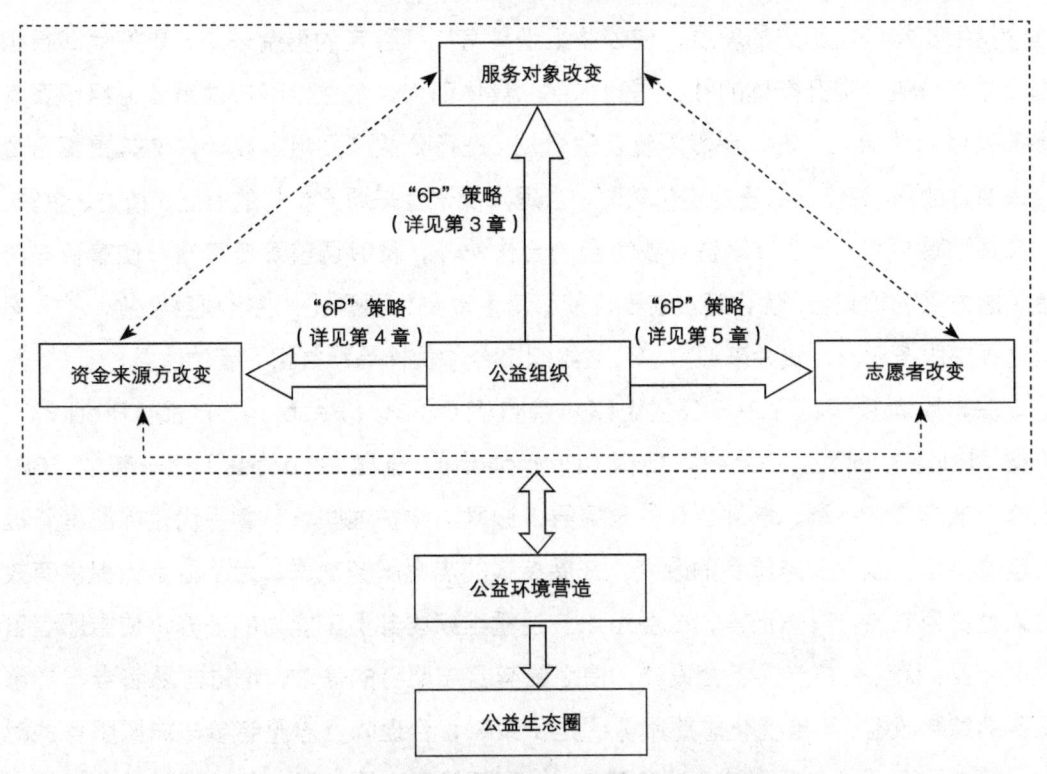

图 6.1　社会营销视角下公益组织服务项目运作设计

从社会营销的理论视角来看，公益组织应立足于自身的使命与宗旨开展服务项目的运作。在服务对象倡导过程中，公益组织以"需求为本"的项目运作理念着眼于服务对象的多层次改变，综合运用人员（People）、产品（Product）、价格（Price）、地点（Place）、促销（Promotion）、绩效（Performance）这一新的"6P"策略优化公益组织服务对象倡导的运作机理，以促成服务对象的改变，提升服务对象的社会福利水平。具体而言，公益组织应提升组织内部员工的能力，回应服务对象的需求，保障服务项目的有效运行；强化公益产品设计，增加服务项目的实际效用，保障服务对象的收益；优化针对服务对象的项目定价策略与定价方法，降低服务对象参与的时间、精力、心理和社会风险等综合成本；灵活设置服务项目实施的时间与场所，提高项目的可接近性，使服务对象更便利；精确表达服务项目信息，以服务对象需求与偏好为基准选择促销媒介，提升服务对象对服务项目的知晓度；着眼于服务对象的改变，使公益服务有效回应服务对象的需求，提升项目的绩效水平。

在筹资过程中，公益组织应综合运用政治（Politics）、产品（Product）、价格（Price）、公共关系（Public relationship）、流程（Process）、绩效（Performance）这一新的"6P"策略优化筹资的运作机理，以促成资金来源方的改变，使其秉承公益

153

理念持续支持公益组织的发展，使公益组织具有持续稳定的资金来源，更好地践行组织使命与价值，提升整体的社会福利水平。具体而言，公益组织应注重公益组织及其服务项目的政治合法性，保障筹资合法合规；进行公益产品组合设计，使其更契合资金来源方的需求；优化筹资的定价策略，合理降低资金来源方参与的时间、精力、金钱、社会风险等成本；为项目筹资寻找适合的合作伙伴，及时调整筹资策略，使筹资与资金来源方需求相契合；优化筹资流程，使筹资活动更为科学化；注重项目绩效，扩大筹资过程中服务对象、资金来源方、公益组织、合作伙伴等利益相关者的收益。

在志愿者管理过程中，公益组织应综合运用人员（People）、产品（Product）、价格（Price）、地点（Place）、促销（Promotion）、流程（Process）这一新的"6P"策略，从志愿者招募、培训、评估与督导、激励与维护这些环节着手优化志愿者管理的运作机理，以促使志愿者的改变，开展持续的志愿服务工作，为公益组织提供有效的人力资源支持。具体而言，公益组织应注重组织内部员工能力的培养，使志愿者管理更专业；优化公益产品组合设计，使之更契合志愿者的需求，增进志愿者参与志愿服务的综合收益；不断优化志愿服务的定价策略，合理降低志愿者参与志愿服务的时间、精力、金钱、心理和社会风险等成本；灵活设置志愿者服务的时间与场所，使志愿服务更具便利性、灵活性；精准表达服务项目的信息，选择符合志愿者需求和偏好的媒介渠道，增强志愿者招募的宣传力度；不断优化志愿者招募、培训、评估与督导、激励的流程，使志愿者管理的流程更为科学化。

公益组织运用社会营销理论开展服务项目运作，不仅可以促使各利益相关者（政府、服务对象、资金来源方、志愿者及其他合作伙伴）的公益知识、公益态度、公益行为、公益服务技能等方面的改变，使公益服务更具可持续性，在项目运作过程中，公益组织运用社会营销还可以不断塑造利益相关者的公益价值理念，促进服务对象的生存与发展，并使服务对象逐步具备发展为公益组织志愿者、公益组织资金来源方的潜能；促使志愿者志愿持续服务，并成为公益组织的潜在资金来源方；促使个体、企业等资金来源方更为深入地参与服务项目运作，成为个体或集体的志愿服务提供者；促使全民公益文化的形成，营造契合国内公益组织健康发展的社会公益环境，使政府的公益政策设计更能促进公益组织的规范化、专业化发展；促使公益组织自身向更为专业化的方向发展，促进公益行业联盟的形成；使公民个体和集体性的公益行为更为活跃；增强公益教育、公益研究与公益传播的力量，最终形成包含公益政策、公益文化、公益组织、公益行为的良性公益生态圈，增进社会整体福利水平。

6.2 公益组织社会营销的宏观优势环境分析

社会营销的成功与否与社会营销的微观、宏观环境密切相关。社会营销的微观环境包括组织资源、以往表现、服务能力、管理支持、优先权、内部成员、当前的同盟者或合作伙伴。社会营销的宏观环境包括文化因素、科技因素、人口因素、自然因素、经济因素、政治法律因素、外部人员等。[184] 本书第 3～5 章系统分析了公益组织在服务对象倡导、资金筹集、志愿者管理三大方面运用社会营销的既有成效和困境，并提出了运用新的社会营销"6P"策略优化公益组织服务项目运作机理的路径。为增强国内公益组织运用社会营销理论的可行性，需要从政策、法律、技术、公益文化等方面优化宏观环境。整体而言，在政府不断更新社会治理理念与方式的背景下，国内公益组织获得了前所未有的政策、法律、社会环境支持。与此同时，也要看清当前公益组织面临的政策、法律环境的困境。公益组织服务项目社会营销理论的运用需要不断优化国内公益组织的内、外部环境，就当前国内公益组织自身发展以及环境来看，伴随我国经济与社会转型，政府在执政理念与执政方式上都具有了从"社会管理"到"社会治理"的转变，中共十八届五中全会公报中提出要"加强和创新社会治理，推进社会治理精细化"，这也为公益组织参与公共服务提供了更为精准的发展方向。由此可见，国内公益组织已经具备了社会营销的外部环境。

6.2.1 政策创新为公益组织拓展生存空间

党的"十八大"以后，社会组织管理改革的力度不断增强。围绕登记管理、购买服务、作用发挥、信用建设、内部治理、分类扶持、财税支持等方面制定了一系列规范和促进社会组织发展的政策法规，不断拓展公益组织的生存发展空间。

（1）促进公益组织登记管理的政策。例如，出台了新中国第一部《慈善法》，引导和规范慈善组织的发展。出台《关于改革社会组织管理制度促进社会组织健康有序发展的意见》，以规范和促进社会组织的健康发展。与此同时，与慈善法相配套的《民政部关于慈善组织登记等有关问题的通知》（民函〔2016〕240号）、《慈善组织认定办法》（民政部令第58号）、《社会组织登记管理机关行政执法约谈工作规定（试行）》（民发〔2016〕39号）等政策文件也相继出台。目前，《社会团体登记管理条例》《基金会管理条例》《社会服务机构登记管理条例》这三大条例的征求意见阶段已结束，这表明社会组织登记管理的新政策即将出台，这些公益组织登记管理的扶持政策在一定程度上激发了国内公益组织登记的积极性与主动性，也为公益组织的健康发展指明了方向。

（2）促进公益组织参与政府购买服务的政策。例如，近年来，国家先后颁布了《关于政府购买社会工作服务的指导意见》（民发〔2012〕196号）、《国务院办公厅关于政府向社会力量购买服务的指导意见》（国办发〔2013〕96号）、《关于支持和规范社会组织承接政府购买服务的通知》（财综〔2014〕87号）、《国务院办公厅关于进一步动员社会各方面力量参与扶贫开发的意见》（国办发〔2014〕58号）、《关于探索建立社会组织第三方评估机制的指导意见》（2015），这些政策的颁布为引导、支持和规范公益组织参与公共服务提供了方向。

（3）不断优化支持公益组织发展的财税政策。例如，《中华人民共和国个人所得税法》《中华人民共和国企业所得税法》《中华人民共和国公益事业捐赠法》《公益慈善捐助信息公开指引》《国务院关于促进慈善事业健康发展的指导意见》（国发〔2014〕61号）、《关于非营利组织免税资格认定管理有关问题的通知》（财税〔2014〕13号）、《关于支持中央企业积极投身公益慈善事业的意见》（民发〔2015〕96号）等相关政策法规文件中均提到了社会组织税收减免制度，对个人、企业公益捐赠税收优惠做出了规定，鼓励企业投身公益慈善事业。2016年，财政部、民政部发布了《财政部、民政部关于进一步明确公益性社会组织申领公益事业捐赠票据有关问题的通知》（财综〔2016〕7号），进一步明确了可以申领公益事业捐赠票据的公益性社会组织范围和相关申领程序。

（4）支持公益组织人才发展的政策。例如，国家先后出台《关于加强社会工作专业人才队伍建设的意见》（中组发〔2011〕25号）、《志愿服务记录办法》（民函〔2012〕340号）为社会组织吸引志愿服务人才提供支持。同时，在国家职业分类体系中增加了社会工作师、慈善劝募师、会员管理师等与社会组织相关的岗位设置，并建立了与其他专业技术职务相同的职业职称发展制度。此外，《志愿服务条例》也即将出台，该条例将进一步规范志愿者的权利和义务，将有助于提高志愿服务效率，建立志愿者的保障措施与激励机制。

（5）逐步规范公益组织监督管理的政策。2015年，民政部出台了《关于探索建立社会组织第三方评估机制的指导意见》；2015年年底，民政部起草了《民政部关于健全社会组织退出机制的意见（征求意见稿）》；2016年3月，民政部出台了《社会组织登记管理机关行政执法约谈工作规定（试行）》。这些政策文件有助于规范公益组织发展，健全公益组织监管体系。此外，《慈善组织公开募捐管理办法》《公开募捐平台服务管理办法》这些规范公益组织筹款的相关政策的出台与实施也将进一步规范国内公

第6章 社会营销视角下公益组织服务项目运作设计与环境优化

益募捐领域,为真正意义上公益组织的发展提供支持。

与此同时,各地也出台了支持公益组织发展的一系列政策法规。在登记管理政策方面,广东省出台了《广东省民政厅关于基金会运营的行为指引》(粤民管〔2011〕135号)、《广东省民政厅关于进一步促进公益服务类社会组织发展的若干规定》(粤民管〔2013〕111号)、《广东省民政厅关于社会组织法人治理的指导意见》,上海市民政局制定了《上海市社会组织直接登记管理若干规定》(沪府办〔2014〕18号),贵州省民政厅发布了《关于开展四类社会组织直接登记工作的通知》(黔民发〔2014〕10号)。在购买服务方面,北京市人民政府办公厅出台了《关于政府向社会力量购买服务的实施意见》(京政办发〔2014〕34号),广东省人民政府办公厅发布了《关于印发政府向社会力量购买服务暂行办法的通知》(粤府办〔2014〕33号),贵州省人民政府办公厅出台了《关于政府向社会力量购买服务的实施意见》(黔府办发〔2014〕39号)等。这些相关的政策文件为公益组织合法性的实现、为公益组织服务空间的扩展提供了不同层面的支持,初步形成了支持包括公益组织在内的社会组织发展的政策合力。

上述这些政策推动了公益组织合法身份的获取,也拓展了公益组织的发展领域与空间。参与本次调查的绝大多数公益组织已经完成注册,其中各级民政部门注册(包括民办非营利注册以及社团注册)202家,占总体参与调查对象的61.8%;各级工商部门注册16家,占4.9%;各级民政部门备案12家,占3.7%;组织挂靠47家,占14.4%;尚未注册或备案50家,占15.3%(见表6.1)。

表6.1 公益组织注册方式

注册类型	频数(家)	频率(%)
各级民政部门注册	202	61.8
各级工商部门注册	16	4.9
各级民政部门备案	12	3.7
组织挂靠	47	14.4
尚未注册或备案	50	15.3
合计	327	100.0

此外,与政府公共服务职能拓展与深化的职能转变与政策导向相对应,公益组织的服务领域也出现了聚集化趋势(见图6.2)。

调研发现,目前公益组织服务领域较为宽泛,平均每个组织至少有两个以上的服务领域。由此可见,我国公益组织在具体服务领域上具有一定的广泛性,能够为整个

157

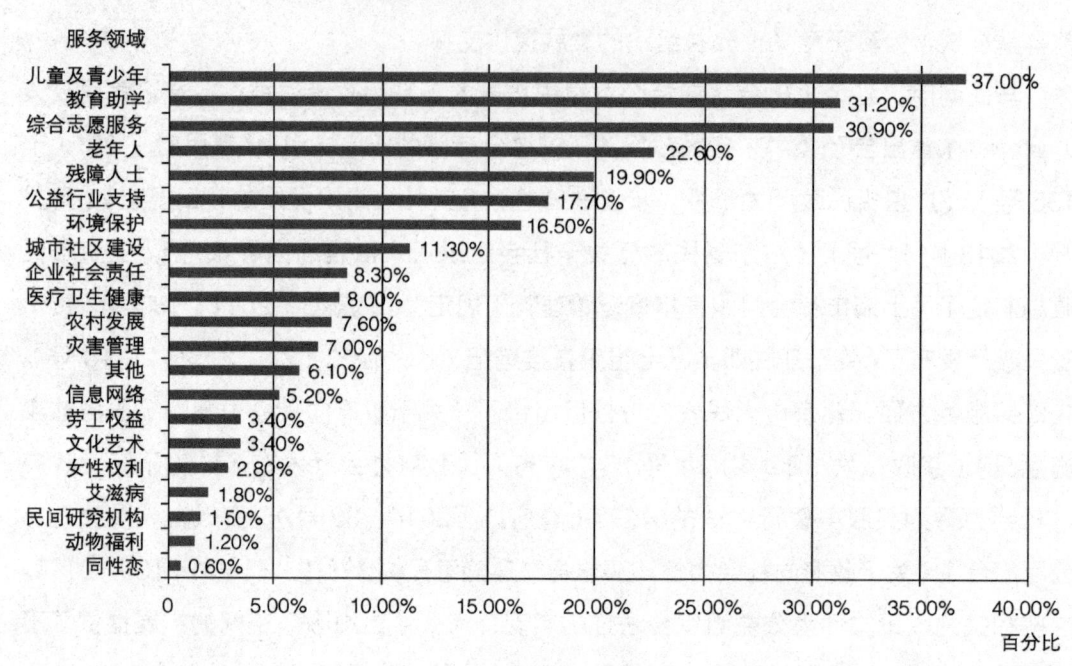

服务领域	百分比
儿童及青少年	37.00%
教育助学	31.20%
综合志愿服务	30.90%
老年人	22.60%
残障人士	19.90%
公益行业支持	17.70%
环境保护	16.50%
城市社区建设	11.30%
企业社会责任	8.30%
医疗卫生健康	8.00%
农村发展	7.60%
灾害管理	7.00%
其他	6.10%
信息网络	5.20%
劳工权益	3.40%
文化艺术	3.40%
女性权利	2.80%
艾滋病	1.80%
民间研究机构	1.50%
动物福利	1.20%
同性恋	0.60%

图 6.2　公益组织服务领域分布

社会服务体系的健全与完善提供一定的支持，为应对服务群体多元化、多层次的需求提供服务支撑。从服务领域的分布情况来看，占据前三位的服务领域分别是儿童及青少年、教育助学以及综合志愿服务，排名第 4 位至第 10 位的服务领域分别是老年人、残障人士、公益行业支持、环境保护、城市社区建设、企业社会责任、医疗卫生健康。由此看出，目前我国公益组织的服务领域仍旧集中在我国的主流热点问题之上，如青少年服务、老年人服务、教育助学、志愿者服务等。而与同性恋、动物福利、民间研究机构、艾滋病、女性权利研究相关的服务领域的公益组织数量均在 10 家以下，数量极其稀少。这也说明了我国公益组织整体发展中忽略对边缘群体的服务，如对同性恋、艾滋病关注较少，对女性权利和民间研究机构的服务也有待进一步提升。

6.2.2　"互联网+"助力公益组织筹资能力

"互联网＋"为公益组织的发展提供了巨大的空间。近年来，以微博、微信、社交网站、即时通信为代表的新媒体的迅速发展和普及为公益组织提供了高效、便捷、低成本、多元化、可持续的公益传播工具。新媒体的发展推动了公众参与公益方式的转变，拓宽了个体、企业等捐赠者、志愿者参与公益的渠道，有效降低了公众参与公益组织服务的时间、精力成本。

第 6 章　社会营销视角下公益组织服务项目运作设计与环境优化

当前，阿里巴巴、腾讯、新浪微公益、支付宝、微信支付等公益捐赠和公益参与平台为公众参与公益服务提供了多元化、便利、灵活的渠道。作者参与的"中国公益2.0"项目组在 2014 年开展的国内公益组织互联网使用与传播能力第四次调研的结果也显示出，在公益组织与志愿者的维护方面，公益组织选择在线沟通的比例最高，占78.61%。可见，新媒体已经成为公益组织进行志愿者管理的重要渠道（见图 6.3）。

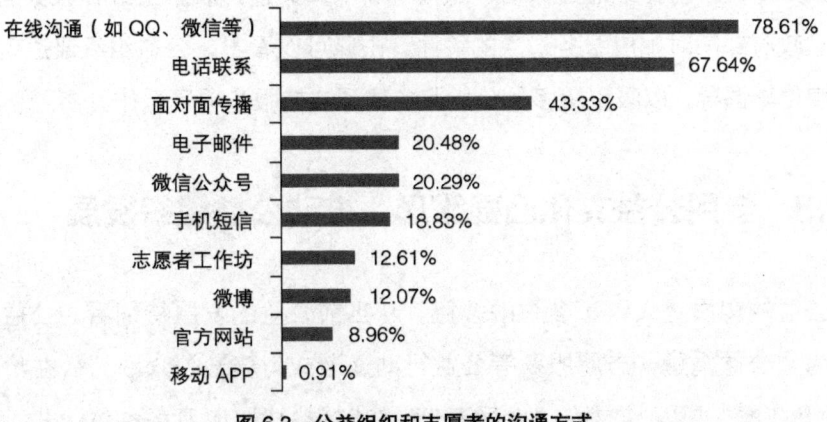

沟通方式	比例
在线沟通（如QQ、微信等）	78.61%
电话联系	67.64%
面对面传播	43.33%
电子邮件	20.48%
微信公众号	20.29%
手机短信	18.83%
志愿者工作坊	12.61%
微博	12.07%
官方网站	8.96%
移动 APP	0.91%

图 6.3　公益组织和志愿者的沟通方式

此外，新媒体已经渐趋成为公益组织筹资的重要渠道之一。其中，使用微信和腾讯公益两大新媒体平台的公益组织约占 30%。通过淘宝、新浪微公益、众筹网三个新媒体平台筹资的公益组织约占 21%。据《中国网络捐赠报告》数据显示，2013 年上半年，在淘宝和天猫平台上共有 19.7 万消费者在公益网店消费，其中有 12.7% 的消费者有超过 2 次的连续捐赠记录，因此公益网店的消费人次中有近 2.5 万人有连续捐赠的习惯。[①] 作者参与的"中国公益 2.0"项目组的调研数据也显示出新媒体技术的发展拓展了公益组织筹资的空间（见图 6.4）。

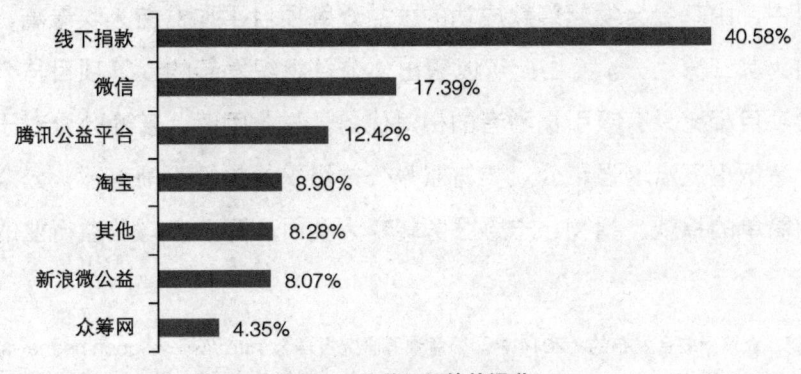

渠道	比例
线下捐款	40.58%
微信	17.39%
腾讯公益平台	12.42%
淘宝	8.90%
其他	8.28%
新浪微公益	8.07%
众筹网	4.35%

图 6.4　公益组织筹款渠道

---

① 参见阿里巴巴、瑞森德提供的《中国网络捐赠报告》，http://www.recende.com/Item/Show.asp?m=1&d=1194.

同时，公益组织也通过公益价值宣传、寻求合作、服务项目设计创新等策略积极回应政府对于公益组织及公益服务领域的政策推动，以此来寻求政府有针对性的政策推动和项目资源支持。具体到面向政府部门进行政策倡导与寻求公益服务资源支持的渠道上，公益组织也通过综合运用多种渠道寻求政府的支持。本次调研发现，22.4%的公益组织通过相关人士向政府部门提出过相关建议，20.7%的公益组织向政府部门提交过组织工作简报，26.8%的公益组织通过微信、微博等新媒体渠道开展本组织和服务的宣传，希望以此引起政府部门对相应服务对象的关注。由此可以看出，公益组织通过新媒体渠道开展公益宣传与倡导，以吸引更多的公益服务资源支持服务项目运作。

6.2.3 全民公益文化凸显雏形，推动公益组织发展

现代公益的实质是人人可参与的公益。从当前公益的发展特征看，公益是普通人的志愿行为，公益捐赠、志愿服务等公益行动逐渐成为普通公众践行公益价值理念的路径。"免费午餐""爱心衣橱""大爱清尘""冰桶挑战"以及各种体验式、参与式公益项目不断涌现，一方面体现了公众参与公益的巨大热情，另一方面为公益组织提供了源源不断的资金与志愿者资源。2014年，以众筹网、淘宝众筹为代表性平台的国内公益众筹兴起，以快乐做公益为主旋律，更是彰显了全民公益的精神。据统计，2014年在众筹网参与公益众筹项目的投资人超过2万人次。[①]2015年，中国公益众筹规模成倍增长。近700个公益团队或个人采用公益众筹渠道为公益项目开展筹款，有的甚至是第一次尝试互联网筹款。共有873个公益项目众筹成功，筹资额达3432.7万元，获得约60万人次的支持。与2014年相比，项目数量增长192%，筹资额增长170%，支持人次增长68%；平均单笔支持金额约57元，较2014年上升了61%。在这些公益众筹项目中，由基金会发起筹款成功的公益众筹项目平均支持人次最高，其他公益组织的项目为其三分之一。[②]由此可以看出，公益组织发起的众筹项目与个人、企业发起的众筹项目相比具有吸引捐赠者的相对优势。与此同时，普通公众对于公益组织的"问责"意识也逐渐增强，公众参与监督公益组织的热情逐渐高涨，公众参与公益服务已经由简单的捐款、捐物、志愿服务转变为全面、深入参与公益行业的运行。从

---

① 参见瑞森德、众筹网联合发布的《2014中国公益众筹研究报告》，http://www.ngocn.net/news/2015-07-24-56e77891801be347.html。
② 数据来自互联网金融创新及监管四川省协同创新中心和众筹网完成的《2015年中国公益众筹发展报告》，http://www.ngocn.net/news/2016-04-15-dda0245735ff5d76.html。

长远来看，公众对公益组织问责意识的形成将有利于真正的公益组织在公益领域凸显其优势，促使公益服务领域优胜劣汰机制的形成。

6.2.4 公益共同体格局助力公益组织成长

康晓光提出"公益共同体"概念，认为"公益共同体"是指在中国公益部门内部，以公益组织为成员而结成的，认同共同的价值观，遵守共同的行为规范，具有归属感的集体或集体组织。[185]当前，公益组织内部的交流与协作已经呈现"井喷"态势。中国公益组织内的共同体秉承共同的公益价值理念，探索共同的公益行为规范，初步具备促进公益组织共同成长的集体观念，已经在公益组织的专业性建设、能力提升、促进行业自律、发展行业自治、维护行业共同利益、表达组织共同利益诉求等方面发挥了积极作用。

（1）以公益支持组织为核心的伞状联盟促进了公益组织内的行业交流、资源共享与能力建设。根据上海映绿公益事业发展中心的调查，截至2014年5月，国内共有各类公益支持机构309家，包括资源性组织（为直接服务类公益组织提供资金、物资、人员）、专业性组织（为直接服务类公益组织提供能力建设、财务托管、法律咨询、机构评估等）、行业性组织（为会员及其同类公益组织及其从业人员提供服务）、枢纽性组织（帮助各个关注特定领域、议题的公益组织提供沟通、协作平台），各类公益支持机构已经在公益服务资源整合、公益行业人才培养与组织培育、公益倡导、公益组织评估与规范建设、公益行业推动等方面发挥了十分独特的作用。①

（2）公益行业内的协同服务已经渐成趋势。在汶川地震、玉树地震、雅安地震等应对突发灾害的救援行动中，公益组织内部已经能够临时组成联合性救援网络，体现了公益共同体内部协作的精神和能力。

（3）同类型的公益组织之间逐渐形成了松散的、平等的、灵活的网络关系。这些公益组织之间能够开展经常性的交流并展开一定的合作。一些组织在其中初步显现出公益"枢纽"组织的功能与作用。

（4）促进透明度及行业自律建设。自"郭美美事件"之后，公益组织行业内部为应对公信力危机已经逐渐形成行业发展共识，成立了一些行业自律联盟，如促进基金会行业透明度建设的"基金会中心网"，促进民间公益组织透明度建设的"USDO自

---

① 参见2014年上海映绿公益事业发展中心发布的《中国公益支持机构发展状况调研报告》，http://www.chinadevelopmentbrief.org.cn/news-17597.html.

律联盟"。这些公益支持组织、公益组织协作联盟、行业自律联盟等公益共同体的公益行为对国内公益组织运用社会营销理论开展服务项目运作，以及增强服务项目的规范性、有效性具有极大的推动作用。

6.3 公益组织社会营销的障碍性因素分析

一方面，当前的政策、法律、社会环境为公益组织健康发展与功能发挥提供了可能；另一方面，当前在政策、法律、社会环境领域还存在诸多阻碍自下而上兴起的公益组织发展的因素。政策体系不健全、扶持培育政策可操作性低、公益行业人才整体匮乏、公益支持组织自身能力孱弱等方面的障碍性因素，限制了公益组织运用社会营销理论进行服务项目运作和自身健康发展的目标实现。

6.3.1 政策体系不健全

当前，支持公益组织发展的政策包括法律法规、政策文件以及部门规章，因政策体系不健全而阻碍公益组织社会营销的开展主要表现在以下几方面：

（1）关于社会组织的政策较多。各种"规定""办法""通知""意见""指引"并存，缺少专门的《社会组织法》，各地探索做法较多，但是难以形成宏观的政策合力。

（2）就财税支持而言，财税政策涉及捐赠支持的主要是一些与企业和个人相关的税法，最相关的是《中华人民共和国公益事业捐赠法》，但涉及社会组织税收优惠的专门法律法规不健全，而与公益组织相关的税法仍然没有进行相应的改革，导致诸多公益组织无法常规性地申领捐赠发票和申请公益捐赠税前扣除资格。从税前扣除资格和免税资格的具体实施来看，只有少数公益组织能够具有捐赠税前扣除和免税资格，以民办班企业（社会服务机构）形式存在的公益组织仍然还没有获得与基金会同等的税收优惠待遇。如果不具备税前扣除资格，公益组织也就不能获得申领公益捐赠发票的资格，既不利于公益组织自身的发展，也不利于激发捐赠者尤其是企业捐赠者的捐赠积极性。同时，当前社会组织身份混乱，各部门在实际操作中缺乏对公益组织"公益性"的认定标准，目前《慈善组织认定办法》出台以后，各地对慈善组织如何进行具体的认定，这种认定标准和范围如何把握也还需要细化相应的操作标准，财税部门在短期内也难以做出与之对应的操作办法，目前财税部门对各种社会服务机构公益性捐赠税前扣除资格的管理仍然比较慎重，因为其难以认定社会服务机构的"公益性"资格。

（3）登记管理仍然存在各类隐形门槛。从当前来看，尽管各地对于各类社会组织的登记管理都出台了相关规定，但是对于很多公益组织而言，能够达到注册条件所要求的场地、资金等标准，还是较为困难[186]。这些客观上限制了公益组织登记注册的积极性，使一些公益组织游离于现有管理监督体制之外，公益组织难以合法身份进行公益服务，其筹资和志愿者招募也存在诸多困难，更无法参与政府购买公共服务。

（4）重登记，轻管理。长期以来，对社会组织的规范发展逐渐演变为单纯的管理，就管理内容方面更侧重于登记和年检，而对社会组织的常规监管机制尚未建立，相应的处罚机制也未建立。① 这在一定程度上导致了一些不规范的公益组织存在，既损害了服务对象、资金来源方、志愿者的权益，又损害了整个公益组织的公信力。同时，这也在客观上导致有公益意识和公益服务能力的公益组织筹资难、志愿者队伍不稳定，影响了公益行业的健康、持续发展。

6.3.2 扶持培育政策可操作性低

首先，政府职能转移界限不清晰。对于哪些公共服务职能应当而且可以交给社会组织去履行缺乏明确定位，这在一定程度上导致公益组织承接政府职能转移的过程中与自身的使命和定位存在巨大差距，既不利于组织自身的成长，也不利于公益服务效能发挥，客观上导致了政府部门对公益组织的能力难以形成正向评价。

其次，政府购买公共服务缺乏操作性规范。尽管各地均相继出台了《政府购买公共服务目录》，但是基本由政府单方面决定和实施，缺乏公益组织的制度性参与，客观上不利于公益组织有效履行公共服务职能，也不利于服务对象需求的满足。

再次，政府购买服务的具体程序不规范。在政府购买公共服务的项目定价、社会组织选择标准、第三方评估、招投标流程等方面缺乏科学合理的规定。这些客观上导致提供公共服务的公益组织整体数量少、服务能力不足，难以调动公益组织参与提供公共服务的主动性与积极性，使一些有专业服务能力的公益组织游离于政府公共服务采购对象范围之外，也使这些公益组织服务项目运作缺少了重要的资金来源。

---

① 马庆钰、廖鸿将现行立法赋予登记主管机关的执法手段做了详细分析，认为社会组织管理体制是登记主管部门、业务主管部门、职能主管部门分工管理，整体呈现监管碎片化。现有执法手段包括年检、评估、财务监督与审计、强制信息披露、违法查处，但是还存在现有监管手段不足、效力弱、社会参与缺乏、评估指标不科学等问题。

6.3.3 公益行业人才整体匮乏

一个组织得以持续发展需要来自外部的如资金、政策、智库支撑等支持，人员发展的内部支撑也是十分重要的。然而，通过此次调研数据以及深度访谈发现，公益组织内部全职工作人员总体规模较弱，人员数量严重不足（见表6.2）。

表 6.2 公益组织全职工作人员情况

全职工作人员数量	频数（家）	频率（%）
5人及以下	176	53.8
6～10人	56	17.1
11～20人	28	8.6
20～30人	22	6.7
30人以上	45	13.8
合 计	327	100.0

由表6.2可见，全职工作人员数量在5人及以下的公益组织占据了大半，为176家（53.8%），6～10人的为56家（17.1%），11～20人的为28家（8.6%），20～30人的为22家（6.7%），30人以上的共有45家（13.8%）。作者参与的"中国公益2.0"的第四次公益组织传播能力调研数据也显示，在参与调研的569家公益组织中，组织工作人员多集中在4～10人，约占40%（见图6.5）。

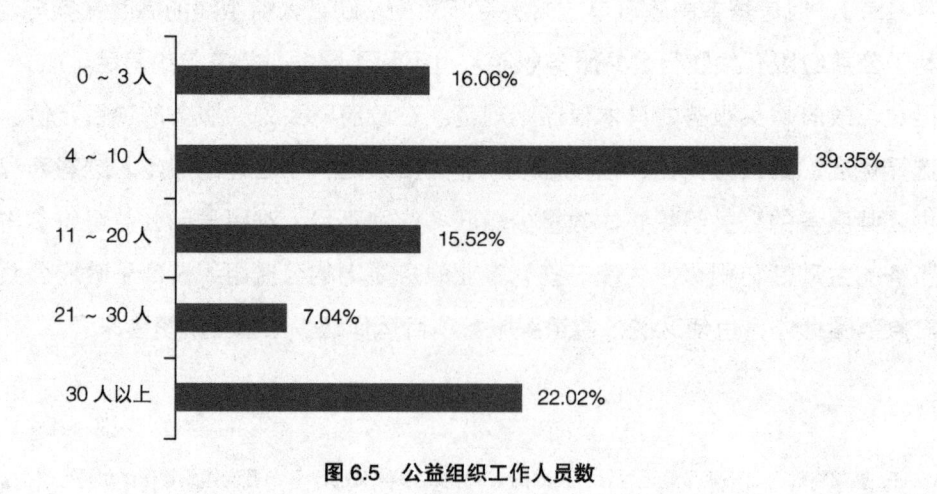

图 6.5 公益组织工作人员数

- 0～3人：16.06%
- 4～10人：39.35%
- 11～20人：15.52%
- 21～30人：7.04%
- 30人以上：22.02%

由此可以看出，公益行业专业人才的缺乏已经不仅仅是公益组织内部的问题，而

第 6 章　社会营销视角下公益组织服务项目运作设计与环境优化

是整个公益行业的共性问题。[187] 瑞森德开展的《中国公益组织从业者保障状况专题调研报告 2015》中指出，在所有参与调研的公益组织中，在占比为 84.3% 的拥有全职员工的公益组织当中，平均每家有 11 名全职员工。50% 的机构全职人数在 5 人以下，75% 的机构全职人数在 9 人以下。

究其原因，主要在于国内公益行业从业人员的整体公益保障水平较低。

（1）收入水平低。瑞森德调研发现，56.5% 的全职公益从业者月收入（包括工资、奖金、补贴等收入的税前总和）低于全国平均工资水平，其中 15.2% 的调查对象月收入不到 2000 元，37.3% 的调查对象月收入低于 3000 元。

（2）保险状况较差。机构为全职员工缴纳了五险一金的占全部调查对象的 37.7%，完全未缴纳社保的占全部调查对象的 35.1%。[188]

（3）综上所述，公益组织人才的缺乏以及公益组织人才的社会保障水平低下不利于公益行业人才队伍的壮大，也不利于公益组织服务效能的实现，限制了公益组织的健康发展，羁绊了整体公益行业的持续发展。

6.3.4　公益支持组织自身能力孱弱

当前正处于公益组织发展的新热潮，但是多数公益组织成立时间短、规模小、专业能力不足，不仅需要政府的政策法律支持，更亟须公益行业支持。公益支持组织通过为公益组织提供资金、人力、知识、信息、技术等多元支持与服务，可提升公益组织回应社会问题的能力，也有助于公益行业的健康发展。就目前而言，诸多具有"支持"功能的组织自身能力仍然较弱，且诸多公益支持组织中具有官方背景的社会组织较多，其自身存在"去行政化"等迫切需要改革的问题。同时，非官方背景的公益支持组织自身也面临诸如资金、人力等多方面的困境，难以承担"支持"的责任。

公益支持组织对直接服务性公益组织的支持能力和支持力度均不足，主要表现在以下四方面：①在地域分布上极不平衡，多集中在北京、上海、深圳等经济发达地区，而需求较为旺盛的中西部地区公益支持机构则较为匮乏；②部分行业性和枢纽性组织自身独立性和自主性缺乏；③公益支持组织自身的专业服务能力和经验不足；④公益支持组织自身资源也相对匮乏。[189] 由此可以看出，公益支持组织自身的资金、人员、专业能力尚存在一定问题，短期内难以形成对行业内公益组织的有效支持，其在公益行业链条中的作用尚未充分发挥。这在客观上造成其对直接服务性公益组织的公益行业支持力度不够，使诸多自身公益资源短缺、专业人才缺乏、项目运作能力弱的公益组织缺乏行业支持，不利于公益组织服务项目的规范运作和服务效能的发挥。

6.4 公益组织社会营销环境的优化策略

鉴于当前公益组织发展中存在的政策法规不健全、公益行业人才缺乏、公益支持组织孱弱等问题，应以《慈善法》的出台与实施为契机，从优化公益组织运用社会营销的宏观环境出发，从完善公益组织登记备案管理制度、规范管理体系、发挥政策合力、完善法规体系、培养公益行业人才等多方面优化公益组织的发展环境，合力营造国内公益组织运用社会营销的宏观公益环境。

6.4.1 持续完善公益组织登记备案管理制度

公益组织的登记备案管理制度应本着社会组织具有的志愿性、非营利性、相对独立性不断进行改进。建立全国统一的登记备案管理系统，逐步规范国内统一的社会组织登记备案制度，避免各地对公益组织登记备案的多重标准解读与操作。同时，从注册资金、固定活动场所等方面降低公益组织准入门槛。在登记管理上，对有意向登记的公益组织进行"善意推定"，避免各种隐性的门槛。[190] 在登记备案管理过程中，在公益组织的"公益性"认定上，以《慈善法》为准则，以从事公益事业、有明确的公益使命定位、有特定的公益服务、收入主要用于公益目的的实现为基本条件，从源头上避免一些组织假借慈善组织的名义进行非法活动。对于公益组织"合法性"的认定标准也不能简单以是否登记备案作为唯一标准，有学者建议承认非法人社团的合法性，将组织行为合法性作为公益组织"合法性"认定的标准，这样可以引导更多公益组织纳入正式的管理框架中[191]。

针对暂不具备登记备案条件的公益组织，应通过各级各类社会组织孵化园、社会组织服务中心等孵化培育平台为其成长提供必备的软硬件支持，使其具备一定的公益服务能力，真正发挥公益组织登记备案管理的作用。通过不断完善公益组织登记备案管理制度，助推公益组织合法性身份的获取，将更多的公益组织纳入现代社会服务体系中，以繁荣公益生态圈。2016年5月，为与《慈善法》相关法律规定相匹配，规范社会服务机构登记管理，民政部发布了《社会服务机构登记管理条例》(《民办非企业单位登记管理暂行条例》修订草案征求意见稿)，① 该条例将"民办非企业单位"更名

---

① 参见中央政府门户网站，http://www.gov.cn/xinwen/2016-05/26/content_5077073.htm。

为"社会服务机构",调整完善了社会服务机构的管理体制,统一了社会服务机构的组织类型,规范了社会服务机构的管理,该条例的修正与实施有助于规范服务领域广泛、形式多样的公益组织。

6.4.2 逐步建立公益组织规范管理体系

将公益组织的规范管理由登记备案式"前置性管理"向公益组织合法性运行的"全程性管理"转变。转变传统的政府监管理念,引入多元参与理念,本着规范和培育公益组织发展的原则对公益组织进行科学的分类管理。在管理过程中,引入公益支持组织、服务对象、资金来源方的参与,充分发挥新媒体平台的优势与作用,加大评估和多元激励方式的运用,真正实现引导式、培养式现代公益组织管理。不断丰富与优化公益组织管理框架体系,通过组织章程、法人治理、适度信息披露、利益相关方监督、部门协同、评估等方式形成公益组织规范管理的合力。

(1)引导公益组织重视章程对组织健康发展的重要性。在公益组织的常规性管理中,民政部门应当重视对组织章程制定和修改的引导,以章程规范公益组织的合法性行为,保障其公益使命的履行。

(2)引导公益组织规范内部治理。通过引导与支持公益组织建立法人治理结构,成立理事会、监事会,并监督其发挥应有的职能,发挥组织内部决策权、管理权、监督权之间的平衡性功能,保障组织内部治理的规范性。

(3)支持公益组织发展自律联盟。当前,公益部门内部已经形成了初步的公益共同体,也形成了一些行业自律组织。应在此基础上,进一步支持与发展行业自律联盟,以多种途径提升公益组织行业内的自我规范、自我监督能力,合力提升公益组织的透明度和公信力。

(4)不断优化公益组织利益相关者的问责机制。引导公益组织完善服务项目设计与管理流程,重视项目设计与管理中服务对象、资金来源方、志愿者的参与度,并在项目评估中加强利益相关者的参与。同时,引导公众通过新媒体渠道加强对公益组织的关注,督促公益组织不断提升自身的透明度。

(5)真正发挥第三方评估对公益组织的规范引导作用。第三方评估有助于提升公益组织及其服务项目运作的规范性。今后应持续推进社会组织评估指标体系的科学性,实现以评估促进公益组织的规范性,提升公益组织的专业服务能力。

(6)发展公益信托。借鉴和参考现有《中华人民共和国信托法》,依据《慈善法》,

积极推进公益组织开展公益信托，增加公益组织财务管理的规范性和绩效，一方面有助于解决现有公益组织内部财务管理不规范的问题，提升公益行业的整体公信力；另一方面通过公益信托机构的专业服务，可以促进公益组织更加注重服务项目的运作绩效，增加公益组织的运作效能。

6.4.3 发挥政策合力，支持公益组织发展

（1）尽快建立现代社会组织统计体系。借鉴国外非营利组织的管理经验，建立国内统一的社会组织统计口径和统计标准体系，为科学合理地进行公益组织的管理和服务，以及出台公益组织相关的社会政策提供参考依据。

（2）对现有公益组织进行性质的再评估。鉴于现在财税部门无法认定公益组织的"公益性"和"非营利性"，民政部门、财政部门、工商部门应协同依据《慈善法》对现有的公益组织及其服务项目进行再认定，并积极推进慈善组织认定工作，确保合法的公益组织及服务项目能够充分享受到各类扶持政策的支持。

（3）加大财税扶持政策的支持力度。应使公益组织充分享受各类税收优惠以及行政事业性收费减免政策，进一步扩大具备免税资格的公益组织范围，并定期进行公益性评估。在具体操作中，应严格按照财政部、民政部发布的《财政部 民政部关于进一步明确公益性社会组织申领公益事业捐赠票据有关问题的通知》（财综〔2016〕7号）中的相关规定，规范公益事业捐赠票据使用行为，引导公益组织规范捐赠资金的使用。在"公益性"的认定上，由于目前关于慈善组织的认定尚需要一定时间，财税部门可以联合民政部门根据公益组织的服务项目进行"公益性"认定，对公益组织的政府购买、政府财政拨款、社会捐赠收入这三类项目资金来源给予免税，逐步推进减免公益组织收入所得税的操作办法。简化个人、企业等捐赠后税收减免操作程序，逐步提高捐赠的税收抵扣限额，允许捐赠者向公益组织实物（房产、股票、汽车等）捐赠的抵扣，激发捐赠者向公益组织捐赠的积极性，营造良好的公益捐赠氛围。

（4）探索建立公益组织的资金保障机制。拓展政府对公益组织的财政资助方式，将各类专项补贴、以奖代补、公益创投、政府购买、服务收费、社会捐赠等多种资助方式相结合，形成公益组织发展的资金保障。就当前最重要的财政补贴方式——政府购买，应引入公众参与的方式，明确公共服务需求，建立科学的公共服务项目采购和分类管理制度以及科学的服务成本核算和预算管理制度，不断优化政府购买的流程，并不断规范第三方评估机制，完善公共服务绩效评估制度。

（5）着力培育与发展各类公益支持组织。探索通过政府购买服务、公益创投的方式，支持公益支持组织引入高效、专业的团队开展更具精准性的公益行业支持服务，以培养更多的现代公益组织，提升公益行业的整体服务效能。同时，引导公益支持组织加强自身能力建设，鼓励公益支持组织加强行业自律与联盟，形成公益合力。

6.4.4 重构适应公益组织发展的法规体系

（1）继续推进《社会组织法》的制定。鉴于当前从国家到地方诸多推进社会组织发展的创新实践已经初具规模，能够总体提炼出一些共性特点。与此同时，各地的诸多政策及规定也存在不一致的地方，对于推进社会组织的发展在具体做法上各具特色，这需要从立法层面上对各地的成功经验进行梳理，并通过法律的权威性进行制度保障。因此，应在现有的各类社会组织管理的规定基础上推动国家层面的立法计划早日提上日程，为国内快速发展的公益组织提供法治化保障。

（2）逐步形成完备的法规体系。整合现有的各类法律法规、政策文本、部门规章。对于社会组织相关的"条例""意见""通知"等各类规范性文件和法规进行系统整理，以更为有效地发挥法规对社会组织的法治效能。依托2016年颁布的《慈善法》，进一步规范慈善组织，引导慈善组织有序开展慈善募捐，引导公众、企业积极开展慈善捐赠，发展慈善信托，规范慈善资金使用，促进慈善组织的信息公开，提升慈善组织的公信力。尽快出台《志愿服务条例》，规范志愿者招募、志愿者培训、志愿者服务、志愿者激励、志愿者权益保护等，进一步促进我国志愿服务的规范化、持续性。由此，逐步形成门类齐全、覆盖全面的社会组织法律法规体系，以更好地规范公益组织的健康有序发展，增强公益组织的服务效能。

6.4.5 健全公益行业人才队伍培养体系

（1）依托高等院校公共管理、社会学、社会工作相关学科设置培养公益慈善类学术型、实务型兼备的公益人才。鼓励高校将基础理论知识的培养与实践基地培养紧密结合，增强公益慈善人才的社会实践能力。同时，积极运用高校的优势资源，并探索与国内致力于公益行业人才培养的企业、基金会共同设立奖学金，资助优秀的公益从业人员进修学习，提升从业人员的专业能力和素养，为国内公益慈善领域的实务人士提供再深造机会。例如，国内的中山大学、北京大学都已经设置了公益慈善硕士的高级公益管理人才培养点。

（2）继续培养公益实务高级人才。继续推动国内关注行业发展的基金会联合出资创办全国性的公益大学，加快公益人才特别是支持性人才的培养。有条件的公益支持机构应与高校的管理学院或培训咨询机构进一步加强合作，培训公益管理的实务人才，提升人才的专业化和职业化。

（3）逐步完善公益行业人才社会保障。政府应逐步落实职业保障措施，保障公益组织从业人员的合法权益，提升公益组织对人才的吸引力，将公益组织人才队伍建设纳入区域性人才队伍建设总体规划，在人员聘用、户籍管理、职称评定、薪酬福利、社会保障等方面给予适度的政策支持，将社会工作师、会员管理师、募捐师作为国家职业分类，并建立相应的职业职称发展制度，推动建立职业职称与社会福利保障相衔接的制度，为公益组织积聚更多专业性人才。

本章小结

本章概括了公益组织运用社会营销理论进行服务项目运作的设计，认为在服务对象管理、资金来源方管理、志愿者管理过程中，公益组织应分别运用社会营销的新"6P"策略进行服务项目的设计与管理，以提升服务项目运作的专业性、规范性、持续性。

当前，公益组织运用社会营销理论进行服务项目运作已经初步具备宏观环境方面的优势，主要体现在政策法规创新为公益组织拓展了生存空间，"互联网+"为公益组织提供了筹资平台，全民公益文化的初显为公益组织营造了良好氛围，公益共同体的形成为公益组织提供了行业性支持。一方面，当前的政策、法律、社会环境为公益组织健康发展与功能发挥提供了可能；另一方面，当前在政策、法律、社会环境领域还存在诸多阻碍自下而上兴起的公益组织发展的因素。这主要体现在法规体系不健全，培育扶持政策可操作性低，公益行业人才整体匮乏，公益支持组织自身孱弱。鉴于当前公益组织发展存在的政策、法规不健全，公益行业人才缺乏，以及公益支持组织孱弱等问题，应从优化公益组织运用社会营销的宏观环境出发，从完善公益组织登记备案管理制度、建立规范管理体系、发挥政策合力、完善法规体系、培养公益行业人才多方面优化公益组织的发展环境，合力营造国内公益组织运用社会营销的宏观公益环境。

第 7 章

研究结论与展望

第 7 章　研究结论与展望

英美国家的社会营销理论已经发展 40 余年，被广泛应用于多个社会领域，并逐步凸显出该理论对于应对纷繁复杂的社会问题，有效回应公众的社会福利需求中所发挥的社会价值。国内迅猛发展的公益组织已经在社区服务、养老助残、扶贫帮困、灾害救援、社会救助、青少年服务方面发挥了极其重要的作用，也初步具备了开展服务项目运作的理念与能力，并已在服务项目运作过程中或多或少地践行了社会营销的价值理念，今后公益组织将在儿童青少年关爱、养老服务、精准扶贫等领域发挥更为积极的作用。此时，将社会营销理论进行本土化的研究，使之更契合国内公益领域发展的现实趋势，具有理论推动、政策倡导和促进公益实务的三重价值。

7.1　研究结论

本研究基于社会营销的理论框架，以国内公益组织已经或正在开展的服务项目为切入点，深入探究公益组织服务项目实然和应然的运作机理，并以此推动社会营销理论的本土化，搭建契合国内公益服务发展特色的社会营销实务理论框架，为后续相关公益领域研究提供可行的参考与借鉴。本书第 3 章、第 4 章、第 5 章就公益组织在服务项目设计与管理中如何进行服务对象倡导、资金来源方管理、志愿者管理进行了系统深入的探讨，并建构了相应的"6P"模型，阐述了相应的运作机理。本研究的主要成果如下：

（1）服务项目逐渐成为国内公益慈善服务运作的主要模式。当前，公益项目已经成为公益组织募集资金、招募志愿者、开展公益服务的有效形式。《慈善法》中规定了慈善组织在章程中应明确项目管理制度，慈善募捐和服务均须采用项目制方式进行规范。由此可以看出，项目制已经成为国内公益慈善的主要运作方式。与此同时，就公益组织自身而言，一些公益组织尚缺乏明确的组织使命定位，其服务项目设计与管理中也缺乏规范性与有效性。就公益组织所处的行业环境而言，国内公益组织日益面临

第 7 章 研究结论与展望

激烈竞争，亟须通过服务项目化运作有效整合公益服务的资源，提升公益组织的专业服务能力，增强公益组织服务的有效性，实现社会公益价值。尤其是公益创投、公益众筹的兴起引发了国内公益领域新一轮的创新，客观上使诸多公益组织在拥有更多公益服务资源的同时面临激烈竞争，因此，如何提升项目设计、执行的有效性，提高公益服务项目品牌的知名度与影响力，已成为公益实务界关注的焦点。同时，为国内公益实务的纵深发展引入何种公益理论，以有效指引国内公益发展的方向成为公益研究领域的要务。

（2）国外社会营销与国内公益组织服务项目的理念具有内在契合性。从社会营销理论的溯源及核心理论的系统梳理与分析可以看出，该理论本身的定位即在于回应健康水平提升、预防伤害、环境保护、扶贫帮困等社会需求，解决诸如酗酒、酒后驾车、青少年自杀、艾滋病传播、贫困蔓延等社会问题，这与国内公益组织关注的社会问题及从事的服务领域是契合的，从此次调研的情况也可以看出，参与调研的公益组织服务领域覆盖儿童青少年服务、教育助学、医疗救助、农村社区发展、为老服务等服务领域。因而，从国内公益组织服务项目所涵盖的服务领域、关注的社会问题上看，西方的社会营销理论对于引领国内公益组织服务项目的运作专业化、规范性具有借鉴和参考价值。作为公益组织，更需要具备社会营销的理念，做好利益相关者维护；需要运用社会营销的策略对服务对象进行需求分析与项目参与倡导；需要针对资金来源方进行吸纳与维护；需要规范志愿者管理，切实促进公益组织服务项目运作能力的提升，保障公益慈善服务领域健康、持续发展，营造国内完备的公益慈善生态链。

（3）国内公益组织服务项目运作初具社会营销雏形。本研究应用混合研究方法论，运用社会营销的理论框架，制定并充分运用研究工具融合多元研究方法进行系统调研与分析。

在服务对象倡导方面，在项目设计与管理过程中，部分公益组织能够坚持"需求为本"的原则，从项目目标到服务产出、服务对象时间及精力与社会风险成本、服务地点设置、服务倡导与推广方面将服务项目运作与服务对象需求进行有效匹配。

在资金来源方管理方面，在项目设计与管理过程中，部分公益组织能够将项目目标与产出、所需公益服务资金与实物等资源、资源捐赠地点与方式、筹资宣传等根据不同筹资对象进行筹资策略的组合，以达到从项目筹资到组织资金发展的有效衔接。

在志愿者管理方面，在项目设计与管理过程中，部分公益组织能够将项目目标与产出、所需志愿者资源、志愿者服务方式、服务地点设置、志愿者培训与成长激励、志愿者倡导方式等与志愿者自身需求相匹配，将组织自身价值、志愿者价值、服务对象需求相互衔接。

综上所述，国内公益组织服务项目运作已经或多或少地运用了社会营销理论。与此同时，在项目设计与管理过程中，公益组织在回应不同利益相关者的需求过程中尚且存在诸多问题，主要表现在项目目标设计与产出、不同利益相关者需求评估与回应、项目资源整合、项目实施方式、项目倡导与推广等方面。因此，应对国外社会营销理论模型进行重构，使之更契合国内公益发展现实。

（4）初步建构出国内公益组织服务项目运作的新"6P"模型。

在服务对象倡导过程中，公益组织应本着"需求为本"的项目运作理念，着眼于服务对象的多层次改变，综合运用人员（People）、产品（Product）、价格（Price）、地点（Place）、促销（Promotion）、绩效（Performance）这一新的"6P"策略优化公益组织服务对象倡导的运作机理，以促成服务对象的改变，提升服务对象的社会福利水平。

在筹资过程中，公益组织应综合运用政治（Politics）、产品（Product）、价格（Price）、公共关系（Public relationship）、流程（Process）、绩效（Performance）这一新的"6P"策略优化筹资的运作机理，以促成资金来源方的改变，使其秉承公益理念持续支持公益组织的发展，使公益组织具有持续稳定的资金来源，更好地践行组织使命与价值，提升整体的社会福利水平。

在志愿者管理过程中，公益组织应综合运用人员（People）、产品（Product）、价格（Price）、地点（Place）、促销（Promotion）、流程（Process）这一新的"6P"策略从志愿者招募、培训、评估与督导、激励与维护环节着手优化志愿者管理的运作机理，以促使志愿者的改变，开展持续的志愿服务工作，为公益组织提供有效的人力资源支持。

（5）国内公益生态宏观环境有利于公益组织应用社会营销。政策法规创新为公益组织拓展了生存空间；"互联网+"为公益组织提供了筹资平台；全民公益文化的初显为公益组织营造了良好氛围；公益共同体的形成为公益组织提供了行业性支持。今后，随着进一步完善公益组织登记备案管理制度、建立规范管理体系、发挥政策合力、完善法规体系、培养公益行业人才等多方面优化公益组织发展环境的深入改革，将营造出更有利于公益组织发展的宏观生态环境。宏观环境的优化也将对公益组织健全内部治理结构、网罗公益人才、提升专业服务能力、实现自身的透明度和公信力提供外部支持。公益组织内外部环境优化将有利于更好地应用社会营销理论提升组织整体能力，以实现公益服务绩效。

社会营销应存在于公益组织服务项目运作的始终。国外社会营销较多地运用于社会问题解决过程中的某一阶段，成为一项相对独立的社会营销项目。从国内公益组织自身发展和价值使命的实现而言，社会营销理论的核心价值理念对于国内公益组织是一场公益理念的洗礼，能够激发国内公益组织服务项目综合管理的意识，真正实现有效做公益。因此，社会营销应该贯穿于公益组织服务项目运作过程的始终，在这一过程中，服务对象的服务与倡导、资金来源方维护、志愿者管理都是持续的过程，不止于某项目的结束，而贯穿于公益组织践行使命的整个组织生命周期，对于公益组织的健康发展以及公益服务能力的提升都是至关重要的。

7.2 研究局限

作者的研究目标是通过本研究能够系统梳理国内外社会营销理论的前沿学术成果，全面把握国内公益组织在服务项目运作中运用社会营销理论的新尝试，辨析公益组织服务项目运作中的关键性问题，为公益组织更好地开展公益服务，回应利益相关方需求提供理论参考和现实路径。囿于作者的研究能力、客观因素等，本研究在调查对象选取、样本全面性、模型验证等方面尚存在一些局限。

（1）问卷调查中样本对象选取的局限。国内公益组织尚缺乏全面、权威性的数据库，因而本研究在问卷调查阶段，主要调研样本选择是通过关键人和公益 2.0 平台、公益慈善交流群发放的网络问卷，因此还有一些很少使用网络或者不在这个公益交流圈的组织不在本调查范围内，在后续研究中有待进一步完善。与此同时，由于研究经费与研究力量的限制，本研究主要针对公益组织负责人或项目主管进行问卷调查，针对服务项目的利益相关者，如服务对象、捐赠者、志愿者未开展相应的调查，因而很难全面反映项目设计与管理的问题。

（2）深度访谈中访谈对象的全面性尚有不足。由于本研究的主客观因素限制，作者在深度访谈过程中，主要侧重于对公益组织负责人进行访谈，而较少涉及利益相关者，如项目服务对象、资金来源方（捐赠者、政府、基金会等项目资助方）、志愿者对服务项目运作的评价。因而很难全面反映公益组织服务项目运作的问题。

（3）本研究所归纳的公益组织项目运作模型有待进一步验证与修正。本研究在掌握问卷数据、深度访谈资料及对所有资料进行定性和定量分析的基础上，结合社会营销理论，设计出服务项目运作的要素，通过专家评价法进行要素的组合，并通过模糊评价法构建出本研究中的"6P"模型。任何一个理想模型的科学验证都需要在实践中通过行动研究去验证与修正才能得到更契合实际的理论研究成果。由于本研究时间和作者能力的限制，尚未在公益实践中开展模型的验证和修正。

（4）研究分析方面的局限。本研究的分析主要来源于作者对国内外文献梳理、自身开展的社会组织评估、公益创投项目评估等公益研究实践，其间也与国内诸多公益组织负责人、公益研究领域的学者进行了多轮探讨。然而，由于文献检索可能存在的疏漏、研究者个人经验的欠缺等问题，是否还存在被忽视的其他项目运作因素，还有待进一步研究。

7.3 研究展望

（1）社会营销理论本土化发展问题。当前，国际上社会营销理论发展相对较为完善，已形成了一定的学科体系。与此同时，伴随着信息化社会的到来，全世界范围内的营销环境都发生了翻天覆地的变化，营销管理理论也在不断更新，新的营销模型、策略与方法不断涌现，因而作为应对社会问题的社会营销理论也应随之不断更新思路，并结合国内公益慈善领域发展的现实与趋势不断完善，提升理论对于公益领域的指导能力。

（2）公益领域应用社会营销的文化背景。社会营销是产生于美国的应对社会问题、提升社会福祉的应用型理论，其理论产生与应用基于美国、英国等西方国家的公益慈善文化，因此国内的公益慈善文化氛围与西方国家有诸多层面的区别。社会营销理论应该如何进一步的本土化以契合国内公益慈善文化，国内公益慈善文化如何重塑社会营销理论，这些都是有待进一步研究的问题。

（3）公益组织应用社会营销的政策法规体系研究。公益组织运用社会营销理论需要一系列政策法规支撑，而当前公益领域的相关政策法规尚未形成统一的体系，因而各地的公益组织在自身生存、服务开展的过程中还存在不同的政策法规障碍，影响了公益组织自身能力建设的自主性和积极性。因此，如何优化公益组织的政策法规体系，为公益组织更好地运用社会营销营造宏观环境，应成为公益研究领域的后续研究问题。

（4）探索性研究以及推广。本研究通过有限度的问卷和深度访谈考察国内公益组织服务项目运作过程中在多大程度上运用了社会营销理论，其中还存在哪些问题与困境，并尝试建构了本土的社会营销模型，探索了公益组织应用社会营销开展服务项目运作的新机理。因此，本研究更多的是一种探索性研究，样本数量较少，在结论的推广上也有一定限制，且模型还需要进一步经过公益实践验证。建议在以后的相关领域中开展以下研究：

1）增加调查对象的完整性。在调查对象中，增加服务对象、资金来源方、志愿者以及其他项目合作方这些核心利益相关者的调查，形成更为完整的研究资料体系，增强研究结论的可靠性和可推广性。

2）研究方法更为多元化。运用行动研究、准实验研究的方法形成公益组织运用社会营销的完整流程研究，以形成更为本土化的社会营销理论体系。

3）深化不同公益组织类型应用社会营销的研究。在进一步的研究中，应将民办非企业或社会服务机构、社会团体、基金会这三种不同类型的公益组织运用社会营销的情况进行区分性研究，三者在运作方式、资金来源、服务侧重上有诸多不同，因而在社会营销策略的运用和项目运作的关注点上也有不同，因此，应进一步区分组织类型进行深入、精准化研究。

（5）公益领域的理论研究应持续拓展。国际上公益领域相关的理论成果颇为丰富，因而国内公益研究领域应关注公益慈善领域发展中的实质问题，不断汲取国外前沿理论成果，推动中西方对话，并不断进行本土化的尝试，以对当前公益慈善领域发展的时代问题做出回应，为国内公益发展提供有效的阐释，走出有公益发展特色的中国道路。

当前，国内对于公益运作方式的激烈讨论已然兴起，"催化式慈善""公益市场化""公益零成本？""公益社会化"各种公益领域的辩论此起彼伏，公益创投、政府购买、公益众筹等公益项目运作模式方兴未艾，《慈善法》的出台也成为公益慈善领域健康发展的法律支持新开端，即将出台的《志愿服务条例》也势必会激发社会公众参与志愿服务的热情。因而，公益研究领域应继续汲取国外前沿公益理论的知识，并使之本土化，以形成能够指导中国公益慈善事业的有效理论知识，并通过这种知识来推动公益慈善服务和公益慈善政策的变革，激发社会的整体公益慈善理念转变，促使各类公益组织运作策略的持续创新，从而实现整体社会福利水平的提升。

参考文献

[1] 民政部. 2016年1季度全国社会服务统计季报 [R/OL]. http://www.mca.gov.cn/article/sj/tjjb/qgsj/201604/201604281811.html.

[2] 王名. 我国社会组织发展的前提和趋势 [J]. 中国机构改革与管理, 2014（2）: 69-74.

[3] 杨团. 中国慈善发展报告（2016）[M]. 北京: 社会科学文献出版社, 2016: 6-7.

[4] 杨团. 中国慈善发展报告（2016）[M]. 北京: 社会科学文献出版社, 2016: 83-85.

[5] 石国亮. 慈善组织公信力研究 [M]. 北京: 人民日报出版社, 2015: 32-33.

[6] 康晓光. 中国第三部门观察报告 [M]. 北京: 社会科学文献出版社, 2014: 40.

[7] 何道峰. 用公益市场化开辟中国社会变革新道路 [J]. 华夏时报, 2015（24）.

[8] Kotler P, Zaltman G. Social Marketing: An Approach to Planned Social Change[J]. Journal of Marketing, 1971（35）: 5.

[9] 莱斯特·M. 萨拉蒙. 公共服务中的伙伴——现代福利国家中政府与非营利组织的关系 [M]. 田凯, 译. 北京: 商务印书馆, 2008: 55-56.

[10] 王名. 社会组织论纲 [M]. 北京: 社会科学文献出版社, 2013: 130.

[11] 朱健刚. 中国公益发展报告（2011）[M]. 北京: 社会科学文献出版社, 2012: 3.

[12] 王思斌. 社团的管理与能力建设 [M]. 北京: 中国社会出版社, 2003: 183.

[13] 渠敬东. 项目制——一种新的国家治理体制 [J]. 中国社会科学, 2012, 3: 113-130.

[14] 王思斌. 社会行政（第二版）[M]. 北京: 高等教育出版社, 2013: 159-161.

[15] 杨团. 中国慈善发展报告（2011）[M]. 北京: 社会科学文献出版社, 2011: 173.

[16] 陈家健. 项目制与基层政府动员——对社会管理项目化运作的社会学考察 [J]. 中国社会科学, 2013, 1: 64-79.

[17] Peter M Kettner, Robert M Moroney, Lawrence L Martin. 服务方案设计与管理（第4版）[M]. 高迪理, 译. 新北市: 扬智文化事业股份有限公司, 2013: 25-26.

[18] 风笑天. 社会学研究方法 [M]. 第3版. 北京: 中国人民大学出版社, 2009: 94-96.

[19] Creswell, J W. Research design: Qualiative and quantitative approahes[M].

Thousand Oaks, CA: Sage, 1995: 175-178.

[20] Abbas Tashakkori, Charies Teddlie. 混合研究方法论——定性方法和定量方法的结合 [M]. 唐海华, 译. 重庆: 重庆大学出版社, 2012: 16-17.

[21] 陈向明. 质的研究方法与社会科学研究 [M]. 北京: 教育科学出版社, 2000: 165.

[22] 艾尔巴比. 社会研究方法（第十一版）[M]. 邱泽奇, 译. 北京: 华夏出版社, 2009: 303-306.

[23] 宋林飞. 社会调查研究方法 [M]. 南京: 江苏教育出版社, 2009: 208.

[24] 风笑天. 社会学研究方法 [M]. 第3版. 北京: 中国人民大学出版社, 2009: 183-184.

[25] 杨杜, 等. 管理学研究方法 [M]. 第2版. 大连: 东北财经大学出版社, 2013: 197-198.

[26] 宁秀君. 市场调查与预测 [M]. 第2版. 北京: 化学工业出版社, 2013: 68.

[27] 彭华民. 福利三角中的社会排斥——对中国城市新贫困社群的一个实证研究 [M]. 上海: 上海人民出版社, 2007: 59.

[28] 风笑天. 社会学研究方法 [M]. 第3版. 北京: 中国人民大学出版社, 2009: 325-326.

[29] Shuiabi E, Thomson V, Bhuiyan N. Entropy as a Measure of Operational Flexibility [J]. European Journal of Operational Research, 2005, 165: 696-707.

[30] 风笑天. 社会学研究方法 [M]. 第3版. 北京: 中国人民大学出版社, 2009: 109-112.

[31] Nancy R Lee, Philip Kotler. Social Marketing: Changing Behaviors for Good[M]. the 5th Edition.SAGE.9, 2015: 9-10.

[32] 菲利普·科特勒, 等. 社会营销——提高生活质量的方法（第2版）[M]. 俞利军, 译. 北京: 中央编译出版社, 2006: 5.

[33] Varadarajan P R, Menon A. Cause-related Marketing: A Coalignment of Marketing Strategy and Corporate philanthropy[J].Journal of Marketing, 1988: 52, 58-74.

[34] 菲利普·科特勒, 凯文·莱恩·凯勒. 营销管理（第14版）[M]. 王永贵, 等, 译. 上海:格致出版社, 2012: 26.

[35] 刘勇, 张虎. 公益营销 [M]. 北京: 中国经济出版社, 2011.

[36] 菲利普·科特勒, 凯文·莱恩·凯勒. 营销管理（第14版）[M]. 王永贵, 等, 译. 上海: 格致出版社, 2012: 6.

[37] Gunelius S. 30-minute social media marketing: Step-by-step techniques to spread the woed about your business[M].New York: Mcgraw Hill, 2011: 3.

[38] Nancy R Lee, Philip Kotler. Social Marketing: Changing Behaviors for Good[M]. the 5th Eclition.Thousancl Oaks, CA: Sage, 2015: 15.

[39] Nancy R Lee, Philip Kotler. Social Marketing: Changing Behaviors for Good[M]. the 5th Eclition.Thousand Oaks, CA: Sage, 2015: 17.

[40] Philip Kotler, Gerald Zaltman.Social Marketing: An Approach to Planned Social Change[J].Social Marketing Quarterly, 1997 (3): 7-20.

[41] Alan R Andreasen. Social Marketing: Its Definition and Domain[J]. Journal of Public Policy & Marketing, 1994, 13 (1): 108-114.

[42] Alan R Andreasen. Rethinking the Relationship Between Social / Nonprofit Marketing and Commercial Marketing[J]. Journal of Public Policy & Marketing, 2012, 31 (1): 36-41.

[43] Jennifer Allyson Dooley, Sandra C Jones, Kendra Desmarais.Strategic Social Marketing in Canada: Ten Phases to Planning and Implementing Cancer Prevention and Cancer Screening Campaigns[J]. Social Marketing Quarterly, 2009, 15: 33-48.

[44] Nadina Raluca Luca, L Suzanne Suggs. Strategies for the Social Marketing Mix: A Systematic Review[J].Social Marketing Quarterly, 2010, 16: 122-149.

[45] Darshan Desai. Role of Relationship Management and Value Co-Creation in Social Marketing[J]. Social Marketing Quarterly, 2009, 15: 112-124.

[46] Periklis Polyzoidis. Social Marketing in Greece: Time to Wake Up![J].Social Marketing Quarterly, 2013, 19: 3-12.

[47] Katie Collins, Alan Tapp, Ashley Pressley. Social marketing and social influences: Using social ecology as a theoretical framework[J].Journal of Marketing Management, 2010, 26: 13-14, 1181-1200.

[48] Ann Abercrombie, Darcy Sawatzki, Lynne Doner Lotenberg. Building Partnerships to Build the Best Bones Forever! Applying the 4Ps to Partnership Development[J].Social Marketing Quarterly, 2012, 18: 55-66.

[49] Gordhan K Saini, Kumar Mukul. What do social marketing programmes reveal about social marketing? Evidence from South Asia[J].International Journal of Nonprofit and Voluntary Sector Marketing, 2012, 9: 303-323.

[50] Kevin Burchell, Ruth Rette, Kavita Patel.Marketing social norms: Social marketing and the "social norm approach" [J]. Journal of Consumer Behaviour, 2013, 12: 1-9.

[51] Robert Forbus, Jason L Snyder.Use of Comforting to Enhance Social Marketing

Success: A Case Study[J].Social Marketing Quarterly, 2013, 19: 97-109.

[52] Jayne Krisjanous. Examining the Historical Roots of Social Marketing Through the Lights in Darkest England Campaign[J]. Journal of Macromarketing, 2014, 1-17.

[53] Truong V Dao. Social Marketing: A Systematic Review of Research 1998-2012 [J]. Social Marketing Quarterly, 2014, 20: 15-34.

[54] Sarah Cork. Beating the Barriers to Social Marketing[J]. Social Marketing Quarterly, 2008, 14: 37-49.

[55] Stephan Dahl. Current Themes in Social Marketing Research: Text-Mining the past Five Years[J]. Social Marketing Quarterly, 2010, 16: 128-136.

[56] Judith Madill, Norm O'Reilly . Investigating social marketing sponsorships: Terminology, stakeholders, and objectives[J]. Journal of Business Research, 2010 (63): 133-139.

[57] Mary Franks Papakosmas, Gary Noble, John Glynn. Organization-Based Social Marketing: An Alternative Approach for Organizations Adopting Sustainable Business Practices[J]. Social Marketing Quarterly, 2012, 18: 87-97.

[58] Sarah J Olson. Social Marketing and Social Change: Strategies and Tools for Health, Well-Being, and the Environment[J]. Health Promot Pract, 2014, 15: 309-312.

[59] Doug McKenzie-Mohr, Schultz P Wesley. Choosing Effective Behavior Change Tools[J]. Social Marketing Quarterly, 2014, 20: 35-46.

[60] Jose M Barrutia, Carmen Echebarria. Networks: a social marketing tool[J]. European Journal of Marketing, 2013, 47 (47 Iss 1/2): 324-343.

[61] Julie A Sorensen et al. The Social Marketing of Safety Behaviors: A Quasi-Randomized Controlled Trial of Tractor Retrofitting Incentives[J]. American Journal of Public Health, 2011, 101 (4): 678-684.

[62] Norman J O'Reilly, Judith J Madill. Evaluating Social Marketing Elements in Sponsorship[J]. Social Marketing Quarterly, 2007, 13: 1-25.

[63] Guy Faulkner, Cora McCloy, Ronald C. Plotnikoff and Mark S. Tremblay. Relaunching a National Social Marketing Campaign: Expectations and Challenges for the "New" Participation[J]. Health Promot Pract, 2011, 12: 569-576.

[64] Beth Sundstrom. Integrating Public Relations and Social Marketing: A Case Study

of Planned Parenthood[J]. Social Marketing Quarterly, 2012, 18: 135-151.

[65] Shawnika J Hull, Mari Gasiorowicz, Gary Hollander and Kofi Short. Using Theory to Inform Practice: The Role of Formative Research in the Construction and Implementation of the Acceptance Journeys Social Marketing Campaign to Reduce Homophobia[J]. Social Marketing Quarterly, 2013, 19: 139-155.

[66] Joan Wharf Higgins, Patricia Vertirisky, James Cutt and Lawrence W. Green. Using Social Marketing as a Theoretical Framework to Understand Citizen Participation in Health Promotion[J]. Social Marketing Quarterly, 1999, 5: 42-55.

[67] Craig Lefebvre. Integrating Cell Phones and Mobile Technologies Into Public Health Practice: A Social Marketing Perspective[J]. Health Promot Pract, 2009, 10: 490-494.

[68] Aras R Y. Social marketing in healthcare[J]. Academy of Management Journal, 2011, 4: 418-424.

[69] Sarah E Hampson, Julia Martin, Jenel Jorgensen, Mary Barker. A social marketing approach to improving the nutrition of low-income women and children: an initial focus group study[J]. Public Health Nutrition, 2009, 12 (9): 1563-1568.

[70] Dawn K Wilson, Sara M St. George. Qualitative developmental research among low income African American adults to inform a social marketing campaign for walking[J]. International Journal of Behavioral Nutrition and Physical Activity, 2013, 10: 33-49.

[71] Paul Crawshaw. Public health policy and the behavioural turn: The case of social marketing[J]. Critical Social Policy, 2013, 33: 616-637.

[72] Molly Lynch, Linda Squiers. Understanding Women's Preconception Health Goals: Audience Segmentation Strategies for a Preconception Health Campaign[J]. Social Marketing Quarterly, 2014, 20: 148-164.

[73] Jennifer Rienks, Geraldine Oliva. Using Social Marketing to Increase Awareness of the African American Infant Mortality Disparity[J]. Health Promotion Practice, 2012, 9: 407-414.

[74] Zoë Chance, Rohit Deshpandé. Putting Patients First: Social Marketing Strategies for Treating HIV in Developing Nations[J]. Journal of Macromarketing, 2009, 29: 220-232.

[75] Cheryl Martens. Branding HIV/AIDS communication: the social marketing campaigns

of MTV and Viacom[J]. Int. J. Nonprofit Volunt. Sect. Mark, 2010, 15: 91-103.

[76] Kristi Briones, Faith Lustik and Joel LaLone. Could It Be Asthma? Using Social Marketing Strategies to Increase Parent and Caregiver Knowledge of Asthma Symptoms in Children in a Rural Community[J]. Health Promot Pract, 2010, 11: 859-866.

[77] Angelique Harris. AIDS Promotion within the Black Church: Social Marketing in Action[J]. Social Marketing Quarterly, 2010, 16: 71-91.

[78] Rosemary Thackeray, Heidi Keller. Social Marketing's Unique Contribution to Mental Health Stigma Reduction and HIV Testing: Two Case Studies[J]. Health Promot Pract, 2011, 12: 172-177.

[79] Patrick W Corrigan, Psy. D. Strategic Stigma Change (SSC): Five Principles for Social Marketing Campaigns to Reduce Stigma[J]. Psychiatric Services, 2011, 62: 824-826.

[80] Robert J Marshall. Influenza Vaccine Use Among Health Care Workers: Social Marketing, Policy, and Ethics[J]. Social Marketing Quarterly, 2013, 19: 222-229.

[81] Uwana Evers. The asthma knowledge and perceptions of older Australian adults: Implications for social marketing campaigns[J]. Patient Education and Counseling, 2013, 91: 392-399.

[82] Michael D Sweat, Julie Denison. Effects of condom social marketing on condom use in developing countries: a systematic review and meta-analysis, 1990-2010[J]. Bull World Health Organ, 2012, 90: 613-622A.

[83] Sandra C Jones, Samantha L Reis, Kelly L Andrews. Communication about Organ Donation Intentions: Formative Research for a Social Marketing Program Targeting Families[J]. Social Marketing Quarterly, 2009, 15: 63-73.

[84] Asuncio'n Beerli-Palacio and Josefa D. Martín-Santana. Model explaining the predisposition to donate blood from the social marketing perspective[J]. Int. J. Nonprofit Volunt. Sect. Mark, 2009, 14: 205-214.

[85] Anne Hill, Railton Hill and Susan Moore. Product Evaluation in a Social Marketing and Community Development Context: A Case Study and Initial Report[J]. Social Marketing Quarterly, 2009, 15: 92-104.

[86] Marylyn Carrigan, Caroline Moraes, Sheena Leek. Fostering Responsible

Communities: A Community Social Marketing Approach to Sustainable Living[J]. Journal of Business Ethics, 2011, 100: 515-534.

[87] Cynthia H Bates. Use of Social Marketing Concepts to Evaluate Ocean Sustainability Campaigns[J]. Social Marketing Quarterly, 2010, 16: 71-96.

[88] Angelika Wilhelm-Rechmann et al. Using social marketing concepts to promote the integration of systematic conservation plans in land-use planning in South Africa[J]. Fauna & Flora International, Oryx, 2014, 48 (1): 71-79.

[89] Nancy R Lee, Philip Kotler. Ending Poverty: "What's Social Marketing Got to Do with It?"[J]. Social Marketing Quarterly, 2009, 15: 134-140.

[90] Fraser James Mcleay, David Oglethorpe. Social marketing, parental purchasing decisions, and unhealthy food in developing countries: A Nigerian typology[J]. Journal of Consumer Behaviour, J. Consumer Behav, 2013, 12: 232-242.

[91] Paula Diehr, Peggy Hannon, Barbara Pizacani. Social Marketing, Stages of Change, and Public Health Smoking Interventions[J]. Health Educ Behav, 2011, 38: 123-131.

[92] Ross Gordon, Crawford Moodie, Douglas Eadie, Gerarcl Hastings. Critical social marketing–The impact of alcohol marketing on youth drinking: Qualitative findings[J]. Int. J. Nonprofit Volunt. Sect. Mark, 2010, 15: 265-275.

[93] James F Thrasher. Evaluation of a Social Marketing Campaign to Support Mexico City's Comprehensive Smoke-Free Law[J]. American Journal of Public Health, 2011, 101 (2): 328-335.

[94] Gill Thomson, Nicky Stanley and Pam Miller. Give me 'strength to change': insights into a social marketing campaign in the North of England[J]. Primary Health Care Research & Development, 2013, 14: 350-359.

[95] Stan Polit. The Organizational Impacts of Managing Social Marketing Interventions[J]. Social Marketing Quarterly, 2012, 18: 124-134.

[96] Amnon Boehm. Applying Social Marketing in the Development of a Volunteer Program[J]. Social Marketing Quarterly, 2009, 15: 67-83.

[97] 陈永森, 牟永红. 从市场营销到社会营销[J]. 山西财经大学学报, 2000, 22 (6): 57-60.

[98] 吕春成. 论社会营销的涵义及特征[J]. 山西财经大学学报, 2002, 24 (3): 55-58.

[99] 王学海.社会营销概念的演进——兼论在中国的应用前景[J].江汉论坛,2003,24(3):39-42.

[100] 萧美娟,林国才,庄玉惜.NGO市场营销、筹资与问责[M].北京:社会科学文献出版社,2005.

[101] 周延风,黎智慧,董海国,祁勇.社会营销——涵义、发展历程及对我国的借鉴意义[J].湖北经济学院学报,2005,2(2):67-68.

[102] 周延风,等.社会营销——改变行为的模式[M].北京:清华大学出版社,2005.

[103] 王建华.绿色营销、公益营销和社会营销的比较分析[J].商业经济,2010(5):89-91.

[104] 谭翀.政策营销——源流、概念、模式与局限[J].中国行政管理,2013(12):28-32.

[105] 李勇杰.论商业保险的企业社会责任营销策略——基于一个社会营销学的视角[J].社会科学家,2008(5):68-70.

[106] 廖永威.企业社会营销中消费者权益的保护[J].北京理工大学学报,2010,12(2):87-101.

[107] 徐尚昆.从企业社会责任到企业社会营销[J].经济体制改革,2011(3):105-108.

[108] 陈勤,陈毅文.慈善组织社会营销与个人公益消费动机研究综述[J].人类工效学,2007,13(1).

[109] 侯俊东,杜兰英,李剑峰.国外营销学界关于非营利组织营销的研究及启示[J].华东经济管理,2009(2):132-136,157.

[110] 冯炜,孟雷.非营利组织营销[M].北京:科学出版社,2009:29-30.

[111] 马庆钰,等.社会组织能力建设[M].北京:中国社会出版社,2011:205-217.

[112] 高东英,周延风,梁万年,梁慧斯.社会营销策略在无偿献血中的运用——基于北京市居民无偿献血行为调查的分析[J].中国输血杂志,2007,20(6):527-531.

[113] 周延风,梁慧斯,黄光.无偿献血者满意度研究和社会营销建议[J].财经论丛,2007(4):97-102.

[114] 张清,周延风,高东英.社会营销——献血者招募新方略[M].广州:中山大学出版社,2007:4-20.

[115] 蔡军,张桂萍,李菁,舒惠玲,徐群英,杨建,汪伊娜.社会营销模式在艾滋病健康教育工作中的应用[J].现代预防医学,2010(3):485-487.

[116] Jocelyn Angus,Jane Sims,Susan Feldman,Harriet Radermacher,杨辉.通过

社会营销提高社区对公共健康问题的认识——怎样降低老年痴呆病的危险 [J]. 中国全科医学, 2010, 13（34）: 3827-3830.

[117] 许赛雪. 中国NGO社会营销研究——以"小小鸟打工互助热线"为例 [J]. 经营管理者, 2012（3）: 29.

[118] 康晓光, 冯利. 中国第三部门观察报告 [M]. 北京: 社会科学文献出版社, 2013: 139-163.

[119] 周月鲁. 基于社会营销的水土保持行为与传播研究 [D]. 南京: 河海大学, 2006.

[120] 张娟. 社会营销应用研究 [J]. 江苏商论, 2011（7）: 135-137.

[121] 王希泉. 国内社会营销学科发展态势的计量统计与知识谱系分析 [J]. 价值工程, 2013（4）: 317-318.

[122] 嵇绍岭. 中国民办高校社会营销研究 [M]. 上海: 上海交通大学出版社, 2015.

[123] 孟卫军. 社会交换论与公益基金会项目运作中的激励机制——以湖北省青少年发展基金会为个案 [J]. 鸡西大学学报, 2005（5）: 80-81.

[124] 孙彦丽. "公益性"项目支持模式的创新与完善——以红十字会"探索人道法"公共教育项目为例 [D]. 天津: 天津师范大学, 2015.

[125] 裘丽. 互联网大规模公益协作机制研究 [D]. 湖南: 湖南大学, 2012.

[126] 蔡屹. 项目化运作中社会公益组织与政府之间互动关系研究——以上海市X社区为例 [J]. 华东理工大学学报, 2011（6）: 16-22.

[127] 谢芳. "选择性模糊": 公益项目执行层运作特征研究——以"幸福工程"T县项目办为例 [D]. 厦门: 厦门大学, 2007.

[128] 徐宇珊. 从封闭到开放——中国基金会的"散财之道" [J]. 中国非营利组织评论, 2010（4）: 24-42.

[129] 陈莉. 企业主导类公益项目运作个案研究 [D]. 甘肃: 兰州大学, 2015.

[130] 朱豪君. 公益性基金会市场化运作的探索——以上海市青少年发展基金会为例 [D]. 上海: 复旦大学, 2010.

[131] 刘莉莉. 我国非营利组织（NPO）市场化运作模式研究 [D]. 青岛: 中国海洋大学, 2010.

[132] Truong V Dao, Tony Garry, Hall C Michael. Social Marketing as the Subject of Doctoral Dissertations[J]. Social Marketing Quarterly, 2014, 20（4）: 199-218.

[133] 胡朝举. 中国商业银行市场营销理论与实证研究 [D]. 重庆: 西南农业大学, 2003: 8-9.

[134] 菲利普·科特勒, 凯文·莱恩·凯勒. 营销管理（第14版）[M]. 王永贵, 等, 译. 上

海：格致出版社，2012：21-28.

[135] 朱健刚．中国公益发展报告（2011）[M]．北京：社会科学文献出版社，2012：31-32.

[136] 闫国庆．国际市场营销学[M]．第3版．北京：清华大学出版社，2013：33-34.

[137] 艾伦·R．安德里亚森，菲利普·科特勒．战略营销——非营利组织的视角（第7版）[M]．王芳华，周洁如，译．北京：机械工业出版社，2010：166.

[138] 何雪松．社会工作理论[M]．上海：华东理工大学出版社，2007：88.

[139] 王瑞鸿．人类行为与社会环境[M]．上海：华东理工大学出版社，2007：35-36.

[140] Prochaska, J O, Norcross, J C．Systems of psychotherapy: A transtheoretical analysis (Seventh Edition)[M]. International edition. Wadsworth, 2012.

[141] 艾伦·R．安德里亚森，菲利普·科特勒．战略营销——非营利组织的视角（第7版）[M]．王芳华，周洁如，译．北京：机械工业出版社，2010：VIII.

[142] 艾伦·R．安德里亚森，菲利普·科特勒．战略营销——非营利组织的视角（第7版）[M]．王芳华，周洁如，译．北京：机械工业出版社，2010：68-69.

[143] 艾伦·R．安德里亚森，菲利普·科特勒．战略营销——非营利组织的视角（第7版）[M]．王芳华，周洁如，译．北京：机械工业出版社，2010：140.

[144] 菲利普·科特勒，凯文·莱恩·凯勒．营销管理（第14版）[M]．王永贵，等，译．上海：格致出版社，2012：27.

[145] Nancy R.Lee, Philip. Kotler. Social Marketing: Changing Behaviors for Good[M]. the 5th Edition. SAGE. 9, 2015: 211-214.

[146] 戴维·A．哈德凯瑟，帕翠霞·R．鲍沃斯．社区工作理论与实务[M]．夏建中，等，译校，北京：中国人民大学出版社，2008：504.

[147] 菲利普·科特勒，等．社会营销——提高生活质量的方法（第2版）[M]．俞利军，译．北京：中央编译出版社，2006：146.

[148] 菲利普·科特勒，等．社会营销——提高生活质量的方法（第2版）[M]．俞利军，译．北京：中央编译出版社，2006：199.

[149] 菲利普·科特勒，等．社会营销——提高生活质量的方法（第2版）[M]．俞利军，译．北京：中央编译出版社，2006：221.

[150] 菲利普·科特勒，等．社会营销——提高生活质量的方法（第2版）[M]．俞利军，译．北京：中央编译出版社，2006：247.

[151] 菲利普·科特勒，等．社会营销——提高生活质量的方法（第2版）[M]．俞利军，译．北京：中央编译出版社，2006：286.

[152] Peter M.Kettner,Robert M.Moroney,Lawrence L.Martin. 服务方案设计与管理(第4版)[M]. 高迪理,译. 新北市:扬智文化,2013:295.

[153] 艾伦·R. 安德里亚森,菲利普·科特勒. 战略营销——非营利组织的视角(第7版)[M]. 王芳华,周洁如,译. 北京:机械工业出版社,2010:252.

[154] 民政部. 2014年社会服务发展统计公报 [R/OL]. http://www.mca.gov.cn/article/sj/tjgb/201506/201506008324399.shtml.

[155] 基金会中心网,中央民族大学基金会研究中心. 中国基金会发展独立研究报告(2015)[M]. 北京:社会科学文献出版社,2015:138.

[156] 艾伦·R. 安德里亚森,菲利普·科特勒. 战略营销——非营利组织的视角(第7版)[M]. 王芳华,周洁如,译. 北京:机械工业出版社,2010:132.

[157] 中民慈善捐助信息中心. 2014年度中国慈善捐助报告 [R].http://www.zmcs.org.cn/pic/7800.jhtml.

[158] 南方都市报. "蛋糕"有限东莞近半社工机构未获政府订单 [N]. http://epaper.oeeee.com/ipaper/l/html/2015-12/09/content_19495.htm.

[159] 深圳商报. 社区基金会承接社会职能数十项 [N]. http://finance.qq.com/a/20150317/005947.htm.

[160] 高帆,汪亚楠,方晏荷. 慈善捐赠:企业增加融资的有效渠道——基于中国私营企业调查数据的实证研究 [J]. 学术研究,2014,(10):70-76.

[161] 艾伦·R. 安德里亚森,菲利普·科特勒. 战略营销——非营利组织的视角(第7版)[M]. 王芳华,周洁如,译. 北京:机械工业出版社,2010:173-178.

[162] 冯利,章一琪. 公益组织筹资策略——创造非凡的价值 [M]. 北京:社会科学文献出版社,2015:103-107.

[163] 王可,史林静. 公益组织开展公关活动的理念、策略与技巧——以中国扶贫基金会为例 [J]. 新闻爱好者,2013,(7):36-37.

[164] 心创益. 2015中国非营利品牌报告 [R]. http://news.foundationcenter.org.cn/html/2015-01/89709.html.

[165] 卢咏. 公益筹款 [M]. 北京:社会科学文献出版社,2014:48.

[166] Peter M.Kettner,Robert M.Moroney,Lawrence L.Martin. 服务方案设计与管理(第4版)[M]. 高迪理,译. 新北市:扬智文化,2013:295.

[167] 石国亮. 慈善组织个人捐赠吸引力的实证研究 [J]. 行政论坛,2015,(5):77-83.

[168] 蒋晶. 影响我国个人捐赠者捐赠决策过程的心理机制——基于情感适应理论的实证

研究 [J]. 中国软科学, 2014, (6): 44-57.

[169] 卢咏. 公益筹款 [M]. 北京: 社会科学文献出版社, 2014: 289.

[170] 马克·A. 缪其克, 约翰·威尔逊. 志愿者 [M]. 魏娜, 等, 译. 北京: 中国人民大学出版社, 2013: 1.

[171] 翟雁, 辛华. 2014年中国志愿者捐赠价值报告 [J]. // 杨团. 中国慈善发展报告 (2015). 北京: 社会科学出版社, 2015: 100.

[172] 胡蓉. 我国非营利组织志愿者的管理研究 [D]. 成都: 西南交通大学, 2006: 2.

[173] 王名. 非营利组织管理概论 [M]. 北京: 中国人民大学出版社, 2012: 160.

[174] Joan E.Pynes. 公共和非营利组织的人力资源管理 [M]. 王孙禺, 译. 北京: 清华大学出版社, 2002: 59.

[175] 翟雁, 辛华. 2014年中国志愿者捐赠价值报告 [J]. // 杨团. 中国慈善发展报告 (2015). 北京: 社会科学出版社, 2015: 113.

[176] 翟雁, 辛华. 2014年中国志愿者捐赠价值报告 [J]. // 杨团. 中国慈善发展报告 (2015). 北京: 社会科学出版社, 2015: 115.

[177] 艾伦·R. 安德里亚森, 菲利普·科特勒. 战略营销——非营利组织的视角 (第7版) [M]. 王芳华, 周洁如, 译. 北京: 机械工业出版社, 2010: 281.

[178] 翟雁, 辛华. 2014年中国志愿者捐赠价值报告 [J]. // 杨团. 中国慈善发展报告 (2015). 北京: 社会科学出版社, 2015: 127.

[179] 马克·A. 缪其克, 约翰·威尔逊. 志愿者 [M]. 魏娜, 等, 译. 北京: 中国人民大学出版社, 2013: 2-3.

[180] 马克·A. 缪其克, 约翰·威尔逊. 志愿者 [M]. 魏娜, 等, 译. 北京: 中国人民大学出版社, 2013: 395.

[181] 马克·A. 缪其克, 约翰·威尔逊. 志愿者 [M]. 魏娜, 等, 译. 北京: 中国人民大学出版社, 2013: 405.

[182] 马克·A. 缪其克, 约翰·威尔逊. 志愿者 [M]. 魏娜, 等, 译. 北京: 中国人民大学出版社, 2013: 465.

[183] 马克·A. 缪其克, 约翰·威尔逊. 志愿者 [M]. 魏娜, 等, 译. 北京: 中国人民大学出版社, 2013: 287-289.

[184] 菲利普·科特勒, 内德·罗伯托, 南希·李. 社会营销——提高生活质量的方法 (第2版) [M]. 俞利军, 译. 北京: 中央编译出版社, 2006: 102-103.

[185] 康晓光, 冯利. 2015中国第三部门观察报告 [M]. 北京: 社会科学文献出版社, 2015: 5.

[186] 康晓光,冯利.2014中国第三部门观察报告[M].北京:社会科学文献出版社,2014:10-11.

[187] 马贵侠,叶士华.民间公益组织发展——动态、反思与展望[J].理论与改革,2015,(3):199-122.

[188] 中国社会福利基金会,瑞森德.2015年中国公益组织从业者保障状况专题调研报告[R/OL]. http://www.docin.com/p-1231145939.html.

[189] 上海映绿公益事业发展中心.2014年中国公益支持机构发展状况调研报告[R/OL]. http://pan.baidu.com/share/init?shareid=3071514686&uk=423610314.

[190] 王名.社会组织论纲[M].北京:社会科学文献出版社,2013:386.

[191] 金锦萍.中国非营利组织法前沿问题[M].北京:社会科学文献出版社,2014:5.

附录 1

公益组织服务项目运作情况访谈提纲

第一部分：公益组织服务运作情况

（可以本组织正在开展或曾经开展的您认为比较完整的或者较有影响的公益项目或公益活动为例）

一、公益服务项目或活动确定

1. 本项目或活动设计的任务目标是哪些（如让服务对象有什么改变），过程目标是哪些（如实现组织公益倡导，实现服务对象的增能，引起相关部门对该类群体的关注和支持）？

2. 贵组织是通过什么方法和哪些渠道确定服务对象需求的？是如何确定具体服务对象的？这个工作流程是怎么样的？

3. 贵组织通过哪些渠道（入户、电话、社区活动、网上宣传）向服务对象开展项目宣传的？为什么选择通过这些渠道？具体的工作流程是怎样的？服务对象的接纳程度怎么样？哪些因素影响了服务对象的接纳？

4. 该项目需要服务对象在服务过程中承担什么具体角色？对服务对象有哪些具体要求？希望服务对象在行为（如接受服务）、知识、价值观方面有哪些改变？需要服务对象付出哪些方面的成本？

5. 本项目是否是基金会直接支持的服务项目，贵组织是如何争取到基金会的项目资助的？您认为贵组织能够获得该基金会资助的原因是什么？

二、公益服务开展情况

1. 贵组织是如何面向服务群体提供服务的？服务的具体运作方式是什么？为什么会选择这样的服务运作方式？

2. 服务提供过程中，公益组织的具体工作方法和工作技巧主要有哪些？为什么会选择这样的工作方法和技巧？

3. 组织的服务提供模式与服务目标群体需求的契合度怎样？

191

4. 组织服务开展中面临哪些方面的困难？原因是什么？

三、公益服务评估

1. 该项目或活动总体投入

①人力（包括组织专职人员及任务分工、志愿者总体数量、核心志愿者）；②物力（场地、设施等）；③财力（项目总投入，其中捐赠部分占多少）。

2. 该项目或活动的产出

①该项目的受益对象人数、服务人次；②该项目运作中除了为服务对象提供服务外，还实现了哪些项目具体目标？③该项目有没有服务性收入，如果有，请提供相关数据。

3. 该项目产生的社会影响

例如，有没有影响到本组织该类服务领域的其他项目开展，或者吸引到企业或者基金会（对公益服务组织而言）的后续资助或合作，有没有引起当地本领域服务的开展或政策的改变。

第二部分：公益服务相关群体概况

一、捐赠者倡导与维护

1. 贵组织是如何确定目标捐赠者的（企业、个人等），有没有开展过潜在捐赠者的调查？贵组织主要的捐赠者群体是哪些？

2. 贵组织如何发现与确定捐赠者自身需求？是如何向捐赠者表达项目目标的？通过哪些渠道尤其是新媒体渠道向捐赠者进行宣传和倡导（如果是不具有公募权的组织，是如何做到这一点的？）？为什么要选择这些渠道？

3. 贵组织对捐赠者行为、知识、价值观方面改变的目标定位具体是什么？贵组织是如何考虑捐赠者本身的感知收益和感知成本的？

4. 贵组织对捐赠者的捐赠途径是如何设定的？为什么这样考虑？捐赠者实际上主要是通过哪些途径进行捐赠的？

5. 贵组织对捐赠者开展了哪些方面的服务或活动？与捐赠者有更为深度的项目合作吗？如果有，是如何在公益服务中合作的？

6. 贵组织是如何维护主要捐赠者的？采取了哪些工作方法？维护效果如何？

7. 您认为当前影响捐赠者积极性的主要因素有哪些？应该如何改善这种状态？

8. 您认为影响公益组织（注意区分有公募权的和没有公募权的）募捐的主要因素包括哪些方面（组织自身、政策、法律环境等）？

二、志愿者招募与培训情况

1. 该项目是如何获取志愿者自身需求的？是通过什么方式和渠道获取到志愿者需求的？具体工作流程是怎么样的？该项目是如何将项目目标与志愿者自身需求相衔接的？

2. 该项目对潜在志愿者的行为、知识和价值观方面改变的目标定位是什么？对志愿者的收益和志愿者的感知成本是如何预估的？您认为促进或阻碍志愿者参与贵组织服务的原因有哪些？

3. 该项目志愿者招募的主要方式和渠道是哪些？为什么选择这样的招募方式和渠道？具体工作流程是怎么样的？如何评价新媒体渠道在志愿者招募和管理中的作用？

4. 贵组织对志愿者提供了哪些方面的服务（培训、表彰活动等）？这些服务是如何开展的？您认为志愿者还需要哪些方面的服务？哪些志愿者激励方式会比较有效？

5. 您认为影响志愿者积极性的因素有哪些（社会政策、法律、公益组织倡导、媒体宣传等）？应该如何改善？

三、政府政策倡导

1. 您如何看待贵组织与政府相关部门的关系？政府部门为贵组织提供过哪些支持？

2. 贵组织有没有承接过政府的社会服务项目？如果有，是通过何种方式承接的（公益创投、委托等）？您认为能够承接到政府项目的关键因素是什么？

3. 贵组织有没有开展过面向政府部门的公益倡导活动？如果有，公益倡导活动的目标是什么？希望政府部门在哪些方面做出改变？本项目中有没有面向政府部门做公益倡导？希望政府部门做出哪些行为改变？

4. 贵组织面向政府部门开展了哪些方面的倡导活动？主要工作流程是什么？主要工作方式和渠道是什么？为什么会选择这种方式和渠道？本项目中是如何实现的？

5. 本项目中公益倡导的结果是什么？有没有获得政府对本组织公益服务的支持？有没有影响当地相关部门政策的制定？

6. 您认为影响公益组织政策倡导成功与否的因素是什么？原因是什么？

四、公众公益倡导

1. 您认为公益组织面向公众进行公益宣传和倡导的重要性如何？原因是什么？

2. 以本项目或者机构开展过的其他公益倡导活动为例，介绍一个贵组织曾做过的公益倡导的过程。可从倡导活动的设计、主要目标（如希望公众在行为、知识、价值观方面有哪些改变）、目标群体定位、活动主要内容、渠道（通过哪些渠道尤其是新媒体渠道来实现）、活动人力和物力成本以及活动成效等方面来介绍。

第三部分：公益服务过程中的困难与发展建议

1. 您对第一部分"公益组织服务运作情况"中提到的项目的总体评价是什么？该项目在运行中遇到的最大困难是什么？您认为可能的原因是什么？有没有思考过后续公益服务中应该如何去改善？

2. 您认为公益组织如何实现品牌化发展？实现公益项目品牌化主要的影响因素是哪些？贵组织打算在品牌化建设方面的目标是什么？

附录 2

"公益组织社会服务情况研究"调查问卷

尊敬的公益组织负责人:

　　您好!中国科学技术大学知识管理研究所正在进行公益组织服务项目实施情况的学术研究。项目组开展了此次匿名性问卷调查,本问卷不涉及填写者具体个人信息,回答无所谓对错,请您根据贵组织的实际情况填写,问卷资料仅用于研究需要,感谢您抽出宝贵的 15~20 分钟填写本问卷。我们对您友善的帮助与配合表示衷心感谢!

中国科学技术大学知识管理研究所

问卷填写说明

1. 填写人必须为机构负责人或者机构的项目主管等。
2. 请在每一问题后符合您情况的答案序号上画圈,或将符合您情况的选择序号写在"(　　)"内,或在表格内打"√"。
3. 问卷中划"＿＿"之处,请根据您的真实情况填写。
4. 若无特殊说明,每个问题只能选择一个答案。
5. 填写问卷时请不要与他人商量。
6. 问卷中有自填说明的请按要求如实填写。

第一部分：公益组织基本信息

您的电子邮件地址：

1. 贵组织属于（　）。
   　　A. 社会团体　　　　　　B. 民办非企业单位　　　C. 公募基金会
   　　D. 非公募基金会　　　　E. 其他（请注明）_____

2. 贵组织注册方式（　）。
   　　A. 各级民政部门注册　　B. 各级工商部门注册
   　　C. 各级民政部门备案　　D. 组织挂靠
   　　E. 尚未注册或备案　　　F. 其他（请注明）_____

3. 贵组织实际服务时间（不以注册时间为限制）（　）。
   　　A. 1年以下　　　　　　B. 1～3年　　　　　　　C. 3～5年
   　　D. 5～10年　　　　　　E. 10年以上

4. 目前，贵组织全职工作人员有（　）。
   　　A. 5人以下　　　　　　B. 6～10人　　　　　　C. 11～20人
   　　D. 20～30人　　　　　 E. 30人以上

5. 贵组织主要服务领域（可多选，限选三项）（　）。
   　　A. 综合志愿服务　　　　B. 教育助学　　　　　　C. 灾害管理
   　　D. 农村发展　　　　　　E. 环境保护　　　　　　F. 动物福利
   　　G. 文化艺术　　　　　　H. 劳工权益　　　　　　I. 艾滋病
   　　J. 女性权利　　　　　　K. 儿童青少年　　　　　L. 老年人
   　　M. 残障人士　　　　　　N. 同性恋　　　　　　　O. 医疗卫生健康
   　　P. 城市社区建设　　　　Q. 公益行业支持　　　　R. 信息网络
   　　S. 企业社会责任　　　　T. 民间研究机构　　　　U. 其他

第二部分：公益服务项目运作情况

本部分填答说明：本部分侧重了解贵组织公益服务项目的具体开展情况，请您以贵组织已经开展或正在开展的公益项目为例来填答，再次感谢您的支持和帮助！

1. 贵组织设计该服务项目的主要依据是（可多选，最多选三项）（　　）。
   A. 与组织使命、愿景和已有服务资源最匹配
   B. 服务项目需求最迫切（规模、发生率、严重程度、安全性）
   C. 服务项目最易行动（准备程度、意愿、做出反应的能力）
   D. 服务对象最易接触（分配渠道与交流地点的可识别性）
   E. 服务项目是政府明确购买或支持的
   F. 服务项目是基金会发布的

2. 该项目的筹资（包括资金与实物等）模式属于（　　）。
   A. 政府资助　　　　　B. 企业资助　　　　　C. 基金会资助
   D. 个体捐赠　　　　　E. 混合收入来源

3. 该项目定位的主要服务对象是（　　）。
   A. 青少年及儿童、助学　　B. 女性　　　　　　C. 贫困人群
   D. 老年人　　　　　　　　E. 残疾人及特殊人群　F. 心灵、美德
   G. 生命、健康　　　　　　H. 生态环境　　　　　I. 动植物
   J. 其他（请注明）_____

4. 该项目的主要目标是（　　）。
   A. 改变服务对象的不良行为（例如，减少未成年人吸烟）
   B. 提升服务对象的生存和发展能力（例如，就业能力提升服务）
   C. 向服务对象宣传并促使其接受某些专业知识（例如，水健康）
   D. 使服务对象建立公益价值观（例如，关爱艾滋病患者）
   E. 包含上述选项中两个及以上的服务目标

5. 该项目面向服务对象开展宣传和倡导的主要渠道是（可多选，最多选三项）（   ）。

   A. 电话、短信等通信方式

   B. 官方微博

   C. 微信（含微信公众号、组织内部成员个人微信号等）

   D. 电子邮件

   E. QQ、MSN等即时通信工具

   F. 通过电视、报纸等传统媒体宣传

   G. 与服务对象一对一交流

   H. 举办现场公益宣传活动

   I. 其他（请注明）_____

6. 该项目的主要目标捐赠者是（   ）。

   A. 组织核心捐赠者　　　　B. 社会公众　　　　C. 企业

   D. 基金会　　　　　　　　E. 无明确目标捐赠者

7. 贵组织面向该项目目标捐赠者开展了哪些主要的公益倡导方式（可多选，最多选三项，并请根据使用频度从高到低排序填写）：第一（   ），第二（   ），第三（   ）。

   A. 组织网站开通项目在线捐助端口

   B. 报纸、杂志等平面媒体关于项目介绍及劝募宣传

   C. 电视、广播媒体项目宣传片、公益晚会等

   D. 举办项目募捐活动（慈善论坛、拍卖活动等）

   E. 项目自媒体方式劝募宣传（项目微博、微信宣传）

   F. 与大型超市、商场合作的捐赠活动

   G. 其他（请注明）_____

8. 该项目设定的主要接受捐赠方式是（可多选，最多选三项）（   ）。

   A. 银行转账　　　　　　　B. 邮局汇款

   C. 网上捐款　　　　　　　D. 手机短信捐款

   E. 设定现场募捐点　　　　F. 上门接受捐赠

   G. 其他（请注明）_____

9. 您认为该项目能够成功获得捐赠的主要原因是（可多选，最多选三项，并请根据重要程度从高到低排序填写）：第一（   ），第二（   ），第三（   ）。

  A. 组织自身的公益品牌（捐赠者对组织的信任）

  B. 项目服务对象需求的迫切性和广泛性

  C. 项目的接近性（项目与捐赠者的自身生活有直接影响）

  D. 项目的可参与性（捐赠者容易参与，能很好体现自身价值的成就感和帮助他人的满足感）

  E. 项目与捐赠者价值观一致

  F. 项目有效公益宣传和倡导方式

  G. 其他（请注明）_____

10. 该项目针对志愿者的主要宣传方式有哪些（可多选，最多选三项）（   ）。

  A. 组织网站开通项目志愿者招募端口

  B. 报纸、杂志等平面媒体关于项目介绍及招募宣传

  C. 电视、广播媒体项目宣传片以及公益晚会等

  D. 针对高校、社区等进行志愿者定点招募

  E. 网络公益平台招募宣传（百度公益、腾讯公益）

  F. 官方微博公益平台招募宣传

  G. 官方微信公益平台招募宣传

  H. 电子邮件定向招募

  I. 户外媒体招募宣传

  J. 其他（请注明）_____

11. 该项目针对志愿者主要采取哪些激励方式（可多选，最多选三项）（   ）。

  A. 培训激励（提供培训机会等）

  B. 薪酬激励（提供志愿工作补贴等）

  C. 社会回报激励（在需要的时候，享受志愿服务等）

  D. 精神激励（授予优秀志愿者称号等）

  E. 个人自我价值激励（实现个人自我价值的成就感）

  F. 志愿服务证明（给予志愿服务证明，为学习、工作增添色彩）

12. 该项目针对政府部门的宣传或倡导方式是（可多选，最多选三项）(   )。

    A. 通过与本组织相关人士向政府部门提出建议

    B. 向政府部门递交本项目的工作简报

    C. 通过微博社交媒体广泛宣传引起政府部门关注

    D. 通过微信社交媒体广泛宣传引起政府部门关注

    E. 邀请报纸、电视台等传统媒体报道本项目

    F. 本项目没有针对政府部门的宣传

    G. 其他（请注明）

13. 在项目运行过程中，该项目实现透明度的主要方式是（可多选，最多选三项）(   )。

    A. 通过组织官方网站定期发布项目工作简报

    B. 通过组织官方网站及时公布本项目的活动及财务情况

    C. 通过组织官方微博公布本项目的活动及财务情况

    D. 通过组织官方微信公布本项目的活动及财务情况

    E. 制作并印刷项目工作简报

    F. 其他（请注明）_____

14. 以下是对项目的反义词描述，请根据您对本项目的印象，在每一对反义词之间选择一条合适线段并打勾。

项目描述	评分细则 （从高到低分值依次为 7-1）	项目描述
战略计划定位准确	—；—；—；—；—；—	战略计划定位不准确
调研工作充分	—；—；—；—；—；—	调研工作不充分
项目目标清晰准确	—；—；—；—；—；—	项目目标不清晰准确
服务对象需求分析精准	—；—；—；—；—；—	服务对象需求分析不精准
项目宣传工作到位	—；—；—；—；—；—	项目宣传工作不到位
新媒体渠道运用充分	—；—；—；—；—；—	新媒体渠道运用不充分
志愿者招募与管理成功	—；—；—；—；—；—	志愿者招募与管理不成功
捐赠者群体吸纳与维护工作成功	—；—；—；—；—；—	捐赠者群体吸纳与维护工作不成功
项目整体透明度高	—；—；—；—；—；—	项目整体透明度低
项目评估工作到位	—；—；—；—；—；—	项目评估工作不到位

附录2 "公益组织社会服务情况研究"调查问卷

15. 您认为贵组织面临的主要挑战或困难是（可多选，最多选三项）（　　）。

　　A. 项目运作资金缺乏　　　　B. 项目专业管理人才缺乏

　　C. 志愿者人才缺乏　　　　　D. 缺乏本领域服务相关的政策支持

　　E. 其他（请注明）_____

16. 为有效应对这些挑战和困难，您认为贵组织主要需要做什么（可多选，最多选三项）（　　）。

　　A. 明确组织使命和定位，做好本组织战略、公益规划

　　B. 运用组织自身的官方网站、官方微博、微信等募集服务资源

　　C. 在百度公益、腾讯公益等开放性公益服务平台上募集公益服务资源

　　D. 增强组织自身的专业服务能力

　　E. 积极向政府相关部门开展本服务领域的宣传，争取政策支持

　　F. 通过提升组织自身薪酬待遇，吸引专业服务人才

本次调查结束，十分感谢您的配合，祝您身体健康，工作顺利！

附录 3

被访公益组织基本信息

公益组织编号	注册类型	成立时间	所在地域	项目服务领域
G1	民办非企业	2012年	广西	社区综合发展
G2	民办非企业	2007年	青海	助残、助学、灾后重建、环保扶贫
G3	基金会	1999年	北京	青少年、老人
G4	民办非企业	2008年	甘肃	心智障碍领域
G5	民办非企业	2007年	陕西	教育、残障
G6	社会团体	2011年	贵州	乡村教育
G7	民办非企业	2007年	广东	民政、残障、工会、青少年、妇联、社区、司法等
G8	工商注册	2012年	浙江	环境保护
G9	社会团体	2008年	安徽	环境保护
G10	民办非企业	2007年	湖南	青少年、助学
G11	社会团体	2006年	湖北	助学、助残
G12	社会团体	2003年	安徽	环境保护
G13	工商注册	2006年	湖北	进城务工者及子女服务
G14	社会团体	2007年	甘肃	助残、助学、募捐、环保扶贫
G15	工商注册	2011年	湖南	农村电脑普及
G16	民办非企业	2009年	广东	青少年儿童服务、社区综合服务、为老服务等
G17	社会团体	2003年	安徽	残障儿童教育
G18	民办非企业	2010年	江西	公益行业支持与公益组织培育孵化
G19	民办非企业	2013年	江苏	助残、助老
G20	民办非企业	2013年	四川	关爱老人、关爱儿童、应急救灾和志愿者成长
G21	社会团体	2011年	北京	大病救助、互助社区
G22	民办非企业	2008年	广西	救灾、助教

续表

公益组织编号	注册类型	成立时间	所在地域	项目服务领域
G23	社会团体	2005年	青海	西部儿童青少年教育、健康发展
G24	民办非企业	2009年	安徽	居家养老、儿童教育、家庭服务、社区文化、居民自治、社会组织孵化培育、社会服务教育培训
G25	民办非企业	2009年	广东	社区、工会、企业、青少年、司法、妇女儿童（婚姻、家庭）、社区服务中心等
G26	民办非企业	2007年	深圳	青少年服务、老年人服务、残疾人服务以及针对其他特定人群的项目服务
G27	民办非企业	2003年	江西	残障儿童教育
G28	民办非企业	2008年	贵州	乡土文化传承与发展
G29	民办非企业	2011年	安徽	居家养老、儿童教育、家庭服务、居民自治、社会组织孵化培育等
G30	民办非企业	1995年	上海	弱势群体教育培训

后　记

自 2009 年与同事周军老师一起介入社会工作实务领域，探索公益组织介入居家养老、儿童服务的实践空间开始，我对公益组织与公益服务的兴趣日益深厚。2012 年，有幸进入中国科学技术大学师从致力于科技传播与公益新媒体研究与实务的周荣庭教授继续深造。导师周荣庭教授与麻省理工学院新媒体行动实验室王瑾教授一直从事国内民间公益组织新媒体传播能力的培训，"公益 2.0"项目业已成为国内诸多民间公益组织所熟知的公益品牌。衷心感谢恩师为我提供了"公益 2.0"这个全新的公益慈善领域研究与实践平台，使我领略到科研中团队协同、跨界合作的魅力，也深切体会到国内公益组织在"互联网 + 公益"时代不断走向专业化、规范化、信息化的创新性尝试，这些公益领域的探索与实践让我萌生了本书研究思路与关注焦点。

在两年多紧张的资料收集、统计分析和撰写修改过程中，周荣庭教授悉心指导，为本书把握理论框架和写作方向。衷心感谢参与调研的公益小伙伴们，他们在繁忙的工作之余与我进行深入的讨论，是他们给了我诸多的宝贵素材和写作灵感，他们对公益实务的热情和倾心付出也使我更为坚信公益研究和公益实务都会越做越好。感谢合肥工业大学马克思主义学院黄志斌院长一直以来对于这项研究的关注和支持，提出了诸多宝贵的前瞻性建议。

在研究过程中，中国科学技术大学的谢栋老师、曹晔华师妹、王芳师妹、李雅筝师弟，势成非营利组织风险管理中心负责人韦栋，华东理工大学社会与公共管理学院的方琦师弟，香港大学的张天明学妹，合肥工业大学的同事于竞宇、叶士华，以及安徽行政学院的潘琳师妹，都给予了许多无私的帮助，从研究工具的设计到整个调查的进行，从调查资料的分析到论文的写作，都与我反复讨论，给了我很多启发和帮助，在此向他们致以最真挚的谢意。华东理工大学社会与公共管理学院博士方琦师弟做了大量的访谈与资料整理等细致工作，撰写案例相关的文字资料总计约 3 万字。在资料整理和调研分析过程中，合肥工业大学土木与水利工程学院的于竞宇博士为本文的资料深入分析提供了非常重要的指导和帮助。

后 记

　　特别提出的是，本书的出版得到了合肥工业大学马克思主义学院黄志斌院长负责的"思想政治理论课教学专项经费"和"庐阳区十三五社会治理创新规划"项目（JS2016HFQT0045）的资助，并作为这些项目研究成果的一部分。

　　此外，这本书的顺利出版得益于知识产权出版社范红延编辑的启发、指导。特别感谢知识产权出版社张冰编辑的大力支持。

　　在本书出版之际，我非常欣慰地获悉合肥工业大学马克思主义学院获评了安徽省第一批重点马克思主义学院，这为本书的出版注入了新的动力，也为我继续开展国内公益慈善领域的理论与实践（研究）提供了新的平台。

马贵侠

2016年6月8日